# 民主主義



文部省＝著

角川文庫
21252

# はしがき

今の世の中には、民主主義ということばがはんらんしている。民主主義ということばならば、だれもが知っている。しかし、民主主義のほんとうの意味を知っている人がどれだけあるだろうか。その点になると、はなはだ心もとないといわなければならない。

では、民主主義とはいったいなんだろう。多くの人々は、民主主義というのは政治のやり方であって、自分たちを代表して政治をする人をみんなで選挙することだと答えるであろう。それも、民主主義の一つの表われであるには相違ない。しかし、民主主義を単なる政治のやり方だと思うのは、まちがいである。民主主義の根本は、もっと深いところにある。それは、みんなの心の中にある。すべての人間を個人として尊厳な価値を持つものとして取り扱おうとする心、それが民主主義の根本精神である。

人間の尊さを知る人は、自分の信念を曲げたり、ボスの口ぐるまに乗せられたりしてはならないと思うであろう。同じ社会に住む人々、隣の国の人々、遠い海のかなたに住んでいる人々、それらの人々がすべて尊い人生の営みを続けていることを深く感ずる人は、すすんでそれらの人々と協力し、世のため人のために働いて、平和な住みよい世界を築きあげてゆこうと決意するであろう。そうして、すべての人間が、自分自分の才能や長所や美徳をじゅうぶんに発揮する平等の機会を持つことによって、みんなの努力でお互の幸福と繁栄とをもたらすようにするのが、政治の最高の目標であることをはっきりと悟るであろう。それが民主主義である。そうして、それ以外に民主主義はない。

したがって、民主主義は、きわめて幅のひろい、奥行きの深いものであり、人生のあらゆる方面で実現されてゆかなければならないものである。民主主義は、家庭の中にもあるし、村や町にもある。それは、政治の原理であると同時に、経済の原理であり、教育の精神であり、社会の全般にゆきわたってゆくべき人間の共同生活の根本のあり方である。それを、あらゆる角度からはっきりと見きわめて、その精神をしっかりと身につけることは、けっして容易なわざではない。複雑で多方面な民主主義の世界をあまねく見わたすためには、よい地図がいるし、しんせつな案内書がいる。そこで、だれもが信頼できるような地図となり、案内書となることを目的として、この本は生まれた。

これからの日本にとっては、民主主義になりきる以外に、国として立ってゆく道はない。これからの日本人としては、民主主義をわがものとする以外に、人間として生きてゆく道はない。それは、ポツダム宣言を受諾したとき以来の堅い約束である。

しかし、民主主義は、約束だからというのでしかたなしに歩かせられる道であってはならない。それは、自分からすすんでその道を歩こうとする人々に対してのみ開かれた道であり、その人たちの努力次第で、かならず繁栄と建設とに導く道である。われわれ日本国民は、自らすすんで民主主義の道を歩み、戦争で一度は見るかげもなくなった祖国を再建して、われわれ自身の生活に希望と繁栄とを取りもどさなければならない。ことに、日本を再建するというこの仕事は、今日の青少年諸君の双肩にかかっている。その意味で、すべての日本国民が、ことに、すべての青少年諸君が、この本を読んで、民主主義の理解を深められることを切望する。そうして、納得のいったところ、自分で実行できるところを、直ちに生活の中に取り入れていっていただきたい。なぜならば、民主主義は、本で読んでわかっただけでは役にたたないからである。言い換えると、人間の生活の中に実現された民主主義のみが、ほんとうの民主主義なのだからである。

# 目次

第五章　多数決



第六章　目ざめた有権者



第七章　政治と国民

# 民主主義

# 第一章　民主主義の本質

## 一　民主主義の根本精神

民主主義は、ちかごろたいへんはやりことばとなってきた。だれしもが、口を開けば民主主義を言い、筆をとれば民主化を論ずる。そういうことばを聞き、それらの議論を読んでいると、世の中がまわり舞台のように根こそぎ民主主義に変わってしまったようにみえる。独裁者は地球上から死に絶え、封建主義も人の心からぬぐったように消えうせたかの観がある。

しかし民主主義ということばにはいろいろな意味がある。このことばの用いられる方面はますますひろくなってきたし、それだけに、人によってこれを理解するしかたもきわめてまちまちである。したがって、民主主義とはおよそ反対なものを民主主義だといって、それを人々に強要する場合もある。すっかり民主化されたはずの世の中に、はなはだ非民主的な権力を持ったボスがいたり、親分・子分の関係が支配していたりすることもある。だから、民主主義ということばがはやっているから、それで民主主義がほんとうに行われていると思ったら、とんでもないまちがいである。たいせつなことは、ことばではなくて、実質である。それでは、いったい、ほんとうの民主主義とはどんなものであろうか。

民主主義とは何かということを定義するのは、ひじょうにむずかしい。しかし、その点をはっきりとつかんでおかないと、大きな食い違いが起る。民主主義を正しく学び、確実に実行すれば、繁栄と平和とがもたらされる。反対の場合には、人類の将来に戦争と破滅とが待っている。人類の住むところは、地球上のこの世界以外にはない。これを、生きとし生けるすべての人間にとっての住みよい、平和な、幸福な、一つの世界に築きあげてゆくことができるか、あるいは逆に、これを憎しみと争いと死の恐怖とに満ちた、この世ながらの地獄にしてしまうかの分かれ道は、民主主義をほんとうに自分のものにするかどうかにある。ゆえに、大げさな言い方でもなんでもなく、民主主義は文字どおり生か死かの問題である。平和と幸福とを求める者は、何をおいても、まず民主主義の本質を正しく理解することに努めなければならない。

多くの人々は、民主主義とは単なる政治上の制度だと考えている。民主主義とは民主政治のことであり、それ以外の何ものでもないと思っている。しかし、政治の面からだけみていたのでは、民主主義をほんとうに理解することはできない。政治上の制度としての民主主義ももとよりたいせつであるが、それよりももっとたいせつなのは、民主主義の精神をつかむことである。なぜならば、民主主義の根本は、精神的な態度にほかならないからである。それでは、民主主義の根本精神はなんであろうか、それは、つまり、人間の尊重ということにほかならない。

人間が人間として自分自身を尊重し、互に他人を尊重しあうということは、政治上の問題や議員の候補者について賛成や反対の投票をするよりも、はるかにたいせつな民主主義の心構えである。

そういうと、人間が自分自身を尊重するのはあたりまえだ、と答える者があるかもしれない。しかし、これまでの日本では、どれだけ多くの人々が自分自身を卑しめ、ただ権力に屈従して暮らすことに甘んじてきたことであろうか、正しいと信ずることをも主張しえず、「むりが通れば道理引っこむ」と言い、「長いものには巻かれろ」と言って、泣き寝入りを続けてきたことであろうか。それは、自分自身を尊重しないというよりも、むしろ、自分自身を奴隷にしてはばからない態度である。人類を大きな不幸におとしいれる専制主義や独裁主義は、こういう民衆の態度をよいことにして、その上にのさばりかえるのである。だから、民主主義を体得するためにはまず学ばなければならないのは、各人が自分自身の人格を尊重し、自らが正しいと考えるところの信念に忠実であるという精神なのである。

ところで、世の中は、おおぜいの人々の間の持ちつ持たれつの共同生活である。したがって、自分自身を人間として尊重するものは、同じように、すべての他人を人間として尊重しなければならない。民主主義の精神が自分自身を人間として尊重するにあるからといって、それをわがままかってな利己主義ととり違える者があるならば、とんでもないまちがいである。自らの権利を主張する者は、他人の権利を重んじなければならない。自己の自由を主張する者は、他人の自由に深い敬意を払わなければならない。そこから出てくるものは、お互の理解と好意と信頼であり、すべての人間の平等性の承認である。キリストは、「すべて人に為《せ》られんと思ふことは、人にもまたそのごとくせよ」と教えた。孔子《こうし》も、「おのれの欲せざるところは、人に施すことなかれ」と言った。もしもこの好意と友愛の精神が社会にゆきわたっているならば、その社会は民主的である。もしもそれが工場の労働者と使用者との関係にしみこんでいるならば、その工場は民主的である。もしもそれが学校や組合や家庭の人々の間柄を指導しているならば、それらの制度もまた民主的である。どこでも、いつでも、この精神が人間の関係を貫ぬいている場合には、そこに民主主義がある。政治もまた、この精神を基礎とした場合にのみ、ほんとうの意味で民主的でありうる。

だから、民主主義は、議員を選挙したり、多数決で事を決めたりする政治のやり方よりも、ずっと大きいものである。それは、適用される範囲がひじょうにひろいものであり、したがって、外面に現われたその形は、時により、所によって変化する。しかし、その根本をなしている精神は、いつになっても、どこへ行っても変わることはない。国によって民主主義が違うように思うのは、その外形だけを見ているからである。同じ民主主義の根本精神がしみわたってゆけば、どんなに職業や、信仰や、人種が違っていても、人と人との間に、同じ一つの理解と協力の関係が生まれる。単に一国の内部だけでなく、別々のことばを話し、異なる文化を持つ違った民族の間にも、同じように理解と協力の関係がひろまってゆく。そうして、だんだんと世界が一つになってゆく。対立と搾取と闘争のない、ただ一つの平和な世界が築きあげられてゆく。

このように、民主主義の本質は、常に変わることのない根本精神なのである。したがって、民主主義の本質について、中心的な問題となるのは、その外形がどの種類かということではなくて、そこにどの程度の精神が含まれているかということなのである。民主主義は、家庭の中にもあるし、学校にもあるし、工場にもある。社会生活にもあるし、経済生活にもあるし、政治生活にもある。しかし、どこまでそれがほんものの民主主義であるかが問題なのである。その程度を量るはかりのようなものがあるであろうか。私どもは、合金の中に含まれている純金の分量を量ることができる。金とめっきとを見分けることができる。それと同じように、私どもは、社会生活や経済生活や政治生活の中に含まれている民主主義の分量を、ある程度の正確さをもって量ることはできないものであろうか。金や銀の分量と違って、民主主義の本質は精神的なものであるから、それを量ることはもとよりひじょうにむずかしい。しかし、民主主義の仮装をつけてのさばってくる独裁主義と、ほんものの民主主義とをはっきりと識別することは、きわめてたいせつである。いかにむずかしくても、できるだけそれをやってみなければならない。

## 二　下から上への権威

民主主義の反対は独裁主義である。独裁主義は権威主義ともよばれる。なぜならば、独裁主義のもとでは、上に立っている者が権威を独占して、下にある人々を思うがままに動かすからである。国王や、独裁者や、支配者たちは、あるいは公然と、あるいは隠れて、事を決し、政策を定め、法律を作る。そうして、一般の人々は、ことのよしあしにかかわらずそれに従う。その場合に、権威を独占している人間は、下の人たちにじょうずにお世辞を言ったり、これをおだてたり、ときにはほめたたえたりするであろう。しかしその人たちはどこまでも臣民であり、臣下である。そうして臣下は、その主人の命令に、その気まぐれな意志にさえ、無条件に従わせられる。だから独裁主義は、専制主義とか、全体主義とか、ファシズムとか、ナチズムとか、そのほかいろいろな形をとって表われるが、その間には根本の共通点がある。それは、権威を持っている人間が、普通一般の人々をけいべつし、見おろし、一般人の運命に対して少しも真剣な関心をいだかないという点である。

専制政治には国王がある。権門政治には門閥がある。金権政治には財閥がある。そういう人々にとっては、一般の者は、ただ服従させておきさえすればよい動物にすぎない。あるいは上に立っている連中の生活を、はなやかな、愉快なものにするための、単なる道具にすぎない。かれらは、こういう考え方を露骨に示すこともある。その気気持を隠して、体裁だけは四民平等のような顔をしていることもある。しかしけっきょくくは同じことである。そこには、ほんとうに人間を尊重するという観念がない。支配者は、自分たちだけは尊重するが、一般人は一段下がった人間としてしか取り扱わない。一般人の方でもまた、自分たちは一段低い人間であると考え、上からの権威に盲従して怪しまない。

人間社会の文化の程度が低い時代には、支配者たちはその動機を少しも隠そうとしなかった。部落の酋長《しゅうちょう》や専制時代の国王は、もっと強大な権力を得、もっと大規模な略奪をしたいという簡単明白な理由から、露骨にかれらの人民たちを酷使したり、戦争にかりたてたりした。ところが、文明が向上し、人知が発達してくるにつれて、専制主義や独裁主義のやり方もだんだんとじょうずになってくる。独裁者たちは、かれらの貪欲《どんよく》な、傲慢《ごうまん》な動機を露骨に示さないで、それを道徳だの、国家の名誉だの、民族の繁栄だのというよそゆきの着物で飾る方が、いっそうつごうがよいし、効果もあがるということを発見した。帝国の光栄を守るというような美名のもとに、人々は服従し、馬車うまのように働き、一命を投げ出して戦った。しかし、それはいったいなんのためだったろう。かれらは、独裁者たちの野望にあやつられているとは知らないで、そうすることが義務だと考え、そうして死んでいったのである。

現にそういうふうにして日本も無謀きわまる戦争を始め、その戦争は最も悲惨な敗北に終り、国民のすべてが独裁政治によってもたらされた塗炭の苦しみを骨身にしみて味わった。これからの日本では、そういうことは二度とふたたび起らないと思うかもしれない。しかし、そういって安心していることはできない。独裁主義は、民主化されたはずの今後の日本にも、いつ、どこから忍びこんでくるかわからないのである。独裁政治を利用しようとする者は、こんどはまたやり方を変えて、もっとじょうずになるだろう。こんどは、だれもが反対できない民主主義という いちばん美しい名まえを借りて、こうするのがみんなのためだと言って、人々をあやつろうとするだろう。弁舌でおだてたり、金力で誘惑したり、世の中をわざと混乱におとしいれ、その混乱に乗じてじょうずに宣伝したり、手を変え、品を変えて、自分たちの野望をなんとかものにしようとする者が出てこないとはかぎらない。そういう野望を打ち破るにはどうしたらいいであろうか。

それを打ち破る方法は、ただ一つある。それは、国民のみんなが政治的に賢明になることである。人に言われて、そのとおりに動くのではなく、自分の判断で、正しい

ものと正しくないものとをかみ分けることができるようになることである。民主主義は、「国民のための政治」であるが、何が、「国民のための政治」であるかを自分で判断できないようでは民主国家の国民とはいわれない。国民のひとりひとりが自分で考え、自分たちの意志でものごとを決めてゆく。もちろん、みんなの意見が一致することは、なかなか望めないから、その場合には多数の意見に従う。国民はみんな忙しい仕事を持っているから、自分たちがこれはと思う人を代表者に選んで、その代表者に政治をやらせる。しかし、あくまでも他人《ひと》任せではなく、自分たちの信念が政治のうえに反映するように努める。そうすれば、ボスも、独裁者もはいりこむすきはない。

だから、民主主義は独裁主義の正反対であるが、しかし、民主主義にもけっして権威がないわけではない。ただ、民主主義では、権威は、賢明で自主的に行動する国民の側にある。それは、下から上への権威である。それは被治者の承認による政治である。そこでは、すべての政治の機能が、社会を構成するすべての人々の意見に基づき、すべての人々の利益のために合理的に行われる。政治のうえでは、万事の調子が、「なんじ臣民」から「われら国民」に変わる。国民は、自由に選ばれた代表者をとおして、国民自らを支配する。国民の代表者は、国民の主人ではなくて、その公僕である。国民の意志によって作られた法律は、国民自らの生活を規律すると同時に、国民の代表者たちによって行われる政治そのものを規律する。それが、政治の面に表われた民主主義にほかならない。

## 三　民主主義の国民生活

民主主義の政治組織がどんなものであるかは、第三章で改めて詳しく述べることにしよう。しかし、民主主義のもとでは、国民の生活はどんな態度で、どんなふうに営まれるか。その点をもう少し明らかにしておくことは、民主主義の本質を理解するために役だつであろう。

前にも言ったように、その根本の精神からいえば、民主主義にはただ一つの種類しかない。しかし、政治を民主的に行うための手続きには、二つの型がある。その中でも、ひろく行われている型は、「代表民主主義」とよばれる。国民の大多数は、会社に勤めたり、田を耕したり、台所や赤ん坊の世話をしたりしなくてはならないから、公の事柄に対してはその時間と精力の一部分をささげうるにすぎない。そこで、かれらは、国会や、市会や、その他そういう政治上の決定を行うところで、自分たちを正当に代表できる人々をなかまの中から選ぶのである。これに対して、もう一つの型の民主主義では、国民の意見は、代表者をとおさないで、直接に政治上の決定のうえに示される。すなわち、法律を決めたり、大統領を選んだりするのに、国民の直接の投票を行うというやり方である。これを普通に「純粋民主主義」という。

しかし、この第二の型の民主主義だけを純粋とよぶのは、実はあまり適当でない。民主主義は、権力を握るために国民を煽動《せんどう》したり、自主的な判断を失ってその煽動に乗ぜられたりするようなことがない場合にのみ、純粋なのである。国民投票を行うからといって、それで民主主義が純粋になるわけではない。ルソーは、純粋民主主義の熱心な主張者であったが、国民が奴隷根性になって、権力者にへつらったり、その弾圧を恐れたりして、権力者の言うことを無批判な全員一致で迎えるようになることは、最も戒むべき民主主義の堕落であると説いている。

このように民主主義の政治には二つの型があるが、どちらの場合にも、政治の権威は国民にある。言い換えると、政治の方針の最後の決定者は、国民でなければならない。だから、ほんとうの民主主義では、すべての国民、または、少なくとも選挙資格を有するすべての国民が現実に政治に参与するようにしくまれる。そうして、有権者の多数の意志を実行するためのいちばん確かな方法は、国民によって自由に選ばれた代表者が、国民の決めた政治の方針の運用にあたるにある。その場合に、政治の目的が国民の幸福と利益との増進にあること、言い換えれば、すべての政治は公共の福祉のためになされなければならないことは、いうまでもない。エイブラハム＝リンカーンは、この趣旨を簡明に要約して、民主政治は「国民の、国民による、国民のための政治」であると言った。

もちろん理論だけからいうと、独裁者や「情深い支配者」がその国民に対して、公共の福祉にかなった政治をするということは、ありうることであろう。しかし、独裁主義の制度の中に国民のための政治の保障を求めることは、常に失敗に終ったし、また、いつの時代にもかならずまちがいである。歴史の教えるところによれば、一部の者に政治上の権威の独占を許せば、その結果は必ず独裁主義になるし、独裁主義になると戦争になりやすい。だから、国民のための政治を実現するためのただ一つの確実な道は、政治を国民の政治たらしめ、国民による政治を行うことである。政治が国民のものとなるならば、国民は、それを、各人の権利を守りその生活程度を高める方法として用いるであろう。国民が、国民のためにならない政治を黙って見ているということは、道理としてありえないはずである。

全体主義の特色は、個人よりも国家を重んずる点にある。世の中でいちばん尊いものは、強大な国家であり、個人は国家を強大ならしめるための手段であるとみる。独裁者はそのために必要とあれば、個人を犠牲にしてもかまわないと考える。もっとも、そう言っただけでは、国民が忠実に働かないといけないから、独裁者といわれる人々は、国家さえ強くなれば、すぐに国民の生活も高まるようになると約束する。あとでこの約束が守れなくなっても、言いわけはいくらでもできる。もう少しのしんぼうだ。もう五年、いや、もう十年がまんすれば、万事うまくゆく、などと言う。それもむずかしければ、現在の国民は、子孫の繁栄のために犠牲にならなければならないと言う。その間にも、独裁者たちの権力欲は際限もなくひろがってゆく。やがて、祖国を列国の包囲から守れとか、もっと生命線をひろげなければならない、とか言って、いよいよ戦争をするようになる。過去の日本でも、すべてがそういう調子で、一部の権力者たちの考えている通りに運んでいった。

つまり、全体主義は、国家が栄えるにつれて国民が栄えるという。そうして、戦争という大ばくちをうって、元も子もなくしてしまう。

これに反して、民主主義は、国民が栄えるにつれて国家も栄えるという考え方のうえに立つ。民主主義は、けっして個人を無視したり、軽んじたりしない。それは、個人の価値と尊厳とに対する深い尊敬をその根本としている。すべての個人が、その持っている最もよいものを、のびのびと発展させる平等の機会を与えられるにつれて、国民の全体としての知識も道徳も高まり、経済も盛んになり、その結果としてかならず国家も栄える。つまるところ、国家の繁栄は主として国民の人間としての強さと高さとによってもたらされるのである。

## 四　自由と平等

民主主義は、国民を個人として尊重する。したがって民主主義は、社会の秩序および公共の福祉と両立するかぎり個人にできるだけ多くの自由を認める。各人が生活を経営し、幸福を築きあげてゆくことは、他人に譲り渡すことのできない自然の権利であるとみる。

しかし、持ちつ持たれつのこの世の中では、そうした自由および権利と照応して、社会の一員として守るべき義務があることは当然である。民主主義は、ひろく個人の自由を認めるが、それをかって気ままと混同するのは、たいへんなまちがいである。事実、民主主義は、他人の権利を害しないかぎり、個人が自分の好きなように幸福を求めることを認め、それを奨励する。私どもは、自分の思うところに従って、宗教を信じ、政党を選び、ものを書き、また、語る。けれども、私どもは、自分がそういう自由を、喜びをもって受ければ受けるほど、たえず私どもの隣人の、ひろくは、すべての国民の同様の自由と権利とを尊重しなければならないと思うであろう。大きな自由が与えられれば与えられるだけ、それだけ、その自由を活用して、世の中のために役だつような働きをする大きな責任があるというのが、民主主義の根本の考え方である。自分に与えられた自由を、社会公共の福祉のために最もよく活用するという心構えがなければ、いかなる自由も、豚に与えた真珠にすぎない。

民主主義が重んずる自由の中でも、とりわけ重要な意味を持つものは、言論の自由である。事実に基づかない判断ほど危険なものはないということは、日本人が最近の不幸な戦争中いやというほど経験したところである。ゆえに、新聞は事実を書き、ラジオは事実を伝える責任がある。国民は、これらの事実に基づいて、各自に良心的な判断を下し、その意見を自由に交換する。それによって、批判的にものごとを見る目が養われ、政治上の識見を高める訓練が与えられる。正確な事実についてかっぱつに議論をたたかわせ、多数決によって意見の帰一点を求め、経験を生かして判断のまちがいを正してゆく。ことわざにも、「三人寄れば文珠の知恵」という。まして高い教養を持った国民のすべてが、自由な言論を基礎として共同の真理を発見するために不断の協力を続けてゆくならば、ものごとの正しい筋道を見いだすことのできないはずはない。このように、国民によって見いだされたものごとの正しい筋道こそ、政治のかじをとってゆく国民生活のらしん盤である。

これに反して、独裁主義は、独裁者にとってつごうのよいことだけを宣伝するために、国民の目や耳から事実をおおい隠すことに努める。正確な事実を伝える報道は、統制され、さしおさえられる。そうして、独裁者の気に入るような意見以外は、あらゆる言論が封ぜられる。たとえば馬車うまを見るがよい。御者はうまが右や左を見ることができないように、目隠しをつける。そうして御者の思うとおりに走らなければ、容赦なくむちを加える。馬ならば、それでもよい。それが人間だったらどうだろう。自分の意志と自分の判断とで人生の行路をきりひらいてゆくことのできないところには、民主主義の栄えるはずはない。

自由とならんで民主主義が最もたいせ

つにするのは、人間の平等である。民主主義は、すべての国民を個人として尊重する。すべての個人が尊厳なものとして取り扱われる以上、その間に最初から差別を設けるということは、あくまでも排斥されなければならない。民主主義が発達するまでは、人間の世の中には生まれながら上下の差別があった。そこでは、あの人は貴族だから、名門の出だからといって敬われる。どんなにすぐれた人物でも、生まれが卑しければ、一生下積みの境遇に甘んぜざるを得ない。そんな不公平なことがあろうか。どんな生まれであろうと、人間の生命の重んぜられるべきことに変わりはなく、人格の尊ぶべきことにへだてはない。人間のねうちは、身分や門地で決まるものではないのである。だから、ほんとうの民主主義の世の中になれば、門閥というものはなくなる。人種や身分や財産による差別もなくなる。すべての人間が、同じ人間として、知識をみがき、能力を伸ばす同じ機会を与えられるというのは、民主主義の高貴な理想である。

しかし、すべての人間を平等に取り扱うということは、ただ単に理想として正しいだけではない。その方が、はるかに社会生活の実益にもかなうのである。なぜならば、だれにでもその才能を伸ばす平等な機会が与えられれば、それによって、知識や人物の豊富な鉱脈が掘り出されることになり、そのために国民全体が、経済的にも文化的にも富むようになる。シェークスピアは、貧しい肉屋と、自分の名まえも書けないような女との間の子どもとして生まれた。シューベルトの父親は百姓であり、母親は嫁に来るまで女中だった。大科学者のファラディは納屋で生まれた。父は病身のかじ屋であり、母は一介の勤労女性であった。これらの人たちは、まだ民主主義の発達しない時代に生まれて、それぞれの天才を発揮した。まして、すべての人々に平等に学ぶ機会が与えられれば、国民の中からどれだけ多くの人材が掘り出されることだろう。今まで多くは低い教育しか授けられなかった女性の中からも、キューリー夫人のような人がだんだんとでるであろう。世の中はそれだけ明かるく、国民の生活はそれだけ高くなってゆくのだ。

人間の平等とは、このように、すべての人々にその知識や才能を伸ばすための等しい機会を与えることである。その機会をどれだけ活用して、各人の才能をどこまで向上させ、発揮させてゆくかは、人々それぞれの努力と、持って生まれた天分とによって大きく左右される。その結果として、人々の才能と実力とに応じた社会的地位の相違ができる。それは当然のことである。だから、民主主義は人間の平等を重んずるからといって、人々が社会的に全く同じ待遇を受けるのだと思ったら、大きなまちがいである。すぐれた能力を持つ人、学識経験の豊かな人と、無為無能で、しかも怠惰な人物とが、まったく同じに待遇されるというようなことでは、正しい世の中でもなんでもない。それは、いわゆる悪平等以外の何ものでもない。公正な社会では、徳望の高い人は、世人に推されて重要な位置につき、悪心にそそのかされて国法を破った者は、裁判を受けて処罰される。むかし、ギリシアの哲学者アリストテレスは、人間の価値に応じて各人にそれぞれふさわしい経済上の報酬と精神的な名誉とを分かつことが、正義であると説いた。民主主義的な正しい世の中は、人間のねうちに応じた適正な配分のうえにうちたてられなければならない。

## 五　民主主義の幅のひろさ

これまで、述べてきたところによって、民主主義とはどんなものであるかについて、おおよその見当はついた。それと同時に、民主主義がひじょうに幅のひろいものであることも、理解できたことと思う。

くり返して言うと、民主主義は、決して単なる政治上の制度ではなくて、あらゆる人間生活の中にしみこんでゆかなければならないところの、一つの精神なのである。それは、人間を尊重する精神であり、自己と同様に他人の自由を重んずる気持であり、好意と友愛と責任感とをもって万事を貫ぬく態度である。この精神が人の心にひろくしみわたっているところ、そこに民主主義がある。社会も民主化され、教育も民主化され、経済も民主化される。逆に、この精神に欠けているならば、いかににぎやかに選挙が行われ、政党がビラをまき、議会政治の形が整っても、それだけで民主主義がじゅうぶんに実現されたということはできない。だから、ほんとうの民主主義は、宮殿や議会の建物の中で作られるものではない。もしもそれが作られるものであるとするならば、民主主義は人々の心の中で作られる。それを求め、それを愛し、それを生活の中に実現してゆこうとする人々の胸の中こそ、民主主義のほんとうの住み家である。

政治上の制度のうえだけでは、民主主義はけっして完成されえないことを知るために、政治と経済との関係を考えてみよう。

公明な政治が行われるために、正確な事実の報道と、それに基づく自由な言論とが何よりもたいせつであることは、前に述べたとおりである。しかし、それだけではたりない。それとならんでぜひとも備わらなければならない条件は、国民の経済生活の向上である。国民の大多数が窮乏のどん底にあって、その日その日のパンに追われているようでは、人間として必要な教養を積むこともできないし、政治上の識見を高める余裕もない。そういう状態で民主政治の栄えるはずのないことは、だれの目にも明らかである。少数の金持は、そこを利用して報道機関を買収し、ありもしない世論をあるように宣伝して、金権政治を行おうとするであろう。逆にまた、民衆のためを図ると称して、実は少数の者の手で権力を握ろうとする支配者は、生活にあえぐおおぜいの国民をせん動して、政治の方向を思うつぼに引っ張りこもうとするであろう。だから、経済上の機会を均等にし、国民の生活を高めるための経済上の民主主義が行われなければ、いかに選挙で代表者を決め、いかに議会で法律を作っても健全な民主政治は育たない。

経済上の民主主義についてと同様のことが、社会生活における民主主義や教育における民主主義についてもいわれなければならない。しかし、それらの詳しい点は、これから先のいろいろな章でだんだんと説明してゆくこととしよう。ここでは、民主主義が政治的組織よりもはるかに幅のひろいものであること、あらゆる民主主義の根底が、同胞に対する人間の精神的な態度にあることがわかれば、それでじゅうぶんである。

今や日本は、新しい憲法を持っている。この憲法は、たしかにりっぱな憲法である。しかし、どんなにりっぱな憲法ができても、それがどのように荘厳に公布されても、それだけで民主主義がひとりでに動きだすものではない。どのような憲法も、法律も、政府の組織も、それだけで真の民主主義をもたらしたためしはない。民主主義は、広く国民にゆきわたった良識と、それに導かれた友愛・協力の精神と、額に汗する勤勉・努力によって自らの生活を高く築きあげてゆこうとする強い決意とから、そうして、ただそれのみから生まれてくるのである。

# 第二章　民主主義の発達

## 一　古代の民主主義

人はよく、民主主義の政治は遠く古代ギリシアおよびローマから始まる、と言う。デモクラシーということばは、ギリシア語のデモス－クラートスからでた。デモスは国民であり、クラートスは支配である。そうして、単にことばだけでなく、ギリシアの都市国家、たとえばアテネでは、実際に国民の会議による政治が行われていた。また、ローマは、最初のうちは王政であったが、紀元前五百年ごろから共和政になった。そうして、自由人たちの組織する民会や元老院があって、そこで政治上および法律上の決定を行っていたのである。だから、単に政治の形態だけからいえば、民主主義の起源はギリシアやローマにあるといっても、あながちまちがいではない。

けれども、それらの古代国家には、一般の国民すなわち市民のほかに、多数の奴隷があった。市民は自由を認められ、いろいろな権利を持っていたが、奴隷はまったくそうではなかった。かれらは、家畜のように、また物品のように、持ち主の思うままに売られたり買われたりしていた。奴隷は、家畜や物と同じように、その持ち主の財産であり、持ち主の意のままに働くためにのみ生きていたのである。かれらは、人間でありながら、人間でなかった。そのような世界に、どうしてほんとうの意味での民主主義がありえよう。奴隷を持つ国民が行う政治は、けっしてほんとうの民主政治ではない。人間が相手の人格を認めないで、自分の思うがままに行動し、地の人々を支配するところには、真の民主主義はない。

だから、民主主義の発達は、西洋でも近世をまたなければならなかった。近世になって、いちばん早く民主主義の進歩し始めたのは、イギリスである。ついで、アメリカ合衆国が独立し、フランス革命が行われた。しかし、それらの国々でも、けっして一足とびに民主主義の世の中になったわけではない。おおぜいの人々の長い間の努力と、国民の間にだんだん高まってきた政治上の自覚とが、しだいに民主主義の社会を築きあげていったのである。その歴史的な発達の跡を、しばらくふり返ってみることにしよう。

## 二　イギリスにおける民主主義の発達

むかし、サクソン人の王たちがこの国を治めていた時代にも、イギリスの国民はある程度の地方自治のもとにあった。しかし、国全体としてある程度の自治が行われるようになったのは、第十一世紀の半ば過ぎになって、この国にノルマン人たちが入りこみ、この国を征服して治めるようになってからのことである。もちろん、それは、自治といってもきわめて低い程度のものであった。その、わずかな芽ばえのような自治が、あらゆる権力の圧迫とたたかって、今日のイギリスのたくましい民主主義の大木にまで育ち、そびえるためには、約九百年の歳月を必要とした。

この国を征服して治めるようになったノルマン人の王は、ウイリアム征服王とよばれた。この王は、強い支配力を持った、ぬけめのない人で、諸地方を領有する封建諸侯を手なずけ、それによって王の地位を強固なものにするという政策を採った。そのころのイギリスには、バロンとよばれる多くの貴族がいて、その貴族たちがそれぞれ領地を専制的に治め、ちょうど日本の徳川《とくがわ》時代の藩の制度のようになっていたのである。ウイリアムは、一方では、これらの貴族たちが互に力を合わせたり、ひとりで王に対抗できるほどに強くなったりしないように努めた。しかし、またその反面では、貴族たちが王の権力に心服するように、いろいろな権利をこれに与え、そのきげんをとることも忘れなかった。

ところが、そののち百五十年ばかりたって、その当時のジョン王が、貴族を無視して自分の思うがままの政治を行い、ウイリアムが貴族たちに対して認めていた権利を奪おうとしたので、貴族は大いに怒って王に反抗し、王に迫って、ふたたびそういう暴政を行うことがないような約定書を作らせた。これが有名な大憲章《マグナカルタ》であって、そのできたのは、一二一五年のことである。

この大憲章は、イギリス人の「自由のとりで」とよばれてきた。ある点では、それはまさにそのとおりである。なぜならば、大憲章には、王が税を取りたてるには、原則として議会の承認を受けること、自由民は、法律や適法の裁判によらないで捕えられたり、財産を奪われたり、禁錮《きんこ》されたり、追放されたりしてはならないこと、王は自由民に対して武力を用いたり、正当な権利を否認したりしないこと、などが定められた。そうして、これらの約束を王に守らせるために、貴族は自分たちの組織する会議でこれを監視し、王が約束を破った場合には、この会議は王に抗議し、それでもなお王が改めないときには、貴族は全国の平民とともに王の財産をさしおさえたり、その他の方法で、王を苦しめることができるものとされたからである。しかし、この文書の直接の目的は、国民の自由を増進し、その運命を改善するにあったということはできない。というのは、それはむしろ、貴族たちの特権を、王の侵害から守ることを主眼としていたからである。

このように、大憲章は、王と貴族との間に取りかわされた、封建的な文書にすぎないものではあったが、それでも、大憲章ができたことは、イギリスの歴史にとって大きな意味を持つ出来事であった。王の権力は、これによってある程度まで拘束をうけることになり、王の権力のうえには、王といえども守らなければならない規律が設けられたわけである。そうして、もしも王がこの規律にそむいたときには、国民は実力で、王のこのような行為を正すことが、公然と許されることになったのである。したがって、それは、そののち幾百年、イギリスの議会の力を大きくするためのたたかいの武器として役立った。

イギリスの議会に加わる者の範囲は、だんだんとひろげられていったが、それには代々の王もあずかって力がある。しかし、王が議会を保護し、議会を育てるのに力を尽くしたように見えるのは、ほんとうは、国民に対する愛や民主主義への熱望から出ているのではなかった。それは、むしろ、金銭への愛による場合の方が多かったのである。というのは、王たちは、貴族からだけではじゅうぶんに金を集めることができなかったので、租税を取りたてる範囲をひろげる道具として議会を利用し、租税を納める者の数をふやしたのである。したがって、王権が強化されたときにも、王たちは議会を廃止しなかった。かれらは、それを存続させて、よろしくこれを利用しようとしたのである。王たちは、議会の協賛を得ることによって、王の意志を国民の意志らしくみせかける方が、政治を行うのにつごうがよいと考えたのである。

だから、イギリスに議会が生まれても、初めのうちは国民の代表者によって作られたものではなかった。イギリスの議会は二院制で、貴族院と庶民院とから成りたっているが、貴族院《ハウス・オブ・ローズ》の方は最初から、貴族の、貴族による、貴族のための組織であったし、庶民院《ハウス・オブ・コモンズ》はけっしてその名のような庶民的なものではなかった。肉屋やパン屋や農民のような「庶民」からその名が出たのではなく、町《コミューン》ということばから出たので、それらの町々を代表する大金持や、その他の地方の財産家たちが、それを組織していたのである。このことは、王が財源を得るために、議会に代表者を送る人たちの範囲をひろげたという由来からも、容易に理解しうるところであろう。

イギリスの民主政治の発達が、支配者たちの我欲や利己心によって、かえって促進されたということは、興味のある事実である。たとえば、ジョン王のぜいたくと貪欲《どんよく》とは、かれらをかりたてて、貴族を圧迫するむりな政治を行わしめ、その結果として、大憲章に署名しなければならなくなった。エドワード一世は、貴族から税金を取りたてるだけでは不十分であると考え、もっとひろく財源を富裕な平民の中に求めようとしたために、議会の発達を助長した。更にジェームス一世は、君権の強化を図ろうとして、自分を神と同一視し、王は神の意志に基づいて統治するのであるという、帝王神権説を唱えたが、その強引な政治がたたって、一六四九年に反乱が起り、かれの後継者たるチャールス一世はついに議会によって死刑に処せられた。

このようにして、議会の力はだんだんに強くなっていったが、その歴史上の発達に重要な一時期を画したのは、権利章典《ビル・オブ・ライツ》である。権利章典が有効になったのは、一六八八年の光栄革命の結果である。それによって、王は、法律を停止また廃止することも、議会の同意なしに税を課することも、できなくなった。また、議員の選挙は自由になされなければならず、議員は演説や討論について完全な自由を有し、議会はしばしば開かれなければならないというような、いろいろな原則が定められた。それは、王の権力を抑制し、議会の地位を高め、国民に対して多くの自由を保障したところの、憲法的な規定であった。したがって、この権利章典は、その後アメリカその他の諸国の憲法起草者によって、参考とされたところが少なくない。

一方、行政をつかさどる制度としては、最初、枢密院が設けられた。枢密院は、王が政治をするにあたって相談相手とし、その意見を尋ねるために設けたものである。王は、やがてその中から更に数人の人々を選んで、おもだった行政事務についてはもっぱらそれらの人々に意見を聞き、かれらが議会に対して持っている勢力を利用して、王の望むような法案を議会で通過させようと図った。それが、イギリスの内閣の起りである。初めのうちは、王は内閣の閣議に出席してこれを主宰していたが、おいおいに王の出席はまれになり、大臣たちに政治がゆだねられるようになった。そうして、王の代わりに内閣の中心となって閣議を司会し、これをまとめてゆくものができ、それが内閣総理大臣とよばれるにいたった。

そのころまでは、王は自分の意にかなった人々を選んで内閣を作らせ、それと同時に、いろいろな方法で議会を懐柔し、議会が内閣を支持するようにしむけるのが常であった。したがって、国を治めるのは王とその大臣たちの仕事であると考えられ、議会が政治の中心となるというところにまでは、まだまだほど遠かった。議会は、大臣たちが協賛を求める法律案を、原則としては政治のために必要なものとして承認し、ただ、国民に不当な政治的圧迫を加え、または、国民の財政上の負担をひじょうに重くするような法案に反対したり、それを修正したりすることを、おもな任務としていた。

ところが、一七二一年に首相となったウォールポールは、王の力にたよって議会をおさえてゆく代わりに、いろいろな方法を用いて議員たちをあやつり、庶民院の中にかれを支持する多数党を作り出して、それを足場に政治を行った。そうして、その内閣が議会の信用を失うにいたった一七四二年に、まだかれ自身に対する王の信任があったにもかかわらず、その職をしりぞいた。イギリスの今日の政党政治の始まりは、ここにあるといってよい。

イギリスの議会には、第十七世紀に既に宗教問題に関連してトーリーおよびホイッグの二党が生まれ、それがのちの保守党・自由党となった。そこへ今述べたようなことが起って、内閣は議会の多数の信任に基礎をおかなければならないと考えられるようになった。多数の議員を持つ政党は、それだけ多くの選挙民の意志と利益とを代表するとみられうる。したがって、内閣は、議会の多数党を基礎として政治を行うべきであり、庶民院の多数の信任を失った場合には、辞職して、新たに選挙を行うのが当然だという考え方が、しだいに強くみられるようになってきた。

しかし、そのような政党内閣制度がほんとうに国民の政府となるためには、選挙権の範囲をひろげる必要がある。ところが、有力な権限を持つ貴族院は、門閥と富の代表であり、庶民院の議員も、ほとんど中流階級上層部の出身であった。光栄革命ののち百五十年近くも、このような人々による権力の独占が続けられていたのである。権力の独占は、一八三二年の選挙法の改正によってはじめて破られた。すなわち、それによって新たに興ってきた工業経営者たちが、議会に代表者を送ることができるようになったのである。更に一八六七年の第二次選挙法改正により、小市民階級および都市の労働者にも選挙権が与えられ、一八八四年の第三次改正によって、その範囲は鉱山労働者および農業労働者にも拡大された。そうして、第一次世界大戦の終った一九一八年には、二十歳以上のすべての男子ならびに三十歳以上の女子で、一定の財産資格を備えた者に参政権が与えられ、一九二八年に至って、男女平等の完全な普通選挙制がしかれるにいたったのである。ところで、このように選挙権がひろげられていっても、それによって選出されるのは庶民院の議員である。したがって、それに対する貴族院の勢力が強い間は、議会はまだまだほんとうの国民の意志を代表するものとはいえない。そこで、議会が国民による政治の中心として重きをなすにつれて、庶民院と貴族院との間の争いが激しくなってきたのは、当然のことである。庶民院には、自由党の進歩主義と保守党の保守主義との対立があるのに対して、貴族院の空気が特に保守的であることは、いうまでもない。ゆえに、この争いは、自由党が庶民院の多数をしめて内閣を組織した場合に、特に激化する。かくて、一九〇九年に、自由党内閣が有産者階級に対して大増税を行うために金銭法案を提出したとき、貴族院がこれを否決したのが機会となって、ついに一九一一年に国会法の制定をみるにいたった。それによって、貴族院は金銭法案を修正または否決することができないばかりでなく、法案が三会期続いて庶民院を通過した場合には、その議案は、貴族院が否決しても法律として成立するという原則が認められた。これは、まさしく、貴族院に対する庶民院の優位の確立である。庶民院は、ここに、名実ともに議会の中心となり、イギリスのすべての政治組織の中心となったのである。

このイギリスの憲法発達の歴史を通じてみても、民主主義の制度をりっぱに作りあげるためには、いかに長い、しんぼうづよい努力が必要であるかがわかる。近世民主主義の源流たるイギリスも、最初は専制君主の支配する国であった。その、ただひとりの王の手の中に独占されていた権力が、まず貴族たちに分けられ、ついで都市の大商人や地方の大地主がこれに参与し、しだいに小市民や工場労働者や農民へと、権力の主体がひろめられていった。そのたびに、国民の権利と自由とを守るための激しいたたかいが行われたのである。そうして、第二十世紀になってから、労働者の利益を

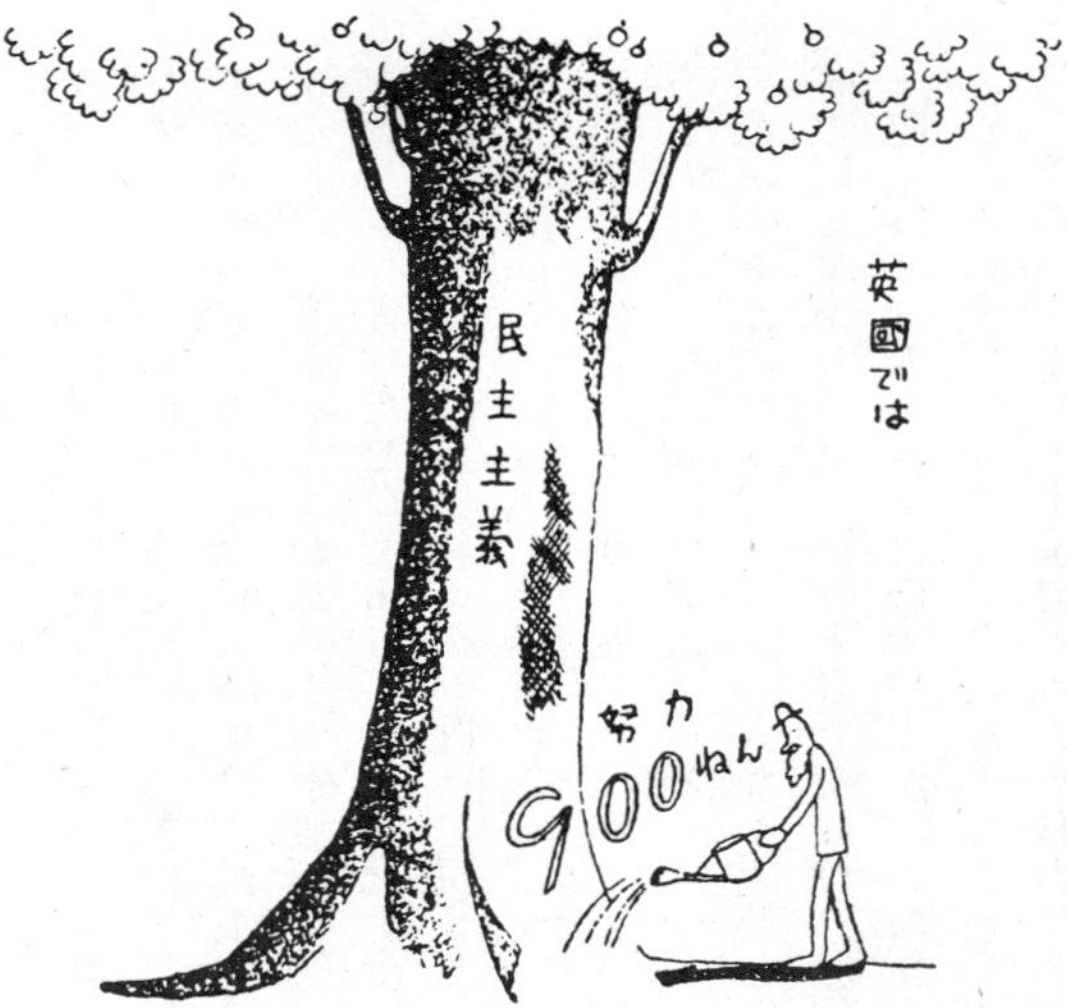


代表する労働党が庶民院の中に勢力を得て、ついに、労働党内閣も出現する世の中になった。

「ローマは一日にして成らず」ということばがあるが、イギリスの民主政治は九百年の長きにわたる国民の努力によって成ったのである。そうしてローマは帝政の腐敗によって、滅びたが、健全な民主主義の政治は、あらゆるたたかいにうち勝って、人間の運命を希望と幸福の道へと切りひらいて行く。私どもは、この大きな歴史の流れから、汲《く》めども尽きない教訓を学びとらなければならない。

## 三　アメリカにおける民主主義の発達

アメリカ大陸に最初に植民地を作ったヨーロッパ人は、スペイン人であった。スペイン人のアメリカに対する支配的な影響はずいぶん長く続いたが、その時代を通じて、この新スペインとよばれた新大陸には、民主主義のほんの一かけらも見いだされえない。それは、黄金をたずね求めて海を渡って行ったスペイン人が、原住民の労働の結実を絞り取って、ただひたすらにスペインを富ますための支配であった。新スペインの総督たちは、中世ヨーロッパの貴族と同じような絶対の権力を持ち、広い土地を領有して、そこに住む原住民たちを家畜のようにこき使った。やがて、新大陸の生む無限の富の分けまえにあずかるために、フランス人が渡って来て、封建制度をうち立てようとしたが、その試みは失敗に終った。つづいて、オランダ人も同じようなことを試みたが、それはフランス人よりもなお成功しなかった。それは、白人による暴政と残虐の歴史であり、その犠牲となったのは、原住民であった。

民主主義のほのかなあけぼのの光が、この新大陸の空にさしはじめたのは、イギリス人がここに植民地を作るようになってからのことである。

そのころ、イギリス本国でしだいに有力な地位を占めるようになってきた商人や貿易業者は、新大陸の富源に着目しだんだんとここへ渡ってきた。そこには、かれらの期待した宝石や黄金はなかったけれども、地味豊かな広野があり、おののはいったことのない大森林があり、本国の産業のために必要な豊富な原料があった。ここと本国との間に交易がひらかれれば、多くの職のない人々に職を与えうるという期待もあった。ヨーロッパでは、かねてイギリスとスペインとの間に勢力争いがあったので、これにうち勝とうとする強い愛国心もはたらいていた。更にまた、イギリス人の独立心や、自由、ことに信仰の自由を求める性格も、植民地の基礎を築くのに役だった。

これらの植民地の経営は、経営者の利益を目じるしとして営まれる私企業であったが、それがだんだんと大きくなってゆくにつれて、貿易会社が設立されるようになった。貿易会社には、特定の地域の貿易を独占する権利が与えられ、かなりの程度にまで自由に事業を営むことを許された。しかし、植民地の統治権は本国の王と議会の手中にあって、王はこれを治めるために代官を派遣した。こういう形で、イギリス人のアメリカでの植民地経営は、しだいにその地歩を固めて行ったのである。

ところで、これらの植民地の経営をあやつっていた商人や貿易業者たちは、自分たちの利益を守るために、植民地にある程度の自治を許す方がつごうがよいと考えた。なぜならば、そうしておけば、植民地経営のための費用も少なくてすむし、事業がうまくゆかなかったときの損失もうちわになるからである。また、それによって移民たちを引き寄せ、植民事業を盛んにすることもできる。こういう動機によって、一六一九年に、ヴァージニア会社が、アメリカでの最初の代議制議会の設立を許した。そののち、利益のあがらないことを怒ったイギリス王が、会社を解散してこれを王領に改めてからも、この議会はそのまま残った。

このヴァージニアの議会は二院制で、上院は総督と六人の参議員とから成り、すべて王によって任命され、それは植民地の実際の支配権を握っていた。これに対して、下院の方はヴァージニアの各地方区から選出されたふたりずつの代表者から成り、その力は弱いものではあったが、おおぜいの人々の利益を少数の支配者の権力から守るために、ある程度の役割を果たした。これが先例となって、アメリカの大西洋岸のイギリス植民地には、おいおいに代議制がしかれ、第十七世紀の末ごろには、各植民地が大同小異の人民議会を持つようになった。

このように、アメリカに民主主義が芽ばえたのは、最初はけっして民衆のためを思う好意から出たことではなく、むしろ、支配者の利益を図ろうとする打算が動機となっていたのである。しかし、どのような動機から出たものにせよ、ひとたび民主主義の芽が出れば、それはあらゆる雪や霜の寒さともたたかって、すくすくと伸びてくる。

ことに、そのころアメリカに渡っていった移民の中には、イギリス本国での宗教上の圧迫からのがれて、信仰の自由を新大陸に求めた多くの清教徒たちがあった。かれらは、信仰の自由が政治上の自由と離れてはありえないことを確信し、強い信念と不屈の意志とをもって、不合理な伝統のない新天地に、理想の政治社会を建設して行こうとしたのである。中でも、「メイ＝フラワー」という船に乗ってアメリカに移住したこれらの信徒の一団が、一六二〇年十一月十一日、はるかに新世界の陸影を望みながら、各人の意志と約束とによって自治的な政治組織を作りあげることを誓ったという事実は、のちのアメリカ独立の精神のさきがけとなった。本国の支配者たちが自分の利益のために種子をまいた民主主義の芽ばえは、こういう精神につちかわれて、だんだんと深く根を張っていったのである。

このように、方々の植民地に民主主義が生長してゆくにしたがって、それと本国の支配者たち、特にイギリス王との間にしだいに激しい衝突が起るようになったことは、怪しむにたりない。植民地の人々が、自分たちの意志によって事業を経営し、生活を規律してゆこうとするのに対して、支配者がこれを圧迫しようとした結果は、ついには武器によって自由を守ろうとするたたかいとなって現われた。「われに自由を与えよ、しからずんば死を与えよ」と叫んだパトリック＝ヘンリーのことばは、これらの人々の情熱にもえる理想をよく言い表わしている。

もちろん、それとならんで、植民地の人々の間にも、いろいろな対立があった。商人と農民との間にも争いがあり、都市と農村との間にも利害の対立があった。更に、各植民地相互の間にもねたみがあり、摩擦が起った。しかし、何にもまして、本国からの政治上および経済上の圧迫に対抗しなければならないという切実な気持が、対立するこれらの人々を結びつけ、各植民地を協同させて、これらを一つの戦線に統一した。かくして、独立のための大規模な戦争が起った。そうして、人々は、自分たちの立場を、民衆に対しても、また全世界に対しても明らかにするために、フィラデルフィアに代表者を送って、一つの声明書を起草することを託した。それが世界の歴史に名高い「独立宣言書」である。

一七七六年の独立宣言書に署名した人々は、けっして植民地の全人民の代表者であったとはいえない。植民地の初期の住民の大部分は農民であるのに、これらの人々は、ほとんどすべて都市の出身者であり、法律家や商人が多かった。しかし、実際にこの宣言書を書いたトーマス＝ジェファーソンは、農村の人々のために努力して来た理想主義者であって、五十六人の署名者たちの大部分からさえ、むしろあまりに急進的であると考えられていたのである。それだけに、その文章には強い迫力がみなぎり、単にアメリカ建国の精神をよく言い表わしているばかりでなく、ひろく民主主義の理想を明らかにし、専制政治や独裁政治をあくまでも排斥しなければやまないという強烈な意志を表明して余すところがない。その中でも特に有名な部分には、次のように書いてある。

「われわれは、次に掲げる真理を自明のことと信ずる。すなわち、人間はすべて平等に造られ、造物主によって一定の譲り渡すことのできない権利を与えられている。その中には、生命、自由、および幸福を追求する権利が含まれている。政府は、これらの権利を保障するために人間の間に設けられたのであって、政府の持つ正当な権利は、被治者の同意を基礎としているのである。どんな形態の政府であっても、それがこれらの目的を破壊するようになった場合には、国民は、その政府を変革または廃止して、自分たちの安全と幸福とを実現するのに最も適していると考えられるような、そういう原理に立脚し、そういう形の権力組織を持つ新しい政府を樹立する権利を有する」

このような理想を掲げて始められた独立戦争は、ついに植民地の勝利に帰した。アメリカ東部十三州は、イギリス本国の支配から完全に離れて、輝かしい独立をかちえた。中央政府の組織を定め、大統領、議会および最高裁判所の権限を明らかにしたところの憲法が制定された。そうして、長い困難な戦争を指導して、これを勝利の栄冠に導き、国の内外の尊敬を集めたジョージ＝ワシントンが、新たに建設されたアメリカ合衆国の初代の大統領に選ばれた。

しかし、民主主義の根本原理を建国の精神として掲げたアメリカが、それだから、最初から民主主義を高い程度に実現していたと思ったら、まちがいである。独立宣言書には民主主義の原理が高く示されていたけれども、できあがったアメリカ合衆国の政治が、ほんとうに民主主義的に運用されるようになるまでには、やはり長い歳月と国民の大きな努力とが必要であった。そうして、その努力は、今日もなお絶えず続けられているのである。

アメリカの議会は、初めは、もっぱら財産のある人々によって組織されていた。それらの議員は、何よりもまず、自分たちの財産を守ることと、その商業を有利にひろげてゆくことを欲した。かれらは民主主義を信用せず、むしろその成長を恐れた。そうして、政治の根本の目的は、財産を守り、特権を持つ人々の特権を維持するにあると考えた。ジェファーソンの書いた独立宣言書は、人間の平等と人権の擁護とを強調しているけれども、それはまだまだ、多くの人々から紙に書かれたことばであると考えられていた。憲法は、「われら合衆国国民は」ということばで書き出されているけれども、憲法を作った人々がまず第一に考えたものは、けっしてすべての国民の利益ではなかった。選挙権は、初めのうちは国民のわずか八分の一にしか与えられていず、したがって、それは国民すべての意志を代表するものではなかった。これに対して、国民の間に、政治上の権力に参与する資格をあまねくひろめてゆこうとする運動が起ったことは、もとよりいうまでもない。

これらの二つの動きは、やがて二つの政党によって代表されるようになった。一つは、有産階級の利益を代表し、財産家たちの特権を守るために中央政府の力を強めようとするもので、連邦党《フェデラリスト》とよばれる。他の一つは、中央政府の力があまり強くなることを好まず、政治権力が少数の財産家の手に集中することに反対するもので、共和党《レパブリカン》と名づけられた。最初に共和党を指導したのはジェファーソンであったが、その勢力は時とともにだんだん強くなり、もはや連邦党の存続を許さないまでになった。そののちになって、こんどは、共和党の中が二つの派に分かれるようになった。一方は、主として商業に利害関係を持つ人々から成り、共和党の中では中央集権を歓迎する傾きが強く、他方は、主として農業と西部辺境の発展とに関心を持つ人々で、各州の地方分権を支持する傾向があった。そうして、第一の派が依然として共和党と称したのに対して、第二の派は民主党と名のった。これが成長して、今日のアメリカ政界を二つの分野に分かっている二大政党となったのである。

このような政治の動きとともに、選挙権の拡大が行われ、選挙資格として財産上の制限をつけることは、おいおい減少し、ついに、その制限の撤廃をみるにいたった。そうして、のちには、人種や性別による選挙権の差別もだんだんと取り除かれ、ほんとうの意味での国民の政治の実現へと近づいていった。これらの新しい有権者の大部分は、民主党に参加したので、民主党の勢力はしだい強くなり、さかのぼって、既に一八二八年の大統領選挙には、民主党の候補者たるアンドルー＝ジャックソンの当選をみた。これは、民衆の力が政治のうえに大きな影響を与えうることをはじめて明らかに示した意味で、アメリカの政治史上の新しい時期を画した出来事であったといっ

アメリカでは民主共和の
二大政党を象とロバで
示し　だれにもしたしまれる
民主党
共和党

てよい。

民主党は、主として西部辺境に利害関係を有する人々によって支持されたが、この西部辺境は、大陸の開発がすすむにつれて、だんだんと西方に向かって移動して行った。西部は、あらゆる失業問題や社会不安を解決する安全弁であり、ヨーロッパやその他の地方からあい次いで流れこんで来る多数の移住民をも吸収する希望の国であった。しかし、西部への発展の可能性も、けっして無限ではありえない。やがて、西部への動きが止まり、アメリカは、更に新たに政治と経済との関係を調整しなければならない時期を迎えた。

なぜならば、産業が興り、資本の集中が行われ、大規模な企業が発達して、財産のない人々の数が多くなり、失業者がたくさん出ても、西部の辺境にそれらの人々の働く場所があるうちはたいした問題はなかったが、辺境がそれまでのように、いくらでも仕事の場所を提供するというわけには行かなくなってみると、そういう社会問題は、改めてなんらかの政治上の革新によって解決されなければならなくなってくるからである。そこで、一八九〇年ごろから、なお残存している金権政治の弊害を除き、今まで以上にすすんだ民主政治を行って、ひろく民衆の福利を増進することを目ざす革新主義の運動が起ってきた。第一次世界大戦のころには、ウィルソン大統領が革新主義によって新しい政治を行い、第二次世界大戦の前には、ルーズヴェルト大統領によっていろいろな新政策が実施された。かくて、新しい国アメリカの民主主義は、たえず発展して来た。今も発展しつつあるし、これからも発展してゆくであろう。ただ一つの目標に向かって、国民の、国民による、国民のための政治を完成してゆくために。

## 四　フランスにおける民主主義の発達

終りに、ヨーロッパ大陸に民主主義の時代を迎え入れたフランス革命前後のありさまを、簡単に省みることとしよう。

革命の起る前のフランスには、専制君主を中心とする貴族および僧侶《そうりょ》の特権階級があって、政治上の権力はその手に握られていた。これらの特権階級は、地方に大きな土地を有する大地主で、政治上の権力とともに社会の富をも独占していた。これに対して、地方の農民はもとよりのこと、都会で商業を営んでいた市民たちは、被支配階級として、その下に長いこと屈従していたのである。

しかし、商業や工業が発達してくるにつれて、市民の富もだんだんと増加し、それだけその社会的な勢力も向上するようになった。そうして、政府の発する公債をひきうけ、政府の事業をうけおって、国の財政をささえていたのも、これらの商人や銀行家であった。それなのに、支配階級はあいも変わらず、ぜいたくなくらしを続け、国の財政が傾くような状態になることを省みなかったばかりでなく、租税を免除されるという特権を持っていた。こういうありさまが長く続くはずはない。これに対する市民の不満がだんだんと強くなり、しだいに爆発点に近づいていったのは、自然のいきおいであるといわなければならない。

そのころのフランスには、民主主義の思想が既にかなり発達していた。モンテスキューという学者は、一七四八年に「法の精神」という大著を著わして、専制的な権力の濫用によって国民が苦しめられることを防ぐためには、立法・行政・司法の三権を、別々の機関によって分立させるのがよいと説いた。また、スイス生まれではあるが、フランスで活躍した民主主義の思想家ルソーは、一七六二年に出版された名著「社会契約論」の中で、いかなる国でも主権は国民にあるのであるから、国民の総意によって作られた法律を、あらゆる政治の根本としなければならないと論じた。これらの思想がだんだんと知識階級の中にゆきわたるにつれて、専制政治の不合理がいよいよ明らかに認められ、革命の機が熟してきたのである。

第十八世紀の終りごろになって、ますます財政の困難に悩んだブルボン王朝のルイ十六世は、一七八九年に、貴族・僧侶および市民をそれぞれ代表する三つの議院から成る等族会議をひらいて、これに財政難をきりぬける方法を図った。ところが、貴族および僧侶の代表者たちと市民の代表者たちとの間に、たちまち大衝突が起り、市民の代表者を中心とする第三院は、独立して国民議会を組織し、その手によって、今までの専制主義の秩序の変革を断行することを声明するにいたった。大革命の幕は、ここに切って落されたのである。

そこで、国民議会は、貴族や僧侶の持っていた特権を廃止することを議決すると同時に、その年のうちに有名な人権宣言を制定して、革命の根本原則を明らかにした。この宣言によれば、人間は生まれながらにして自由および平等の権利を有する。そうして、すべての政治組織は、人間が天から与えられたこれらの権利を、保護するために設けられているのである。したがって、政治組織を動かしてゆく権力の根源は国民に存しなければならない。言い換えれば、主権は常に国民にある。国民は、その総意によって法律を作り、国民の権利を保障すると同時に、社会にとって有害な行為を禁止する。ゆえに、国民はすべて法律の前に平等であり、法律に反しない範囲内であらゆる自由を持たなければならない。各人は自由であるが、その自由は、他人の自由を侵すものであってはならないのである。人権宣言は、このような原則を確立して、新しい民主主義の時代のいしずえとした。だから、その精神は、「自由」と「平等」と「友愛」の三つに帰着するといわれる。

つづいて、国民議会は、一七九一年に憲法を作り、人権宣言をその初めに掲げて民主政治の基礎とした。

しかし、ものごとすべて、破壊はたやすいが、建設はむずかしい。フランス革命は、まもなく君主政の廃止というところにまですすみ、前王ルイ十六世に死刑を宣告したが、一方には、革命に反対の勢力があり、他方には革命の不徹底を憤おる急進派があって、国内の対立は激しくなるばかりであった。そこへ、ヨーロッパの諸外国の支配者たちは、フランス革命の影響が自分たちの国に及ぶことを恐れて、これに圧迫を加えたので、革命政府の前途はますます困難となって行った。その時、ナポレオンが現われ、無力となった革命政府を倒して独裁制をしき、一八〇四年には国民投票を行って皇帝となったのである。

その後まもなくナポレオンは没落して、ブルボン王朝のルイ十八世が王位につき、立憲君主制が行われるようになったが、これも長くは続かなかった。なぜならば、反動的な傾きの強い政府は、小市民階級を政治から締め出そうとしたので、これらの民衆の不満は強まるばかりであった。そこへ、近代工業の発達につれて、新たに広い労働者階級ができあがり、それらの人々もまた激しく政治に参加する権利を求めた。それらの新興政治勢力は、一八四八年に至って、いわゆる二月革命を起し、王政は倒れて共和政にもどった。

ところで、今度は、同じ革命勢力の中に、経済上有利な立場にある市民階級と、社会主義の色彩を強く持つ労働階級との争いが起り、労働階級は、社会主義の共和国を作りだそうとして同じ年の六月に革命を起したが、激しい市街戦ののちにやぶれた。それがいわゆる六月革命である。その間に、普通選挙による憲法議会が設けられ、一八四八年の憲法を作って、立法権を持つ国民議会と、行政権を有する大統領とに権力を分けた共和政の組織を定めた。しかも、六月革命は市民階級の心に社会主義に対する恐怖を植えつけたし、農民の間には、ナポレオン崇拝の気持が残っていたために、まもなく反動勢力が強くなってきて、ナポレオンのおいのルイ＝ナポレオンが大統領となり、一八五二年には皇帝となって、ナポレオン三世と称するにいたったのである。けれども、ナポレオン三世もまた、一八七〇年のドイツとの戦いにやぶれて失脚し、フランスはここに三たび共和政にたち返った。

フランスは、そののちも、急進勢力と反動勢力との間に一進一退の争いがくり返され、君主政への復帰を図る王党の力の方がむしろ強いくらいであった。しかし、王党の中にもいろいろな派が分かれていたために、まとまりがつかず、けっきょく、王政復古の運動はものにならないで終った。だから、フランスは、それ以来ずっと共和国として存続している。

これでみてもわかるように、フランスでは、君主政と共和政とが互に目のまわるように交替を続けてきた。そうしてそれとともに、民主主義と反動主義との間に激しい争いがくり返された。バスチーユの牢獄《ろうごく》破壊を発端とする大革命によって、専制政治を一挙にくつがえし、重い封建時代のとびらを押しあけて、近代民主主義の光をヨーロッパ大陸に導き入れたのは、フランス国民である。しかし、それからすぐあとでナポレオンの武勲を賛美し、ついにこれを皇帝にまでまつりあげたのも、同じフランス国民である。そこには、君主政にあこがれる保守党が根強い勢力を持っていたかと思うと、労働者の利益のために市街戦をくり返す急進派もあるというふうであった。

これは、一方では、感情的なフランス国民性にもよるし、他方では、フランス人の強い愛国心の表われでもあって、そのために、フランス民主主義の歴史は、イギリスやアメリカについてみたように、一つの方向にだんだんと発展してゆくというようなわけにはゆかず、行きつもどりつの経過をたどったのである。しかし、どんなに反動勢力がおさえようとしても、ついにおさえることのできない民主主義の力が、最後にはいつも歴史を導いてきたのである。

第二次世界大戦において、フランスはナチス－ドイツの攻撃を受け、ひとたびはその全本土をドイツ軍のために占領せられたが、連合軍の協力によってついに光栄ある自由を回復した。フランス国民は、この大きな試練を経て、民主主義に対する信念をいっそう深め、改めてそのゆるぎない基礎を確立する必要を痛感するにいたった。このような信念と必要に基づいて、一九四六年の九月に新しいフランス共和国憲法が憲法議会を通過し、同年十月十三日の国民投票によって確認せられたのは、まことに意味の深い事柄であるといわなければならない。

フランス共和国の新憲法は、一七八九年の人権宣言によって定められた基本的人権をおごそかに再確認し、共和国の標語が自由と平等と友愛とであることを改めて宣言し、共和国の根本原則が、国民のための、国民による、国民の政治であることを明言している。それと同時に、男女の完全な同権を保証し、各人が労働の義務と就職の権利とを持つことを約束している。そればかりでなく、労働者はだれでも、その代表者を通じて労働条件を団体的にとり決め、更にすすんで、企業の経営に参加しうることを明らかにした。それらの点で、この新憲法は、フランス革命の精神をただ単に守りぬいているばかりでなく、その精神を新しい時代にふさわしく拡充しようとしているものであるということができる。

# 第三章　民主主義の諸制度

## 一　民主主義と反対の制度

ロビンソン＝クルーソーの漂流記は、世界じゅうの少年少女に愛読されている物語だが、この冒険談には一つのモデルがあった。一七〇四年の秋、アレキサンダー＝セルカークというイギリスの水夫が南米のチリー沖で難船し、マサティエラという孤島に打ちあげられて、そこで四年間暮らしたのである。この事実を題材として、別にまたある詩人が次のように詠じた。

私は見わたすかぎりすべてのものの王様だ。
私の権利を争う者はひとりもいない。
島のまん中から四方八方海に至るまで、
私は鳥や獣の御主人様だ。

しかし、ロビンソン＝クルーソーは、はたしてこの詩に歌われているように、島に住む鳥や獣の王様だったろうか。たったひとりの人間が孤島に住むようになってからも、鳥どもは自由に空を飛びまわっていたであろう。獣たちは、べつだんその前にやって来て平身低頭したりすることはなかったであろう。ロビンソン＝クルーソーは、その中のあるものを捕らえて食用に供したろうし、おうむを慣らしてことばを教えたでもあろう。しかし、それは、島の動物のごく一部分だったに相違ない。その他ののどもは、あいも変わらず自由に空を飛び、野山を駆けまわっていたに違いない。

人間は、鳥や獣とは比較にならない知能を持っている。それにもかかわらず、たったひとりの人間が多数の鳥や獣の王様になるということは、詩やおとぎばなしの世界以外にはありえない。ところが、人間の世の中には、昔から王様というものが実際に存在した。その王様は、自分よりはるかに知能の低い動物を支配したのではなく、同等の知能を持った多数の人間を支配していたのである。それどころか、王様の方が家来よりもずっと知能の低い「ばか殿様」だった場合が、少なくないのである。それなのに、どうしてたったひとりの王様がおおぜいの人たちを支配することができたのであろうか。それは、きわめてむずかしい問題だ。しかし、また、すこぶる簡単な問題だ。どうしてだろう。なぜなら、そういう世の中には、たったひとりの王様をまつりあげて、みんながその命令によって動き、その命令に従わぬ者は、どんなふうにでも処罰されるという政治上の組織が存在していたからである。

そういうぐあいに、ただひとりの支配者が絶対権を握っていて、すべての人がその命令に無条件に服従するような政治のやり方は、専制政治である。特に、その支配者が一般人民の寄りつけぬような高い身分を持っていて、その地位が世襲で受け継がれる場合をさして、専制君主といい、専制君主政と名づける。専制君主が暴君であったり、ばか殿様であったりすることが多いのに、どうしてそれが一般人民からあがめられるのか。まことにふしぎなことだ。しかし、そのふしぎなことをふしぎでなくするくふうがある。それは、人民に、君主の地位は神から授かったものであり、君主の命令は神の意志によるものだと思いこませることである。だから、古来の専制君主政の多くは、君権神授という思想のうえにうちたてられていた。だからまた、人間の自覚が高まって、そういう思想がばかげたものであることに気がつきはじめた時以来、専制君主政はつぎつぎにくずれていった。

けれども、専制君主政がなくなったからといって、専制主義そのものも消えてしまったと思ってはならない。現代にも、金持が政治の実権を握っている金権政治があるし、民主主義のような外形をよそおいながら、国民にわずかな自由しか許さない巧妙な専制主義もある。この、民主主義の形でカモフラージュされた専制政治では、選挙を行っても、政党はただ一つしかなかったりするから、国民の自由な意志は代表されえない。国民は投票権を持っているが、候補者は普通の場合最初から決まっているから、選挙はしてもしなくても同じことである。国民の政治への参与は名ばかりで、実は、少数の者が権力を独占し、その少数の権力者の意志で万事が決定されてゆく。国民は、働き、服従し、戦争をするために生まれてきたのだと教えこまれる。かれらは、自分たちのもらう賃金が公正であるかどうか、自分たちの服従すべき法令が正義にかなっているかどうか、自分たちの出て行く戦争がどういう意味のものであるかを、疑うことすら許されない。ただ黙ってその分を尽し、砲弾の的となって死に、死ぬことが名誉であり、人類解放のためであると考えることをしいられる。

人類の歴史が始まって以来、こういうように人民を所有し、使用し、圧迫した政府は少なくない。そういう政府があまりに多いので、政府などというものは、ない方がいいという議論を唱える人もある。それが無政府主義である。ロシアのクロポトキンなどは、そのひとりとして名高い。

無政府主義の理想とする社会では、権力の組織がないのだから、つまり、君主もなければ、大統領もなく、議会もなければ、裁判所もないということになる。もしもクロポトキンなどの説くように、それで世の中の平和が完全に保たれ、人々の自発的な協力と援助とによって、社会の福祉がおのずからに増進してゆくものであるならば、政府などというものは不用となるであろう。政府がなければ、権力をもって人民を圧迫する危険も起らないにきまっている。

しかし、政府がなくてすむのは、理想の社会である。現実の社会では、人々の間に意見の対立が生じ、利害の衝突が起る。その場合、すべての人々の言い分をとおすわけにはゆかない以上、その多数が支持する考えを実行することと定め、それに反対の、もしくはそれとは違う意見を持つ他の人々も、その考えに従うべきものとし、あくまでも反対する人々に対しては、その決定を強制してゆかなければならない。このように社会的な強制力を持った組織が、政府である。だから、社会的な強制力の必要がないほどにまで人間の世の中が完全になるまでは、政府の必要はなくならない。そうして、政府が必要である以上、その政府の組織はできるだけ多数の人々の考えで決めることが望ましい。ただに政府の組織ばかりでなく、政府の方針も国民の多数の意見で決定すべきだし、その意志に従って政治をつかさどる人々も、国民の中から自由に選ばれた国民の代表者でなければならない。そうすることによって、はじめて、国民のための政治を行うことが期待される。かくて、民主政治がいちばんよい、いちばん正しい政治であることが知られる。

## 二　民主政治のおもな型

国民の代表者が、国民の意志により、国民のための政治をするという民主主義の原理は、一つである。およそ民主主義が行われているかぎり、どこの国でも、この原理に変わりはない。ただ、原理は同じでも、それを実地に行うための制度には、国によってある点までの違いがある。それによって、民主主義の制度の幾つかの型を区別することができる。ここでは、そのおもな型を簡単に説明して、それが実際のうえにどういうふうに行われているかをみてゆくことにしよう。

政治上の民主主義に、代表民主主義と純粋民主主義という二つの型があることは、第一章でいちおう説明しておいた。代表民主主義というのは、法律を作ったり、政治を行ったりする場合に、国民の直接の投票によらないで、国民の中から自由に選ばれた代表者たちが、それらの仕事を行うしくみである。この型では、国民の意志は、国民代表の組織をとおして間接に政治のうえに実現されてゆく。だから、それを「間接民主主義」ともいう。これに対して、純粋民主主義では、国民の直接の投票によって法律案を採決したり、重要な政治問題を決定したりする。そこで、これを「直接民主主義」とも名づける。

間接民主主義の組織の中で、国民の中から選ばれた人々を構成員とし、国民を代表して法律の制定にあたる最も重要な機関は、議会である。議会の行ういちばんたいせつな仕事は、立法である。政府の持っている執行権または行政権は、すべて法律の規定に従って行使されなければならない。それゆえ、政府は、議会の議員の多数の支持を受けないでは、思うような仕事をすることができない。そこで、議会で多数を占めた政党が内閣を組織するのが、順序でもあるし、つごうもよいということになる。一つの政党だけで議会の過半数を占めることができなければ、二つ以上の政党が連合し

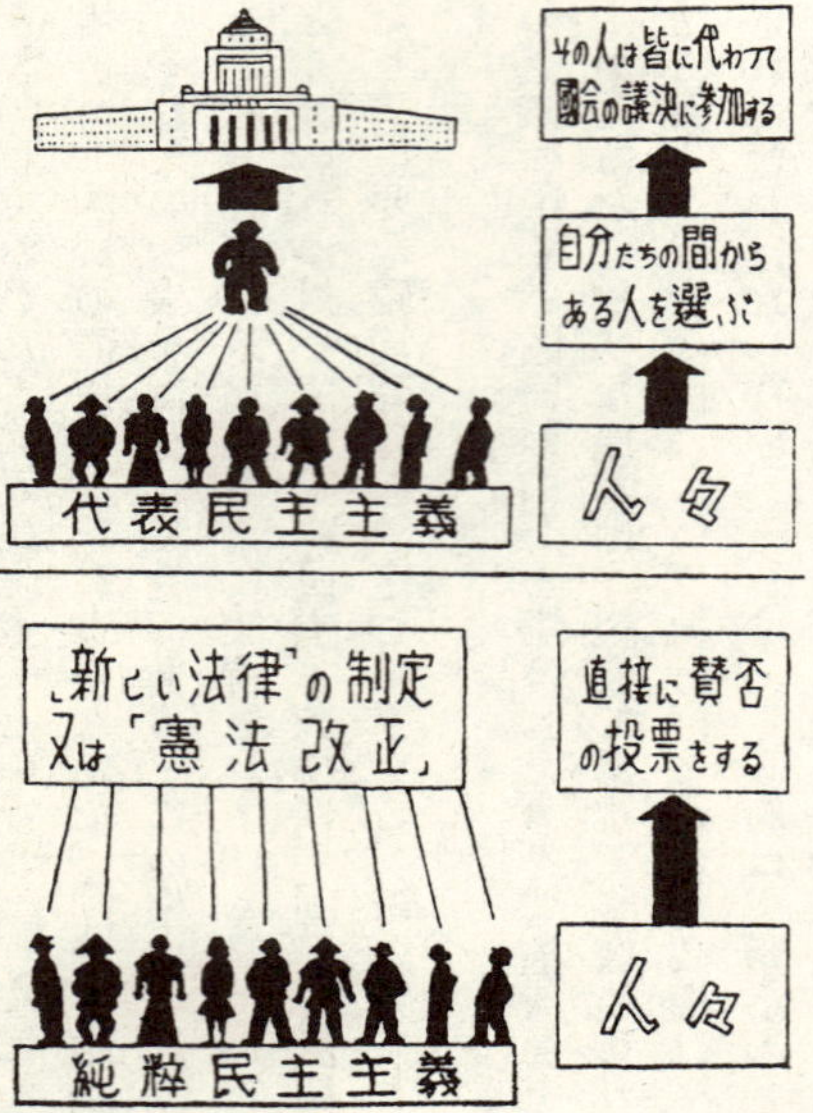
その人は皆に代わって国会の議決に参加する
自分たちの間からある人を選ぶ
人々
代表民主主義
「新しい法律」の制定
又は「憲法改正」
直接に賛否の投票をする
人々
純粋民主主義

て、連立内閣を作る。そういうしくみになっているのが、議会政治もしくは議会中心の民主主義である。

これに対して、行政部が議会からもっと独立した地位を占めている組織もある。この組織では、政府の主脳者、たとえばアメリカ合衆国の大統領は、議会が指名したりするのではなくて、別の方法で国民の中から選び出される。したがって、議会中心の民主主義では、行政権が立法権に依存した形になっているのに反して、アメリカのような型の民主主義では、行政権と立法権とが分立している。ゆえに、これを「権力分立」の民主主義という。それと並んで、民主国家ではどこでも、法律によって裁判をする裁判所の制度が発達しており、裁判所は、議会からも政府からも独立して司法権をつかさどっている。この「司法権の独立」という点は、議会中心制の場合と権力分立制の場合とによって変わることはない。

更に、直接民主主義になると、法律は国民の投票によって決められる。議会はあっても、そこでは法律の案を審議するだけで、その採決は国民表決によるのである。国民表決のことをレフェレンダムという。直接民主主義の度をもっと強めた場合には、国民はレフェレンダムによって法律案の可否を決めるだけでなく、自分たちの側から法律案を提出することもできるようになる。それが国民発案――イニシアティヴ――である。一定数の国民がイニシアティヴによって提出した法律案は、更に国民の承認により、あるいは立法機関の採決によって法律となるのである。

民主主義の制度のこれらの三つの型は、それぞれそのまま純粋に実現されているのではなく、いろいろな型が結びついたり、純粋の型だけでは説明のつかない要素をまじえたりして、各国に行われているのであるが、割合に純粋に近い制度が採用されているものをあげるならば、議会中心制の型はイギリスによって、権力分立制の型はアメリカによって、直接民主制の型はスイスによって代表されているということができよう。そこで、それらの三つの国について、民主主義の制度が実際にどういうふうに運用されているかを、調べてみることにしよう。

## 三　イギリスの制度

近代の民主主義がいちばん最初に発達しはじめたのは、イギリスである。その意味では、イギリスは近代民主政治の元祖だといってよい。よく人が言うように、現代の文明人が宗教を学んだのは東洋から、アルファベットを学んだのはエジプトから、法律を学んだのはローマからであるが、政治制度についての多くのものを学んだのはイギリスからである。ことに、新しい日本の憲法で定めた組織はイギリスの制度によく似ているから、日本国民としてはまずイギリスの政治組織の研究から始めるのが、必要でもあるし、理解もしやすいだろう。

イギリスの政治組織の中心をなしているものは、議会である。イギリスの議会は、ほとんど万能に近い権力を持っている。これをたとえて、「イギリスの議会は、女を男にし、男を女にする以外はなんでもできる」と言った人がある。この議会は二院制で、貴族院と庶民院とから成っているが、貴族院の方はもっぱら世襲の貴族で組織されているから、ほんとうに国民を代表するのは庶民院である。そうして、また、イギリスの議会の中心となっているものも、庶民院である。だからイギリスの政治が民主的であり、議会の権力が強いというのは、つまり、庶民院の力が強いということにほかならない。

ところで、イギリスの政治形態は立憲君主制で、形のうえではいちばん上に国王のある組織である。国王は、本来、名誉と正義の源泉と考えられ、法律を作り、これを執行する最高の力を持つものと認められていた。それが、民主主義を要求する国民の長い間の政治闘争の結果として、だんだんと政治の実権が議会を中心として行われるようになってきたのである。だから、現在では、法律を立案し、これを審議するのは、議会に専属する権限で、国王はまったくこれに関与することはできない。ただ国王には、形式のうえでは議会で決めた法律案に同意することを拒む権利があることになっているけれども、その権利も、一七〇七年以来一度も行使された例はない。つまり、国王の実質上の権力はひじょうに制限されているのである。そこで、イギリスの学者は、国王は民主主義という建物のいちばん上にある飾りで、本国や自治領の国民が仰いで忠誠を誓う最高の尊い象徴であり、イギリス連邦諸国の間をつなぐみごとな鎖だと言っている。

だからイギリスは君主国ではあるが、政治の実際の中心を成すものは議会である。中でも、国民によって選ばれ、国民を代表しているところの庶民院である。庶民院を中心とするイギリスの議会は、立法権を持った最高の国家機関であって、同時に、政府の行ういっさいの行為を批判するという重大な役割を果たしている。政府は議会の多数党の支持を受けているが、議会にはかならず反対党があって、政府の政策を常に批判し攻撃する。これに対して、政府は、くり返してその政策を説明し、弁解し、擁護しなければならない。政府は、それによってたえずその政治方針が正しいかどうかを反省することになるし、国民は、それによって常に政治問題の中心点に批判の目を注ぐこととなる。このような政治上の議論が公明に行われる舞台として、議会は最も重要な機能を果たしているし、イギリスの議会は、この重要な任務を模範的に遂行しているといってよい。庶民院の議員は、二十一歳以上の男女が選挙する。すなわち、男女同権の完全な普通選挙である。しかし、現在のこの状態に到達するまでには、ずいぶん長い時日がかかった。ずっと以前には、有権者が財産のある少数者にかぎられていたために、国民のほんとうの意志はすこしも議会によって代表されていなかった。

それが、だんだんと選挙権の拡大が行われ、ついに、一九二八年になって、はじめて婦人にまで完全に平等な選挙資格が認められるようになったのである。イギリスの婦人参政権の運動は、立憲政治の発達史のうえでも特に有名である。これに比べると、日本の今日の完全な普通選挙権は、国民の側からのほとんどなんらの苦闘もなしに、一挙に与えられたのである。これだけに、形だけはりっぱに整っていても、国民の政治的自覚や訓練の点では、まだまだふじゅうぶんである。このりっぱな形の中に、それにふさわしい民主政治の実質を盛りあげて行けるかどうかは、ひとえに民主主義の根本精神に徹しようとする国民の心構えのいかんにかかっている。

イギリスの庶民院が民意の完全な代表機関であるのに対して、貴族院の方は、前にも言ったように、世襲の貴族によって構成されている。貴族というものは封建時代のなごりであるから、貴族が当然に議員になるという制度は、民主政治の原則からみて不適当なものであるに相違ない。しかし、イギリスでは、貴族院の権限をひじょうに小さくして存続させている。前の章でも説明したようにこの貴族院の権限の縮小を断行したのは、一九一一年の国会法であって、これによって、同じ法律案が続いて三回庶民院で可決された場合には、貴族院でその都度それを否決しても、国王の裁可を得て法律とすることができるようになったのである。けれども、そういうふうに、貴族院の反対によって法律案の決定を延ばせば、その間に世論の批判も熟してくるから、軽率な立法を避けるという点ではかなりの効果がある。そこに、また、二院制の長所があることを認めうるであろう。

議会の基礎のうえに立って、国王の助力をするという形で実際の政治の運用にあたっているのは、内閣である。内閣の組織と進退については、三つの慣習上の原則がある。第一は、大臣はかならず議会の議員でなければならないということである。しかし、庶民院議員たる大臣の方が貴族院議員たるそれよりも、多くなければならないことになっている。これによって、内閣のすることが、絶えず国民代表たる議会の批評や忠告をうけることになる。第二に、各大臣は連帯して責任を負うということで、各省それぞれの事務については別々の責任があるけれど、内閣の仕事については、全部の大臣がいっしょに責任を負っている。これによって、すべての大臣が一致して、一つの方針で仕事をすることが保障されるわけである。第三に、内閣は、庶民院が不信任の決議をしたり、その内閣の生命といってもよいような重要な法案を否決したりすると、総辞職をする原則になっている。総辞職をする代わりに、庶民院を解散して、信を国民に問うこともできる。これらの原則が円滑に行われることによって、内閣が議会の中に、したがって国民の中に深く根をおろした民主主義的な制度であることが保障されるわけである。

イギリスの政治組織はけっしていっぺんにこのような制度としてできあがったので

はなく、長い歴史を通じてだんだんとここまで発達してきたのである。そうして、そのしくみは、いろいろな法律によって次から次へとできあがったものであり、それと並んで、成文の形を備えていない慣習上の原則によっている部分も少なくない。だから、イギリスは、立憲政治の源であるといわれるが、日本やアメリカのように、一つの法典の形にまとまっている憲法を持たない。ただ、国家の根本の利益に関係のある法律の改正をするときには、それに先だって総選挙を行い、民意を問わなければならないという原則が、これまた政治上の慣習によって確立されている。

## 四　アメリカの制度

次に、アメリカ合衆国で行われている民主政治の制度を調べてみよう。

近代の民主政治が生まれる以前には、専制君主が国家の権力を全部その手に握っていた。だから、たとえば、ある君主が、ほんの気まぐれから、犬をいじめたものは死刑にすると言い渡したとする。そうすると、それが法律となって、人をかむ癖のある犬を棒で追い払っても、死刑に処せられる。あらかじめ法律を定めておかないでも、りっぱな宮殿を作るために苛酷《かこく》な税金を取りたてることもできるし、気に入らぬ家来をその場で手打ちにすることもできる。

そういう乱暴な政治や裁判によって国民が苦しむことがないようにするためには、

いったいどうしたらよいであろうか。たとえば、アメリカでは国民を代表する議会で法律を作り、その法律を行政のうえに執行する仕事は大統領が受け持ち、法律によって裁判をする仕事は裁判所でつかさどるというふうに、三つの権力をそれぞれ分担して行うようなしくみにしている。つまり、法律を制定する機関は、法律を執行し、裁判を行う機関とは別々でなければならない。立法権・行政権・裁判権を一手に握ると、どんな暴政でも行いうることになる。だから、その三つの権力を区分して、これを独立した三つの機関で運用するようにしなければならないというのが、権力分立または三権分立の原理である。そうして、この原理をいちばんはっきりと表わしているのが、アメリカ合衆国の憲法なのである。

まず、立法権を行うのは、国会である。国会は法律の制定にあたる唯一の機関であって、後に述べるように、大統領は国会の決めた法律案を拒否することができるけれども、それは絶対的のものではない。しかも、行政権を有する行政機関も、裁判権をつかさどる裁判所も、国会が作った法律によって組織され、法律に基づいて行動し、国会の同意した予算をもって活動をするのである。その意味で、国会の受け持つ仕事は、他のすべての国家活動の基礎をなしているといってよい。

国会は元老院と代議院との二つから成っている。アメリカ合衆国は連邦の組織で、四十八の州から成りたっている。そこで元老院の方は、各州から平等に二名ずつ選ばれた議員で構成される。これに対して、代議院の方は州の人口に応じて各州に割りあてて選挙された議員をもって組織されている。この選挙をする資格はきわめてひろく、かつ平等に認められ、男女の別のないことはもとより、皮膚の色による差別もおおいに撤廃されつつある。人間はすべて平等に生まれたということは、アメリカの独立宣言書が自明のことと認めた大原則であるが、この原則は、政治に参与する立場の平等としては、合衆国の制度の中に既にひろく実現せられているといってよい。国会の主たる任務は立法であって、国会以外の機関は立法に参加しない。だから、アメリカでは、大統領は国会に向かって立法の勧告を行うことはできるが、法律の発案権は持たない。

法案が両院のどちらかを通過すると、すぐにもう一つの議院にまわされる。たとえば、法案がまず元老院をとおったとすると、それは、直ちに代議院に送られ、そこも無修正でとおれば、両院議長が署名して、大統領に提出する。大統領がこれを承認すると、署名して国務省に送り、国務省がこれを公布する。大統領がそれを拒否する場合には、理由を附して、初めにその法案を通過させた議院に送り返す。しかし、大統領が拒否しても、両院の三分の二以上の多数でそれをもう一度議決すれば、その法律は成立する。前に、大統領の拒否権は絶対のものではないといったのは、このことにほかならない。

次に、アメリカ合衆国の行政権の最高責任者は、大統領である。大統領は一般国民の間から投票によって選ばれるのであるから、どんな貧乏な家庭に生まれた少年でも、いつの日かこの世界第一流国の大統領になることがありうる。四年に一度の大統領選挙は、アメリカ国内を興奮させる。ただし大統領は直接に国民が選挙するのではなくて、国民はまず大統領選挙人を選び、その選挙人が大統領を選挙するのである。つまり、アメリカの大統領選挙は間接選挙なのである。ところで、大統領選挙人は、けっして自分一個の意見によって投票をするのではなく、自分の所属する政党があらかじめ指名した大統領候補者に投票する。だから、国民が選挙人を選んだときに、だれが大統領に当選するかが事実上決まってしまうのである。そこで、各政党が自党の大統領候補者を指名する大会が、すこぶる重要な意味を持つ。二大政党である共和党および民主党の大統領候補者指名の大会を皮切りに、その年の十一月に行われる国民投票による選挙人の選挙にいたるまで、国内は政治問題でわきたつようににぎわう。そうして、それらの行事がまた、国民の政治意識を高める大きな機会になっている。

大統領は、その行政権を行使するために、職務遂行の協力者として、各省長官を任意に選任する。この各省長官の集まりを内閣とよんでいる。内閣は大統領の下にあって、大統領を補佐するのである。したがって内閣は大統領に対してのみ責任を負い、国会に対しての責任を負わない。行政権の行使についての全責任は、大統領ひとりが持っているのである。

だから、アメリカの大統領は、行政に関してはきわだって強い権力を持っている。このことを示す有名な例として、リンカーン大統領の逸話がある。ある重大な閣議で全員がリンカーンに反対した。そこでかれは言った。「反対が七で賛成が一でありす。そこで、賛成と決定しました」と。

権力分立の原則が堅く守られている結果として、大統領は国会の運営には関与しない。しかし、大統領の政策を実行するためには、その基礎になる法律が国会で制定されなければならない。そこで、国会をうながして、自分の政策と一致する法律を制定するようにしむけてゆくことが、大統領の腕だということになる。そのためには、多数党の活動にまつところが多いが、また、大統領が自分の必要だと信ずる施策について国会の審議を勧告することもできる。この勧告は、普通いわゆる「教書」として国会に送られる。教書は文書として示されることもあるし、大統領自らが口頭で伝えることもある。

三権の中のもう一つ、すなわち裁判権または司法権を行うのは、いうまでもなく裁判所である。しかし、アメリカの最高裁判所は、一般の司法権のほかに、国会で制定した法律が憲法にかなっているかどうかを審査するという、きわめて重大な権限を持っている。これを、「違憲立法審査権」という。最高裁判所は、国会で判定した法律が憲法の趣旨に反していると認めれば、その法律の適用を拒否することができ、その結果としてこの法律は自然に効力を失うのである。この原則は慣習によってできあがったものであって、憲法の明文に書いてあるわけではない。しかし、この原則がある以上、国会の立法権も最後的なものではないということになる。国会といえども人間の会議であり、人間の会議である以上、その決定がいつでもかならず正しいということはできない。そこで、最高裁判所の違憲立法審査権によって国会の行き過ぎを戒め、国会での多数決の結果が憲法の精神に反することがないようにしてあるのは、アメリカの制度の持つ大きな妙味であるといわなければならない。

ところで、このように重大な責任をになっている裁判所は、憲法の定める最高裁判所と、法律によって設けられる下級裁判所とから成りたっている。だから裁判所の組織の細かい点は、国会の制定した法律によって定められている。つまり、最高裁判所は国会の違憲立法を戒める権限を持っているが、裁判所をどういうふうに設けるかについては、逆に国会の決定が大きくものをいうのである。また、最高裁判所で仕事をしている裁判官に関しては、憲法は終身その地位にあるものと定め、それによって裁判所の独立を保証しているのであるが、他方また、裁判官の任命は大統領が元老院の同意を得て行うこととし、その限りでは、最高裁判所の人事に対する行政権の関与を認めている。このように、アメリカの制度は、立法・行政・司法の三権をいちおうはっきりと分立させつつ、その間を微妙に関連させて、お互の間の均衡が保たれるように、注意深くくふうされているのである。

## 五　スイスの制度

わが子の頭の上に載せられたりんごの的をみごとに射抜き、もしも射損じたならば、二の矢をもって代官を射倒そうとしたウィリアム＝テルの話は、世界じゅうの少年少女が知っている。横暴な代官に対抗して、祖国スイスの自由を守ったテルの勇気は、民主主義の英雄たるにふさわしい。それは遠い昔の話であるが、現在でも、スイスは民主政治の一つの重要な見本を示している。

スイスは、アメリカ合衆国のように連邦であって、幾つかの州から成りたっている。スイス連邦政府は、立法・行政・司法の三部門に分かれ、立法府は国民議会と連邦議会とから成っている。連邦議会には各州から平等に二名ずつの議員を出しており、その点ではアメリカの元老院に似ている。国民議会の方は、各州から比例代表制によって選挙されたおよそ二百名の議員によって構成される。比例代表制というのは、後に選挙についての章で説明するが、各政党が国民の支持する数に応じた議員を出すことができるように、特別にくふうされた選挙方法のことである。選挙権は、二十歳以上の男子に与えられ、婦人参政権はまだ認められていない。選挙は、アメリカその他の国のように鳴りもの入りで熱狂的に行われはしないが、棄権者が少なく、政治問題を冷静に判断して投票を行っている点には学ぶべきところが多い。

スイス政府の行政部は、独特な組織を持っている。行政権の首長は、普通は国王とか大統領とかひとりであるものだが、スイスでは、それが多数の人々から成っている。連邦参事会議がそれで、両院が選挙した七名の参事員で構成される。毎年、両院合同の会議で連邦参事会議の参事員の中の一名を参事会議の議長に選び、これにスイス連邦大統領の称号を与える。しかし、大統領は、参事会議の議長となり、可否同数のときにこれを決する権限を持っているにすぎない。官吏を任命することも、法案を拒否することも、外交を行うこともできない。だから、大統領はまったく名義上の連邦の元首であって、儀式のときに国を代表するだけである。

しかし、スイスの制度の持つ最も著しい特色は、直接民主主義が発達していることである。すなわち、重要な法律案は、立法府で審議したうえで国民投票に問い、国民が直接にこれを承認して、はじめて、法律として施行される。更に、国民の中の一定数の有権者の意見がまとまれば、国民の側から法案を提出し、立法府がこれを採択するか、あるいは国民がこれを表決するか、どちらかの方法によって法律が制定される。前の制度は国民表決であり、あとのしくみは国民発案である。

今言うとおり、これら二つの方法によって立法の中の国民の意志を直接に反映させ

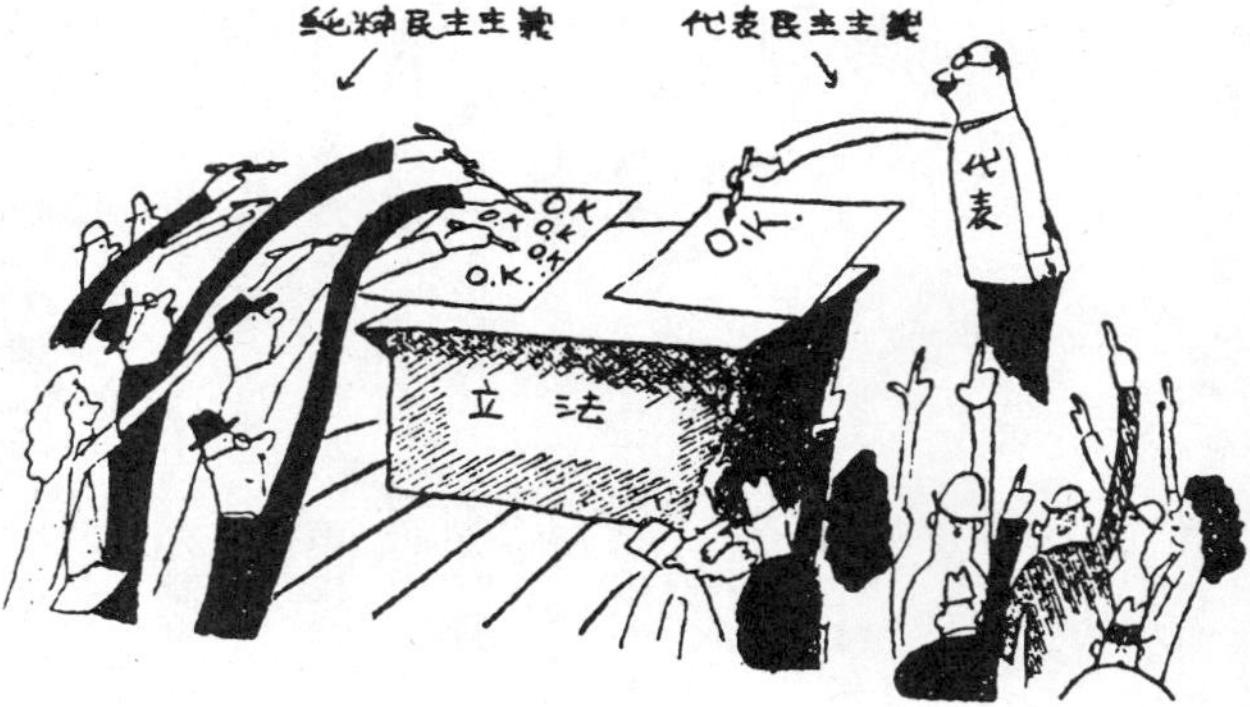


る直接民主主義は、スイスの制度の大きな特色であるが、今日では、アメリカの州の中にも同様のしくみを採り入れているところがある。だから、アメリカは、合衆国全体としては間接民主主義によっているが、州によっては、ある程度の直接民主主義が加味されているといってよい。

直接民主主義は、国民の意志によって直接に立法の問題を決定しようというのであるから、民主主義としては最も徹底した形である。けれども、他方からいうと、立法の問題はなかなか複雑でむずかしい。しかるに、国民の多くは、けっして法律のことに詳しいとは言いえない。そのむずかしい立法の問題を、法律の知識をじゅうぶんに持たない国民が直接に投票して決めるということになると、気まぐれや偶然によって事が左右されるおそれがある。そこが、直接民主制について議論の分かれるところである。いずれにせよ、国民の政治常識が相当に高まったうえでなければ、直接民主主義を実施してもかならずしもよい効果は望めないであろう。民主主義の制度には、このようにいろいろな型がある。われわれは、その中のおもだった三つの型の実際をイギリス、アメリカおよびスイスの制度について見てきたのであるが、更にフランスとか、カナダとか、オーストラリアとかの政治組織を考察してゆくならば、そこにそれぞれ大なり小なり違った点があることを発見するであろう。更に、一つの国の政治組織といえども時代とともに、だんだんと変化してきたのであるし、これからも発展を続けてゆくであろう。民主主義はあたかも生きた有機体のように不断に成長しつつある。しかもその根底にある原理、すなわち、自由に表明された国民の意志によって、国民自らのために政治の方針を定め、国民が自由に選んだ代表者によってその方針を実行してゆくという原理は、常にただ一つであって、けっして変わることはないのである。

# 第四章　選　挙　権

## 一　国民の代表者の選挙

民主政治は、国民による政治である。しかし、国民による政治といっても、国民のみんなが実際の政治の仕事にあたるわけにはいかない。そこで、民主政治は、原則として、「国民の代表者」による政治として行われる。国民は、自分たちの中から自分たちの代表者を選ぶ。その代表者たちは、国民の意志に基づいて、国民のための政治を行う。したがって、選挙をする国民の範囲がひろければひろいほど、それによって選ばれた人々は、それだけよく国民の気持を代表することになる。しかも、選挙に対する国民の考えがすすめばすすむほど、りっぱな代表者に政治をゆだねることができるようになる。だから、選挙がよく行われるかどうかは、民主政治を成功させるかどうかの鍵《かぎ》であるといっても、けっして言いすぎではない。

ところで、国民の代表者にはいろいろあるが、その中でも特にたいせつなのは、国民に代わって法律を作る仕事をする議会の議員である。しかし、ただ議会というと、地方自治体などにもそれぞれ議会があって、まぎらわしいから、国全体の議会をさす場合には、国会ということにしよう。国会で作った法律は、国民の生活を規律すると同時に、政府が政治をする場合の筋道となる。だから、よい法律ができれば、国の政治はそれだけよくなる。よい法律を作るためには、国会が、ほんとうに国民の気持をよく代表するような人々によって組織されなければならない。国会によい人々を送るためにはひろく国民に選挙権が与えられ、その選挙権を国民が正しい判断によって用いるようにならなければならない。

専制政治や独裁主義では、ひとりの専制君主やひとりの独裁者と、それをとりまく少数の人々とが、絶対の権力を握っている。そうして、自分たちの思うままにその権力をふるって、国民の生活を圧迫し、国民の権利を踏みにじる。そういう弊害を防ぐために、あらゆる権力を、あらかじめ定めてある法律の筋道からはずれることがないように規律するのは、民主政治の大きな眼目である。専制政治や、独裁政治にも法律がないわけではないが、その法律は、専制君主や独裁者がかってに決めたものである。そうして、それは、国民を束縛するために作られているのである。これに対して、民主主義の制度のもとでは、法律を作るのは、国王でも、大統領でも、総理大臣でもなく、国民自身なのである。そこでは、国王でも、大統領でも、総理大臣でも、その他いかなる公務をつかさどっている人々でも、国民の作った法律には従わなければならない。ただ、国民が直接に法律を作る仕事をする代わりに、それを国民の代表者たる国会に任せるのである。国会の仕事がいかにたいせつなものであるか、有能で忠実な国会議員を選ぶことが国民にとってどんなに重要であるかは、これによってよくわかるであろう。

もっとも、法律を作る仕事を国会だけに任せておくのはよろしくない、という議論もある。国会を通じて立法を行っただけでは、かならずしも、ほんとうに国民の意志にかなった法律が作られるとはかぎらない。国会の多数党の考え方一つでは、国民の意志に反した法律が作られて、それによって政治が行われるようになることがないとは言えない。だから、法律を作る場合には、国民の直接の投票によって可否を決するようにしなければならない。というのである。この議論を実際に行おうとする制度が、前の章に述べた純粋民主主義または直接民主主義である。

しかし、今日の国家の法律は非常に複雑な発達を遂げている。したがって、よい法律を作るためには、専門の知識がいるし、よくよく利害得失を考えてかからなければならない。それを、法律についてはしろうとが多い国民が決めるということになると、かならずよい結果が得られるというわけにはいかない。まして、国民が、いいかげんな判断や、物好きな気持などで投票をすれば、せっかく苦心してできたよい法律案が否決されてしまうというようなことにもなる。それに、何千万というような人口を有する国家で、一々の法律案を国民に示し、国民の投票によって可否を決するということは、たいへんな手数と暇とがかかる。そこで、実際には、高い識見と深い経験とを持った人々を集めて国会を組織し、法律の制定は国会に任せて、国民は国会議員を選挙するにとどめておく方が、かえってぐあいがよいということになる。それが代表民主主義または間接民主主義であって、今日の大部分の民主国家では、この方法が制度として採用されている。

だから、国会議員によい人を選ぶかどうかは、民主政治が栄えるか否かの大きな分かれめである。選挙は、国民のひとりひとりがほんとうに信頼できる人物を選んで自分たちの代表者とし、これにたいせつな立法権をゆだねるための、最も厳粛な行為でなければならない。ところが、候補者の中には、なんとかして自分に投票を集めようとするために、選挙民のごきげんをとったり、つごうのよい宣伝をしたり、できもしない約束をしたりするものもある。そうした策にのせられないで、ガラス玉の中からほんものの宝石を選び出すのは、国民の良識である。国民の代表者がよい法律を作り、よい政治をするようにさせるためには、まず国民の政治的良識が高くならなければならない。人を選ぶ国民の目に狂いがなければ、国民はりっぱな代表者を通じて、国民自身の幸福になるような政治を行うことができる。

法律を作るのは、国会のいちばんだいじな仕事であるが、いくらよい法律を作っても、その運用のしかたが悪ければ、政治の効果は決して上がらない。ところで、法律を運用するには、一方に裁判所があるが、実際の政治の方面で法律の執行をつかさどるのは政府である。したがって、政治が円滑に行われるためには、国会と政府との間の呼吸がうまく合ってゆくことが必要である。そこで、多くの民主国家では、国会と調子のあった政府を作ることができるようなしくみになっている。日本の新憲法で、「内閣総理大臣は、国会議員の中から国会の議決で、これを指名する」ことになっているのも、そのためである。だから、国民が国会議員を選挙するのは、ただ国会議員を選んでいるだけではなくて、それと同時に、直接に政治をつかさどる政府の首脳者を選ぶことになるのである。選挙の重要性は、それだけにますます大きいといわなければならない。

## 二　選挙の方法

国会は、政治の筋道を示す法律を作ったり、法律を執行して政治を行う政府の首脳者を決めたりする。だから、国の政治のだいたいの方針は、国会によって決定されるといってよい。しかし、国の政治をどういう方向に決めてゆくのがよいかについては、いろいろと違った意見がありうる。そこで、政治に対する考え方の相違によって、幾つかの政党ができてくる。そうして、国会で最も多数の議席を占めた政党が立法の方針を左右するし、特に議会中心制の民主主義では、その政党が内閣を組織することになる。一つの政党だけでは力がふじゅうぶんであれば、似かよった政策を採ろうとする二つ以上の政党が、連合して内閣を作る。それを議会政治ということは前述した。このように、国政の中心をなす国会の中に政党の対立があって、互に勢力を争いあうということは、国全体の足なみが一致することを妨げるという弊害がないではない。しかし、どういう政治をしたらよいかを、ただ一つの考え方だけで決めるのは、すこぶる危険である。やはり、それとは反対の立場の人々もあって、ものごとを表からも裏からもよくながめ、互に批判し、議論をたたかわせつつ政治をやってゆくところに、民主政治の妙味がある。一つの方針だけが絶対に正しいとして、他の立場からの批判を封じてしまうのは、独裁政治の常用手段であって、けっきょくは国民を馬車うまのように破局にかりたてることになる。ただ、あまり多くの政党に分かれて勢力争いに浮身をやつすようになると、政治の安定が保たれず、国内動揺の源となるから、二つか三つぐらいの政党にまとまって公明正大な論議をたたかわせてゆくことが望ましい。

それであるから、国民が国会議員を選挙する場合にも、ただ候補者の人物だけを見るのではなく、その候補者がどういう政党に属し、どういう政治上の信念を持っているかを、じゅうぶんに考える必要がある。国民は選挙によって人を選ぶと同時に、政党を選ばなければならないのである。それでは、候補者の人物と、その候補者の属している政党との、どちらに重きをおいて選挙すべきであろうか。

これは、なかなかむずかしい問題である。政党の分野がはっきりとして、その政策が確立されるようになれば、言い換えれば、政党がそれぞれりっぱにできあがったうえは、まず政党を考えて投票すべきである。しかし、政党の境目がはっきりせず、その政策がぐらぐらと変わるような状態では、人物本位に選挙することも必要になってくる。せっかく一つの政党を支持して、その候補者に票を入れても、当選したあとになって切りくずしが行われたり、寝がえりをうったりして、その人が別の党派に行ってしまうというようなことでは、政党本位に選挙をしても無意味になる。だから、私たちは、政党に重きをおくべきではあるが、それとあわせてよく人物を見て、それに投票するのがよいであろう。しかも、選挙が終ってしまえばそれでもう用は済んだというような考えになることなく、それから後も、議員たちの行動を注意ぶかく見まもり、これに公明な批判を加え、りっぱな人々によって組織されたりっぱな政党を、国民自らの手で育てあげてゆくという心構えを持つことが必要であろう。

議会政治は、個人を単位としてではなく、政党を単位として行われる。したがって、いかにりっぱな人が選ばれても、その人の属する政党の議員数が少なければ、議会政治をリードしてゆくことはむずかしい。ところが、選挙をする場合に、ある政党の中のひとりの候補者がきわだって有名な人物であったりすると、その人だけに必要以上のたくさんの投票が集まってゆうゆうと当選するが、そのために同じ政党の他の候補者は落選してしまうということになる。そこで、ある候補者が当選するのにじゅうぶんな票数を得たうえは、それ以上の投票はその人のものとして数えずに、同じ政党の他の候補者の方へ振り向けるというしくみを考えることもできる。この方法もしくはこれに似た他の方法によって、おのおのの政党から国民の支持に比例した議員が選ばれるように選挙を行うしくみを「比例代表制」という。

比例代表制は、理論のうえでは最も進んだ選挙の方法であるが、実際にこれをうまく運用することは、なかなかめんどうでむずかしい。そこで、ただ単に一つの選挙区からひとりまたはふたり以上の議員を選び出すという普通の方法が、今でも多く用いられている。わが国では、これまで一選挙区からひとりまたはふたりの議員を選ぶのを小選挙区制、三人から五人までの議員を選ぶのを中選挙区制、それ以上の議員を選ぶのを大選挙区制とよんできた。小選挙区制だと、選挙人が候補者のことをよく知っている場合が多く、したがって地方の名望家を選ぶのに適している。大選挙区制だと、いろいろな候補者を見わたして、その中からよいと思う人を自由に選ぶことができ、それだけ選択の範囲が広いという長所がある。

いずれにせよ、国会議員の選挙は、民主政治の行う選挙の中でも最も重要なものの一つである。共和国で、国会議員とは別に、大統領を選挙するような場合には、その選挙には国民がいちばん力こぶを入れるのが常であるが、天皇は世襲で定まり、内閣総理大臣は国会の指名で決まる日本のような国では、国会議員の選挙は、なんといっても最もたいせつである。国会議員の選挙権は、民主国家の国民の有する尊厳な権利であり、これを良心的に行使することは、またその神聖な責務である。

## 三　選挙権の拡張

民主主義の発達は、主として選挙権拡張の歴史であった。民主主義のまだ徹底していない時代には、国民に選挙権が与えられていても、その範囲は著しく限られたものであった。イギリスやアメリカのような国々でも、最初のうちは、財産のない者や、人種の違う者や、ある種の宗教上の教派に属する者は選挙から締め出されていた。このように、有権者の数が少なければ少ないほど、一般国民の声は封ぜられて、貴族や財産家だけが思うままの政治を行うことができる。それは、専制政治から民主政治への移り行きの、まだ初歩の段階であった。

いったい、政治上の権力というものは、用い方で、毒にもなり、薬にもなる。ちょうど、同じ薬品が、薄めて用いれば薬となるのに、これを濃くすると少量で人を殺す毒薬となるように、権力もまた、ひとりの人や少数の人々が独占していると、民衆を苦しめる恐ろしい毒薬になる。したがって、権力をなるべく多くの人々に分けて薄め、これを薬として用いることができるようにしなければならない。ところが、現に権力を握っている人々は、権力を独占していればいるほど、自分たちの利益になるような政治をすることができるから、なかなか選挙権を多くの人々に拡張することに同意しない。それに、政治を動かしている少数の人々は、どうしても上に立っているような気がして、おおぜいの国民の知識や道徳の程度を低く見くだす癖がついている。そこで、かれらは、そんな者に選挙権を与えることは危険であると言って、これに反対する。しかも、そういう特権階級がその気にならなければ、法律を改正して選挙の民主化を行うことはできないのだから、選挙権の拡張ということはなかなか実現しにくい。その根強い障壁を打ち破って選挙権をひろく国民の間にゆきわたらせ、明かるい公正な民主政治が行われるようになったのは、次第に高まってきた国民の政治的自覚と、進歩的な思想家たちの熱心な主張とのおかげにほかならない。政治の民主化の長い歴史を通じて、特に重要な意味を持っているのは、選挙権についての財産上の制限が取り除かれていった成りゆきである。

いったい、財産を持っている者だけが選挙にたずさわって、財産のない者を選挙から締め出すというのは、まったく理由のないことである。それなのに、以前は、貧乏人は教育がないとか、教養が低いとかいう口実のもとに、選挙権を、一定の財産上の条件をかぎって認めるということが行われていた。しかし、それはけっきょく、財産家だけの利益のためにする金権政治にほかならない。財産の少ない者は、普通どこでも国民の大部分であるし、それらの勤労階級の額に汗する努力によって、国の力がささえられているのである。政治は、すべての人々の利益のために行われなければならない。それには、まずもって、それらの勤労階級の考えが選挙の上に現われるようにしなければならない。それらの人々は、金持たちのうわべを飾る形式的な礼儀には、うといかもしれないが、真実の問題を真剣に考える誠意を持っている。金がないから、上級の学級に通うことはできなかったかもしれないが、義務教育の普及とともに、普通の常識は心得ているし、何よりも実地についての生きた経験を持っている。そういう誠意や経験を政治のうえに活用しないという法はない。したがって、それらの人々の世論が強くなってゆくにつれて、政治の決定権を独占していた財産家たちも、だんだんと譲歩せざるを得なくなり、次第に財産上の条件が取り除かれて、貧富の差別なく、国民が平等に選挙権を行使することができるようになってきた。

財産のある、いわゆる上流の人々だけが選挙権を持ち、その代表者を議会におくって自分たちの利益を守らせるという制度は、初めは、どこの国にも行われた。そういうふうに、金持によって独占されていた政治権力が、一般の国民にひろげられていったのは、一つには、民主主義の思想が強くなり、まずしい勤労階級のために努力する人々が多くなってきたため、二つには、第十八世紀の末から第十九世紀にかけて、工業の発達に伴なう産業革命という現象が起り、諸国にひろまったためである。これは、工農業や手工業中心の経済から大工業中心の経済への変化であって、それによって、おおぜいの農村の人々が都市に出て、工場労働に従事することになった。それらの人々は、それだけ政治に対する知識と自覚を高め、だんだんと大きな政治勢力を形作るようになっていった。かくて、新たに興ってきた労働階級が、都市の小市民や農村の小作人たちと結んで、たえず政治への参加を要求し、ついに選挙権に関する財産上の条件を取り除くことに成功するにいたった。

これを日本についてみると、明治の憲法のもとではじめて議会制度ができたころには、直接国税年額十五円以上を納めなければ、議員の選挙に加わることができなかった。それを、明治三十三年の選挙法の改正で、税額十円にまでひきさげた。十円とか十五円というと、今ではほんのわずかなはした金のように思われるが、明治二十年、三十年代には、十円の国税を納めるということは、相当の収入のある人でなければできなかったのである。そこで、大正八年には、税額が三円に改められた。これに対して、いわゆる普通選挙の運動というものが盛んに展開され、大正十四年の改正選挙法によって、いっさいの納税および財産の資格が取り除かれ、租税を納めない貧乏人であっても、年齢が満二十五年以上であり、重い刑に処せられた者や精神上の不具者でないかぎり、選挙権を有するということになったのである。

| 年　次 | 有権者数 | 棄権率（%） | 総人口に対する有権者数の比率（%） | 選挙区 |
|---|---|---|---|---|
| 明治23年 | 450,872 | 6,0 | 1,1 | 小 |
| 〃　25年 | 434,594 | 6,3 | 0,9 | 〃 |
| 〃　27年 | 440,113 | 17,1 | 1,0 | 〃 |
| 〃　27年 | 460,384 | 17,0 | 1,1 | 〃 |
| 〃　31年 | 453,329 | 12,0 | 1,0 | 〃 |
| 〃　31年 | 501,459 | 20,1 | 1,1 | 〃 |
| 〃　35年 | 983,192 | 11,5 | 2,1 | 大 |
| 〃　36年 | 951,860 | 13,1 | 2,0 | 〃 |
| 〃　37年 | 757,788 | 13,3 | 1,6 | 〃 |
| 〃　41年 | 1,582,676 | 14,3 | 3,2 | 〃 |
| 〃　45年 | 1,503,650 | 10,1 | 2,8 | 〃 |
| 大正 4 年 | 1,546,341 | 7,9 | 2,9 | 〃 |
| 〃　6 年 | 1,422,118 | 8,1 | 2,5 | 〃 |
| 〃　9 年 | 3,069,787 | 13,3 | 5,4 | 小 |
| 〃　13年 | 3,288,368 | 8,8 | 5,5 | 〃 |
| 昭和 3 年 | 12,405,056 | 19,6 | 20,0 | 中 |
| 〃　5 年 | 12,651,785 | 16,7 | 19,6 | 〃 |
| 〃　7 年 | 12,014,963 | 18,3 | 18,1 | 〃 |
| 〃　11年 | 14,303,780 | 21,3 | 20,4 | 〃 |
| 〃　12年 | 14,075,010 | 76,7 | 19,7 | 〃 |
| 〃　17年 | 14,594,287 | 16,8 | 19,5 | 〃 |
| 〃　21年 | 37,128,420 | 27,7 | 50,0 | 大 |
| 〃　22年 | 40,907,493 | 32,1 | 52,0 | 中 |

（選挙管理委員会事務局の資料による）

## 四　婦人参政権

今述べたとおり、日本では大正十四年に選挙に関する財産上の制限がなくなった。そこでそのころの人は、普通選挙が実現されたと言ったのである。しかし、それは男子だけの普通選挙であって、その中にはひとりの女子も含まれていなかった。わが国だけではない。他の進歩した民主主義の国々でも、婦人参政権ということはなかなか行われるにいたらなかった。なぜだろう。なぜならば、西洋でも、昔から長いこと女は男よりも一段地位の低いものと考えられていたからである。それに、女子は家庭の仕事に専念しているのであって、男子のように社会的な活動を営むわけではないから、分業という点から考えても、政治の問題に参与するのは男子だけでよいというようにみられていたからである。

けれども、民主主義の根本精神たる人間平等の立場から見て、このような差別は、とうていいつまでも維持されるべきはずのものではない。しかし、民主主義は、能力や経験の大小を全く無視して、単にすべての人間を一律平等に取り扱おうとするわけではない。現に選挙権については、どこの国でも一定の年齢上の制限を設け、子供は選挙に加わる資格がないものとされているのである。しかし、男性と女性との区別になると、事情はまったく違う。女性が低い地位におかれていたのは、主として男性が横暴だったからである。婦人の知識が低かったとすれば、それは高い教育を受ける機会が与えられていなかったためである。平均して、女子の方が男子よりも才能が劣っているかどうかは、わからない。よしんばそういうことが言えるとしても、無能な男子にも選挙権が与えられているのに、すぐれた女子には公民としての資格がないというのは、不合理千万な話である。それに、社会的な活動への婦人の参加は、おいおいに世界の大勢となってきた。婦人のこまかい情操とゆきとどいた配慮とは、公共の活動についても、方面によっては男性の及ぶべくもない働きを示すことが明らかになった。たとえば、衣食住の生活改善は、婦人の政治参与なしには解決されがたい。そういう事情と並行して、イギリスのジョン＝スチュアート＝ミルをはじめ、多くの先覚者が、婦人に参政権を与えよということを主張し、それが大きな世論となって、男女平等の選挙権が認められるようになった。イギリスで婦人参政権が認められたのは、一九一八年であり、アメリカ合衆国では、一九二〇年の憲法改正によって、一般に婦人も選挙権を行うようになったのである。

日本では、大正（一九一二―二五）の終りになって、男子だけの普通選挙が認められたのであるが、そのころまでは民主主義の方向に発達して来た政治の動きが、昭和の時代にはいるとまもなく、軍国主義や独裁政治の邪道に脱線してしまった。したがって、婦人参政権などということは、まったく問題にされる余地もなくなったのであ

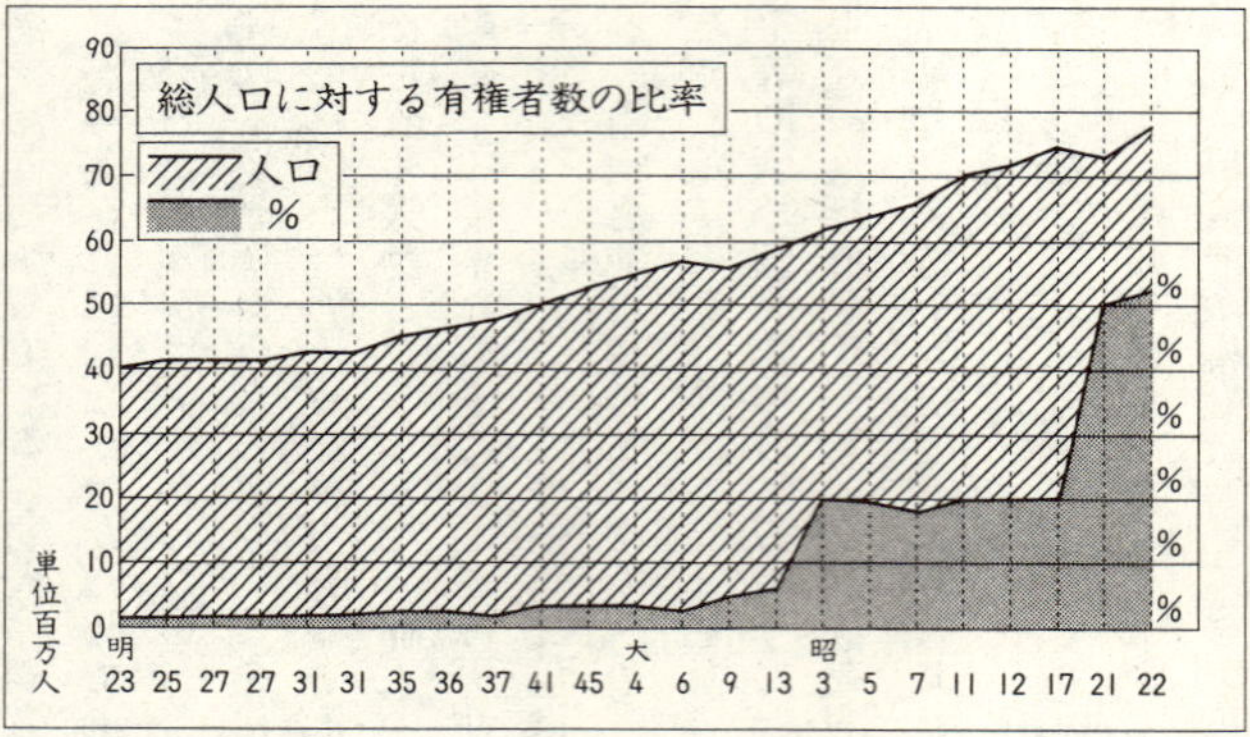


（1）　大正14年の選挙法改正　男子のみの普通選挙（年齢満25歳以上）
（2）　昭和20年の選挙法改正　男女平等の普通選挙（年齢満20歳以上）

る。それが今度の戦争の結果として、軍国主義や独裁主義は滅ぼされ、民主主義を、改めて政治のうえに徹底させることになり、婦人の選挙参加が一挙に実現すると同時に、選挙を行うための年齢の資格も、男女とも満二十歳に引き下げられた。それによって有権者の数は、全国で約二千三百万人の増加をみた。また、選挙されて国会議員となるための年齢上の条件は、衆議院では二十五歳、参議院では三十歳と定まり、若い国会議員や婦人代議士もできて、新しい日本を築くために働いている。

財産上の制限もなくなり、婦人参政権も実現すれば、それがほんとうの普通選挙である。しかし、ほんとうの普通選挙といっても、選挙権について国民の間になんの制限もなくなったわけではない。重い犯罪を犯した者や、二十歳未満の少年少女には選挙権はない。だから、どんな普通選挙でも、文字通り国民のすべてにゆきわたっているというわけにはゆかない。二十歳という年齢の制限は、かなり機械的なものである。二十歳にならないでも、政治のことに相当に明かるい、有能な人もあるであろう。三十、四十になっても、政治に無関心な者があるに相違ない。けれども、野球の花形選手を選ぶのとは違って、子どもにまで参政権を認めるのは適当でないとすれば、この辺で線を引くよりほかはあるまい。選挙権拡張の歴史は、これでひとまず到達すべき点に到達したものと言ってよいであろう。

## 五　選挙の権利と選挙の義務

こうして、日本の民主政治は、選挙権という点に関しては、どこの外国に比べても劣らないほどに、国民の間に広い地盤を持つことになった。しかし、これは、いま言うとおり、敗戦の結果なのであって、日本人がほんとうに民主政治の意味を自覚して、自分たちの力で選挙権の範囲をこれだけにおしひろげたわけではない。したがって、ここでよほどしっかりと民主政治のしかたをのみこみ、人間としての教養と政治に関する常識とを養っておかないと、このひろく認められた選挙権が宝の持ち腐れになる。一時の困難に打ちひしがれたり、過激な思想に雷同したりして、みんなで独裁者をかつぎ上げたりするようなことがないとはかぎらない。

たとえば、ドイツは、第一次世界大戦に負けたあとで、ゲーテの死んだワイマールという町で新しい憲法を作り、国会を中心とする高度の民主政治を行うことにした。ところが、国会の中にたくさんの政党ができて、ああでもない、こうでもないと争っているうちに、ヒトラーに率いられたナチス党というものが起ってきた。政党政治の煮えきらない態度にあいそをつかしたドイツの国民は、男も女も、その与えられた広い選挙権を用いて、景気のよいことをいうナチス党に投票を集中し、これを国会の第一党に仕立て、自ら求めて独裁政治の基礎を確立してしまった。そのナチスの独裁主義は、だんだんと図に乗って、国際法を破り、国際間の信義を踏みにじり、ついに無謀な戦争に突入して、国民を日本以上の惨憺《さんたん》たる運命におとしいれてしまった。これでみても、新しい民主主義の憲法ができ、選挙権が国民の間にひろくゆきわたったからといって、それだけで民主政治がうまくゆくと思ったら、とんでもないまちがいであることがわかる。

選挙権がどんなに拡張されても、国民が、その与えられた権利を用いて独裁者に投票すれば、民主主義はこわされてしまう。が、しかし、それだけではない。選挙権者の多くがその権利に忠実でなく、投票を怠る場合にも、社会の裏面に隠れて民衆をあやつる独裁者の、思うつぼにはまってしまうということを忘れてはならない。

なぜかというと、国民が政治に無関心であれば、ある一つの目的を是が非でも実現しようとする連中だけが、有力な候補者を押し立て、お互に語り合ってその候補者だけに投票を集中する。そうすれば、よしんば、そういうふうにして権力をわがものにしようとする人々が国民の中の少数であっても、けっきょくは無関心な国民の多数を押さえて、権力を独占するという仕事に成功することができる。そうなれば、権力を独占した連中は、多くの国民があとになってこれはたいへんだと気がついても、もう民主的に自由な選挙を行うことができないように、政治の組織を根本から変えてしまうかもしれない。だから、多数の有権者が自分たちの権

利のうえに眠るということは、単に民主政治を弱めるだけでなく、実にその生命をおびやかすのである。

それにもかかわらず、世の中には政治に無頓着《むとんちゃく》な人が少なくない。そういう人々には大別して二つの型がある。第一の型に属するのは、相当に知識もあり、能力もありながら、かえってそのために、政治をくだらないこととして見おろそうとする人々である。かれらは、政治のことに夢中になる人々をいやしむ傾きがある。そのくせ、自分よりくだらないと考える人間が権力を握ってしまうと、そのことをだれよりも慨嘆するのは、かれら自身なのである。これに対して、もう一つの型に属するのは、政治などということは、自分たちにはわからない高いところにある事柄だと思う人々である。かれらは、自分自身を卑下してきた長い間の習慣で、政治は自分たちには縁の遠いことだと思いこんでいるのである。しかも、政治のよしあしが、自分たちの運命に直接に大きなかかわりを持つものであることに、気がつかないのである。

いうまでもなく、それらはどちらも正しい態度ではない。ほんとうの民主主義では、政治は「すべての人」の仕事でなければならない。

だから、選挙権は、権利ではあるが、同時に義務である。義務であるというのは、たとえば納税の義務のように、それを怠れば罰せられるというわけではない。その意味で、熱意と理解とをもって政治に参与することは、法律上の義務ではなくて、むしろ道徳上の義務である。道徳上の義務であるというよりも、むしろ多くの人々の幸福を思う愛情の問題なのである。たとえば、農村の婦人が、選挙などということはわからないと言って棄権したとする。おおぜいの国民の中で自分ひとりが棄権しても、なんでもあるまいと思う。しかし、多くの人々がそういう気持になれば、それはやはり選挙の結果を大きく左右する。選挙場に行かないで、乳ぶさを与えてあやしているわが愛児が、その一票のために将来独裁政治の犠牲になるかもしれないということは、けっして物語でも、おとぎばなしでもない。民主主義とは、そこのところに、はっきりと気がついた人々によって、健全な良識と強い責任感とをもってなされる行為を、いわば一つ一つの「れんが」として組み立てられてゆく、がっしりとした大きな建築物のようなものなのである。

# 第五章　多　数　決

## 一　民主主義と多数決

人間はそれぞれ、天分も違うし、性質も異なるし、境遇もまちまちであるし、趣味や好みもさまざまである。それを一つの型に当てはめてしまうということは、けっして人間を尊重するゆえんではない。だから、人間の尊重ということを根本の精神とする民主主義は、何よりも人々の個性を重んずる。すべての人々が自由にその個性を伸ばし、持って生まれた天分を大いに発揮して世の中の役にたつことができるように、平等の機会と教育の自由とを保証しようとする。そういうふうにしてできあがった社会では、各人が思うことを言い、信ずるところに従って行動し、公共の福祉に反しないかぎり「自分自身になりきる自由」を持っているはずなのである。

それであるから、民主主義の政治を行う場合には、多くの人々の中からいろいろな意見が出て、かっぱつに議論がたたかわせられることになる。各人が自分の判断を主張し、自分の正しいと信ずることを行おうとするのであるから、そうして、各人がそれぞれ違った立場から違った意見を提出するのであるから、当然の結果として、さまざまな見解の対立が起り、利害の衝突を来たすことを免れない。それは、見方によっては好ましくない、不愉快なことであるかもしれない。しかし、そこに民主政治の鼓動があり、活力がある。それが止まってしまえば、民主主義は死んでしまうであろう。

けれども、法律を作ったり、政治の方針を決めたりする場合に、みんなが違った意見を主張し、お互の判断を固執して譲らないということになると、いつまでたっても結論に達することができない。各人の考えは尊重しなければならないが、さればといって、互に対立するどの考えにも同じように賛成し、甲の意見ももっともだ、乙の主張にも理由があると言ってばかりいたのでは、一つの方針でもって実際問題を解決することは不可能になる。そこで、民主主義は多数決という方法を用いる。みんなでじゅうぶんに議論をたたかわせたうえで、最後の決定は多数の意見に従うというのが、民主政治のやり方である。ある一つの意見を原案として掲げ、手をあげたり、起立したり、投票したりして、賛成かどうかを問い、原則として過半数が賛成ならばその案を採用し、賛成者が少数ならばこれを否決する。そうして、一度決めた以上は、反対の考えの人々、すなわち、少数意見の人々もその決定に従って行動する。それが多数決である。多数による決定には、反対の少数意見の者も服するというのが、民主主義の規律であって、これなくしては政治上の対立は解決されず、社会生活の秩序は保たれえない。

## 二　多数決原理に対する疑問

ところで、多数決ということは、一つの便宜的な方法である。元来、法律は正しいものでなければならない。政治は正しい方針によって行われなければならない。しかし、どうするのが正しいかについては、いろいろと意見が分かれていて、いくら議論を続けても、意見の一致点を見いだすことができないという場合には、法律を作ることも、政治の方針を決めることもできないから、やむをえず多数決によるのである。

しかしながら、多数の意見だからかならず正しいと言いうるであろうか。少数の賛成者しか得られないから、その主張は、当然まちがっていると考えてよいものであろうか。そうは言いえないことは、もとより明らかである。実際には、多数で決めたことがあやまりであることもある。少数の意見の方が正しいこともある。むしろ、少数のすぐれた人々がじっくりと物を考えて下した判断の方が、おおぜいでがやがやと附和雷同する意見よりも正しいことが多いであろう。いや、国民の中でいちばん賢明なただひとりの考えが、最も正しいものであるということができるであろう。それなのに、なぜその少数のすぐれた人々、最も賢明なただひとりの人の意見を初めから採用しないで、おおぜいにかってな意見を言わせ、多数決というような機械的な方法で、その中のどれか一つに決めるというやり方を行う必要があるのであろうか。

多数決に対しては、昔からそういうもっともな疑問がある。いや、単に疑問があるばかりではない。それだから、多数の意見によって船を山にあげるような民主政治をやめて、最も賢明な人に政治の実権を任せてしまう方がよい、という議論がある。その中でも最も有名なのは、ギリシアの哲学者プラトンの唱えた哲人支配論である。

プラトンは、おおぜいの愚者が数の力で政治を行う民主主義を排斥し、最もすぐれた理性と、最も高い批判力とを備えた哲人が政治を指導するような組織こそ、堕落した人間の魂を救う理想の国家形態であると論じた。このプラトンの理想国家論が後世の政治哲学の上に及ぼした影響は、きわめて大きい。

けれども、プラトンの理想国家論は、政治の理想であるかもしれないが、これをそのまま現実に行おうとすると、かならず失敗する。なぜならば、最も賢明だと称する人に政治の全権をゆだねて、一般の国民はただその哲人の命令に服従してゆけばよいというのは、けっきょくは独裁主義にほかならないからである。独裁主義によれば、独裁者は国民の中でいちばん偉い人だから、その人の意志に従っていればまちがいはないという。しかし、独裁者が国民の中でいちばん偉い、いちばん賢明な人物であるということは、いったいだれが決めるのであろうか。独裁者のお取り巻きがそう言ったからといって、それがそうであるという保証にはならないし、実際にはそれがたいへんなまやかしものであるかもしれない。また、よしんば独裁者がほんとうに偉い人であったとしても、同じ人間が長いこと大きな権力を握っていると、必ず腐敗が起り、堕落が生ずる。そうして、権力が少数の人々に集中しているために、それが薬にならずに、毒となって作用する。その悪い作用を国民に隠して、独裁政治のいい点だけを宣伝するために、いろいろなうそをいう。無理な政治をして、はなばなしい成功を誇ろうとする。その結果は、無理に無理を重ねて、国民をならくのふちにおとしいれるような、取り返しのつかない失敗を演ずる。ヒトラーを無類の英雄に仕立てて、これこそプラトンの理想国家を実現したようなものだと自慢していたナチス－ドイツの運命は、独裁政治を二度と再び繰り返してはならないという教訓を、人類にはっきりと示したものであるといわなければならない。

独裁主義は、民主政治を「衆愚政治」だと言って非難する。なるほど、民主主義も、そういう弊害に陥ることがないとはいえない。しかし、教育が普及し、知識が向上した今日の国民は、プラトンの時代の国民とは違う。国民が健全な政治道徳を心得てさえいれば、おおぜいの人々の考えを集めて事を議してゆくことは、「船頭多くして船山にのぼる」結果にはならないで、「三人寄れば文珠の知恵」という利益を大いに発揮することができる。政治のたいせつな要点を国民に隠して、ただ指導者の言うがままについて来させたのでは、国民の中にある知恵の鉱脈を掘り当てることができない。そうして、国民がめくらにされるばかりでなく、独裁者もまた国民からの批判を受ける機会がないから、自分自身もめくらになって、馬車うまのように破滅のふちに突進してしまう。その危険を避けるためには、なるべく多くの人々が政治に参与して、多数決で意見をまとめてゆくという以外に、よい方法はないのである。

それに、民主主義もまた、決してただ玉石混淆《こんこう》の衆議だけを重んずるのではなく、国民の間から識見のすぐれた人を選んで、その人に政治を任せるという方法をも用いるのである。国民がみんなで法律を作ることを議する代わりに、国会議員を選挙し、その道の熟練家に立法の仕事を任せるのも、それである。国会の指名によって内閣総理大臣を立て、他の国務大臣には内閣総理大臣がこれはと思う人々を選び、その政府が行政をつかさどってゆくようなしくみになっているのも、それである。ただ、立法権にせよ、行政権にせよ、ある決まった人たちだけが長くそれをひとり占めしていると、きっといろいろな弊害が生ずる。ちょうど、水が長いこと一箇所にたまっていると、ぼうふらがわいたり、腐ったりするように。だから、民主政治では、国会議員の任期をかぎって、たびたび総選挙を行い、それとともに政府の顔ぶれも変わるようにして、常に政治の中心に新しい水が流れ込むようなくふうがしてある。つまり、民主政治は、「多数決主義」と「選良主義」との長所をとって、それを組み合わせたようなぐあいになっているということができよう。

## 三　民主政治の落し穴

しかし、それにしても、民主政治を運用してゆく根本のしかたが多数決であることには変わりはない。国民の間から国会議員を選ぶにしても、最も多くの投票を得た人が当選する。国会で法律を作る場合にも、多数でその可否を決する。内閣総理大臣を指名するのも、国会での多数の意向によるのである。したがって、民主政治は「多数の支配」である。多数で決めたことが、国民全体の意志として通用するのである。

しかるに、前に言ったように多数の意見だからその方が常に少数の意見よりも正しいということは、けっして言いえない。中世の時代には、すべての人々は、太陽や星が人間の住む世界を中心にしてまわっているのだと信じていた。近世の初めになって、コペルニクスやガリレオが現われて、天動説の誤りを正した。その当時には、天動説は絶対の多数意見であった。地動説を正しいと信じたのは、ほんの少数の人々にすぎなかった。それと同じように、政治上の判断の場合にも、少数の人々の進んだ意見の方が、おおぜいが信じて疑わないことよりも正しい場合が少なくない。それなのに、なんでも多数の力で押しとおし、正しい少数の意見には耳もかさないというふうになれば、それはまさに「多数党の横暴」である。民主主義は、この弊害を、なんとかして防いでゆかなければならない。

多数決という方法は、用い方によっては、多数党の横暴という弊を招くばかりでなく、民主主義そのものの根底を破壊するような結果に陥ることがある。なぜならば、多数の力さえ獲得すればどんなことでもできるということになると、多数の勢いに乗じて一つの政治方針だけを絶対に正しいものにまでまつりあげ、いっさいの反対や批判を封じ去って、一挙に独裁政治体制を作り上げてしまうことができるからである。

もう一度、ドイツの場合をひきあいに出すことにしよう。

第一次世界大戦に負けたドイツは、ワイマールという町で憲法を作って、高度の民主主義の制度を採用した。ワイマール憲法によると、国の権力の根源は国民にある。その国民の意志に基づいて国政の中心をなすものは、国会である。国会議員は、男女平等の普通選挙によって選ばれ、法律は国会の多数決で定め、国会の多数党が中心となって内閣を組織し、法律によって政治を行う。そういうしくみだけからいえば、ワイマール憲法のもとでのドイツは、どこの国にもひけを取らないりっぱな民主国家であった。

ところが、国会の中にたくさんの政党ができ、それが互に勢力を争っているうちに、ドイツ国民はだんだんと議会政治に飽きて来た。どっちつかずのふらふらした政党政治の代わりに、一つの方向にまっしぐらに国民を引っ張ってゆく、強い政治力が現われることを望むようになった。そこへ出現したのがナチス党である。初めはわずか七名しかなかまがいなかったといわれるナチス党は、たちまちのうちに国民の中に人気を博し、一九三三年一月の総選挙の結果、とうとうドイツ国会の第一党となった。かくて内閣を組織したヒトラーは、国会の多数決を利用して、政府に行政権のみならず立法権をも与える法律を制定させた。政府が立法権を握ってしまえば、どんな政治でも思うがままに行うことができる。議会は無用の長物と化する。ドイツは完全な独裁主義の国となって、国民はヒトラーの宣伝とナチス党の弾圧とのもとに、まっしぐらに戦争へ、そうして、まっしぐらに破滅へとかり立てられていったのである。

動物の世界にも、それによく似た現象がある。すなわち、ほととぎすという鳥は、自分で巣を作らないで、うぐいすの巣に卵を産みつける。うぐいすの母親は、それと自分の産んだ卵とを差別しないで暖める。ところが、ほととぎすの卵はうぐいすの卵よりも孵化《ふか》日数が短い。だから、ほととぎすの卵の方が先にひなになり、だんだんと大きくなってその巣を独占し、うぐいすの卵を巣の外に押し出して、地面に落してみんなこわしてしまう。

多数を占めた政党に、無分別に権力を与える民主主義は、愚かなうぐいすの母親と同じことである。そこを利用して、独裁主義のほととぎすが、民主政治の巣ともいうべき国会の中に卵を産みつける。そうして、初めのうちはおとなしくしているが、ひとたび多数を制すると、たちまち正体を現わし、すべての反対党を追い払って、国会を独占してしまう。民主主義はいっぺんにこわれて、独裁主義だけがのさばることになる。ドイツの場合は、まさにそうであった。こういうことが再び繰り返されないとはかぎらない。民主国家の国民は、民主政治にもそういう落し穴があることを、じゅうぶんに注意してかかる必要がある。

## 四　多数決と言論の自由

多数決の方法に伴なうこのような弊害を防ぐためには、何よりもまず言論の自由を重んじなければならない。言論の自由こそは、民主主義をあらゆる独裁主義の野望から守るたてであり、安全弁である。したがって、ある一つの政党がどんなに国民の多数を占めることになっても、反対の少数意見の発言を封ずるということは許されない。幾つかの政党が並び存して、互に批判し合い、議論をたたかわせあうというところに、民主主義の進歩がある。それを、「挙国一致」とか「一国一党」とかいうようなことを言って、反対党の言論を禁じてしまえば、政治の進歩もまた止まってしまうのである。だから、民主主義は多数決を重んずるが、いかなる多数の力をもってしても、言論の自由を奪うということは絶対に許さるべきでない。何事も多数決によるのが民主主義ではあるが、どんな多数といえども、民主主義そのものを否定するような決定をする資格はない。

言論の自由ということは、個人意志の尊重であり、したがって、少数意見を尊重しなければならないのは、そのためである。もちろん、国民さえ賢明であるならば、多数意見の方が少数意見よりも真理に近いのが常であろう。しかし、多数意見の方が正しい場合にも、少数の反対説のいうところをよく聞き、それによって多数の支持する意見をもう一度考え直してみるということは、真理をいっそう確かな基礎のうえにおくゆえんである。これに反して、少数説の方がほんとうは正しいにもかかわらず、多数の意見をむりにとおしてしまい、少数の人々の言うことに耳を傾けないならば政治の中にさしこむ真理の光はむなしくさえぎられてしまう。そういう態度は、社会の陥っている誤りを正す機会を、自ら求めて永久に失うものであるといわなければならない。

だから、多数決によるのは、多数の意見ならば正しいと決めてかかることを意味するものではないのである。ただ、対立する幾つかの意見の中でどれが正しいかは、あらかじめ判断しえないことが多い。神ならば、その中でどれが真理であるかを即座に決定しうるであろう。しかし、神ならぬ人間が、神のような権威をもって断定を下すことは、思いあがった独断の態度にほかならないのである。さればといって、どれが進むべきほんとうの道であるかわからないというだけでは、問題はいつまでたっても解決しない。だから、多数決によって一応の解決をつけるのである。つまり、多数決は、これならば確かに正しいと決定してしまうことではなくて、それで一応問題のけりをつけて、先に進んでみるための方法なのである。

それでは、対立する幾つかの意見の中でどれが正しいかは、いつまでたってもわからないのであろうか。

いや、決してそんなことはない。正しい道と正しくない道との区別は、やがてはっきりとわかる時が来る。何でわかるかというと、経験がそれを教えてくれるのである。神ならぬ人間には、あらかじめその区別を絶対の確実さをもって知ることはできない。しかし、一応多数決によって問題のけりをつけ、その方針で法律を作り、政治をやってみると、その結果は、まもなく実地のうえに表われてくる。公共の福祉のためにやはりその方がよかった、ということになる場合もある。逆に、多数の意見で決めた方針がまちがっていて、少数意見に従っておいた方がよかったということが、事実によって明らかに示される場合もある。前の場合ならば、それはそのままでよい。あとのような場合には、少数意見によって示された方針によって法律を改め、政治のやり方を変えてゆく必要が起る。その場合には、国民はもはや前の多数意見を支持しないであろう。反対に、今までは少数であった意見の方を多くの人々が支持するようになるであろう。そうなれば、以前の多数意見は少数意見になり、少数意見は多数意見に成長して、改めて国会で議決することにより、法律を改正することができる。このよう

にして、法律がだんだんと進歩していって、政治が次第に正しい方向に向かうようになってゆく。かくのごとくに、多数決の結果を絶えず経験によって修正し、国民の批判と協力とを通じて政治を不断に進歩させてゆくところに、民主主義のほんとうの強みがある。少数の声を絶えず聞くという努力を怠り、ただ多数決主義だけをふりまわすのは、民主主義の堕落した形であるにすぎない。

独裁者は豪語する。「予《よ》の判断に狂いはない、予の示す方向は必ず正しい。人民どもよ、黙ってついてこい。批判や反対は許さない。現在の犠牲をいとうな。将来の幸福は予が保証する。よしんばおまえたちは苦しみの生涯を送るとしても、その苦労はおまえたちの子孫の幸福となって実を結ぶ。だから、しんぼうせよ。民族の繁栄のために。国家の発展のために」と。

国民の大部分は、独裁者のこの予言に陶酔する。他の人々は、これを疑い、これに反対の考えをいだいているが、その気持をおもてに表わせば縛られる。だから、しかたなしについてゆく。独裁者の予言がとほうもない「から手形」であったことがわかる日まで。

この独裁者のごうまんなことばに対して、民主主義は説く。「政治は国民の政治である。政治のもたらす福利は、国民自ら刈り取ることができる。しかし、それには、国民自身がよく土地を耕し、よい種をまき、除草や施肥や灌水《かんすい》に不断の努力をしなければならない。いろいろと困難な事情のあるこの世の中で、みごとな政治の実をみのらせるためにはどうすればよいか。その方法は、国民自らが考え、だれもが遠慮なく意見を言い、みんなの相談で決めて行くべきだ。しかし、みんなの意見が一致することは容易にありえない。だから、多数決によって一つの方針を採用し、みんなでその方針のもとに協力してゆく必要がある。もしも多数決で決めたやり方が悪ければ、その結果は秋の収穫のうえにはっきりと現われるであろう。そうしたら、来年はその経験を生かして、別の方針でやってみるがよい。そうやってゆくうちに、今日の困難はだんだんと克服されて、国民自身の幸福のためのりっぱな政治のみのりをあげることができるに相違ない。多数決の結論がときにまちがうことがあるからといって、多数決の方法を捨ててはならない。多数決の方法を捨てれば、かならず独裁主義になる。

多数決の方法を取りながら、多数決の犯したまちがいを、更に多数決によって正してゆくのが、ほんとうの民主主義である」と。

## 五　多数決による政治の進歩

今日の人類は、無限の宝を持っている。火山を爆発させる水蒸気の力を利用して汽車や汽船を運転する。昔の人が雷神のしわざとして恐れていた電気を用いて、やみを照らし、工場の機械を動かし、電車を走らせる。何千メートルの地下から石油をくみ上げて、モーターをまわし、飛行機を飛ばす。今度の戦争の末期に現われた原子爆弾は、人類を破滅せしめるような恐るべき武器であるが、その同じ原子力を平和の用途にあてれば、どれほど大きな福祉を人類のためにもたらすかわからない。これらの無限の知識の宝は、人類の長い努力と経験とによって得られたのである。無限に多くの人々がそのために協力しているのである。鉄びんのふたを押し上げる水蒸気の力にヒントを得て蒸気機関を発明したのはワットであり、それを応用して汽関車を作ったのはスティーヴンソンであった。しかし、そのころのおもちゃのような汽車から、豪華な列車を引いて時速百キロで走る現代の汽関車になるまでには、無数の技師や職工の血のにじむような努力が積み重ねられている。その間には、何度失敗が繰り返されたかしれない。しかし、失敗は発明の母である。一度の失敗にこりて、改善の試みをやめたならば、人類の進歩は、とうの昔に止まってしまったに相違ない。

それと同じことが、政治についても言える。政治をやって、一度で完全に成功しようというのはあまりにも虫のよい話である。人間社会の出来事は、蒸気や電気のような自然現象よりも、はるかに複雑である。だから、社会のことを取り扱う政治には、自然力を利用する技術よりも、ずっと失敗が多い。その失敗を生かして、だんだんとよい政治を築きあげてゆくのは、国民全体の責任である。みんなが自由に意見を語り、多数決で政治の方針を立て、やってみてぐあいの悪いところは、またみんなの相談で直す。それが民主主義である。その手間と労苦とをいとって、ひとりの考えだけにすべてを任せ、一度ではなばなしい成功を収めようとするのが、独裁政治である。それは、神社に祈ってさえいれば神風が吹くと思うのと同じことである。天は自ら助ける者を助ける。人任せの政治に神風が吹く道理があろうか。

それであるから、民主政治は多数決に誤りがありうることを、最初から勘定に入れているのである。しかし、なろうことなら、政治もむだをしない方がよい。多数で決めたことが、初めから正しい政治の方向と一致している方が望ましい。それには、国民の政治上の教養を高めることが、第一の条件である。多数決によって運用される民主主義を非難する者は、口をそろえて民主主義は衆愚政治だという。なるほど、国民がそろってばか者の集まりならば、おおぜいのばか者が信ずることほど、まちがいが大きいということになろう。しかし、国民の間に知識が普及し、教養が高まってゆきつつある今日、依然としてそういうことを考えるのは、自分自身がいちばんの愚か者であることを証拠だてているのである。そういう人間は、裏長屋の貧乏人や台所のおさんどんに選挙権を与えれば政治が乱れるといって、普通選挙や婦人参政権に反対した。ところが、今日の多くの国々では、選挙権が拡大されるにつれて、ますます明るいよい政治が行われるようになってきている。

それでは、日本はどうであろうか、日本人は、自分たちでほんとうの政治上の自覚を持つ前に、戦争の結果として最も広い政決参与の権利を得た。独裁主義は追放されて、万事が選挙と多数決とで行われる世の中となった。これで、これからの日本の政治が明かるく築きあげられてゆくであろうか、もしも国民が、今までのように政治的に無自覚であれば、それはおぼつかない。これに反して、みんなが勉強して政治に興味をもち、自分たちの責任と努力とをもって多数決の原理を正しく運用してゆくならば、やがて焦土の上にも明朗な世の中が築きあげられるであろう。世界じゅうの人がそれを見守っている。そこへ至る道は、国民のひとりひとりが毎日踏みしめてゆく正しい一歩一歩によって開かれるのだ。

# 第六章　目ざめた有権者

## 一　民主主義と世論

民主主義は、単なる政治の形をさすものでもなければ、古い政治組織を進歩したしくみに改めることだけを意味するものでもない。それは、もっともっと大きな事柄を意味している。真の民主主義とは、われわれが日常生活をおくるその方法なのである。世の中には、人間の個人としての力ではどうすることもできないいろいろな事柄がある。そのように、個人個人の努力ではとうてい実現できない仕事を、国民のお互の協力によって達成しうる方法が、民主主義であり、民主政治なのである。

民主国家では、すべての政治の源は国民の意志にある。言い換えれば、主権は国民に存する。しかし、国民がみんなで朝から晩まで政治のことを考えているわけにはいかないから、自分たちに代わって政治を行ってくれる代表者を選ぶことになっている。これは、前に述べたとおりである。そこで選挙民は、村長・市長・知事・市会議員・国会議員などのような代表者を、自分たちの中から選び出すことになる。これらの代表者が、国民の支持と協力とを基礎として、国民の個々別々の力では実行しえないようなたいせつな事業、たとえば、学校を作ったり、道路を開いたり、水利を図ったり、疫病や火災や犯罪を防止したりするような仕事を行うのである。だから、国民の代表者は、国民の大多数が何を求めているか、国民にとって何がいちばんたいせつであるかをつかむことに、たえず努力してゆかなければならない。

ところで、国民の数はひじょうに多い。だから、国民のひとりひとりが、何を考え、何を望んでいるかを、いちいち聞いて歩くわけにはいかない。といって、国民の代表者が一部の人々の意見だけを聞いて、それで政治のやり方を決めるというのはきわめて危険である。そこで、国民は、ひろく一般に知れわたるようなしかたで、その希望や意見を言い表わそうと努める。政治を行う代表者たちは、そういうふうにして表明された国民の気持を公平に判断し、できるだけ国民の意志にかなうように、実際の政策を決めてゆかねばならない。このように、世の中の注目をひいている問題について、たとえば新聞やラジオへの投書とか、雑誌や書物への寄稿とか、国民大会その他の会議での発言とかいう方法によって、一般的なしかたで表明された国民の声を、世論という。

今日の社会には世論を伝える道筋がいろいろと発達している。自分で新聞や雑誌に書いたり、講演をしたり、ラジオの街頭録音に出かけて行って意見を述べたりしないでも、ある問題について論じている雑誌がどのくらい売れたか、ある人の講演にどんな人々が集まり、どれだけ熱心に拍手したか、どんな映画や芝居が人気があるか、というようなことを通じても、ある程度まで世論を知ることができる。それは、国民に対して、現在どういうことが問題となり、どんな点に関心が持たれているかを知らせる道であると同時に、国民の代表者たちに世論の傾向を判断させる有力な材料ともなるのである。

しかし、新聞や雑誌やラジオや講演会などは、用い方のいかんによっては、世論を正しく伝える代わりに、ありもしない世論をあるように作りあげたり、ある一つの立場だけに有利なように世論を曲げていったりするひじょうに有力な手段ともなりうる。もしも、自分たちだけの利益を図り、社会の利益を省みない少数の人々が、巨額の金を投じて新聞や雑誌を買収し、一方的な意見や、ありもしない事実を書きたてさせるならば、国民大衆が実際には反対である事柄を、あたかもそれを欲しているように見せかけることができる。そうして、国民の代表者がそれにだまされるだけでなく、国民自身すらもが、いつのまにかそれをそうだと思いこんでしまうこともまれではない。人々は、その場合、「宣伝」にのせられているのである。

報道機関を通じて行われる宣伝は、何も悪い働きだけをするわけではない。偽らない事実、国民が知らなければならない事柄を、新聞やラジオや講演会によってひろく国民に伝えるのは、ぜひしなければならない宣伝である。そういう正確な事実や情報を基礎にして、良識のある国民が、これはこうでなければならないと判断したことが、ほんとうの世論なのである。しかし、宣伝は、悪用されると、とんでもない方向に向かって、国民の判断を誤らせることになる。小人数だけの計画していることが、金と組織の力を通じて議会を動かし、国民に大きな不利益をもたらすような法律を制定させてしまうこともありうる。

だから、宣伝の正体をよくつかみ、それがほんものであるかにせものであるかを明らかに識別することは、民主国家の国民にとってひじょうにたいせつな心がけであるといわねばならない。

## 二　宣伝とはどんなものか

宣伝のことをプロパガンダという。プロパガンダということばがはじめて用いられたのは、一六二二年であった。それは、ローマ法王の作った神学校の名まえで、キリスト教の信仰を異教徒に伝えひろめるために、世界に送り出さるべき青年たちを、そこで教育した。それ以来、それが、組織的な宣伝を行う技術の名称となったのである。

しかし、人類が宣伝を行ったのは、もっとずっと古い時代からのことである。昔の日本でも、大名同士が戦ったとき、軍事上の作戦を有利に展開するために、耳から耳へ伝える私語宣伝が行われた。たとえば、人民たちに強い敵対心を植えつけるために、敵を、惨酷非道なもののように言いふらしたり、大義名分は自分の方にあると思いこませる手だてが行われた。

このように、昔は、耳から耳へのことばによる宣伝がほとんど唯一の方法であったが、第十五世紀に印刷術が発明されてからは、文書による宣伝が長足の進歩を遂げた。特に第十九世紀にはいってから、世界の国々での教育の普及はめざましく、字の読める人の数が一躍増加し、ひろい読者を目あてにする新聞や雑誌などの印刷物がひじょうに多く刊行され、それを通じて宣伝がきわめて有力に行われるようになった。だから、印刷機械の進歩と一般教育の普及とは、宣伝技術を発達させる最も大きな要素となったといってよい。

ひろい意味でいえば、宣伝とは、ある事実や思想を、文書やラジオや講演などを通じて大衆に知らせる方法である。だから、一つの目的をもっておおぜいの人々を感化し、大衆をそれにかなったような行動に導くための報道は、すべて宣伝であるといってよい。しかし、前にも言ったように宣伝は、きわめてしばしば悪用される。そういう悪い意味での宣伝とは、利己的な目的をわざと隠して、つごうのよいことだけをおおぜいの人々に伝え、それによって自分たちの目的を実現するための手段なのである。

たとえば、ある種の雑誌や新聞がある政党と特別の関係を持っているとする。それらの雑誌や新聞がその党から金を出してもらっているという事実を隠して、この党の

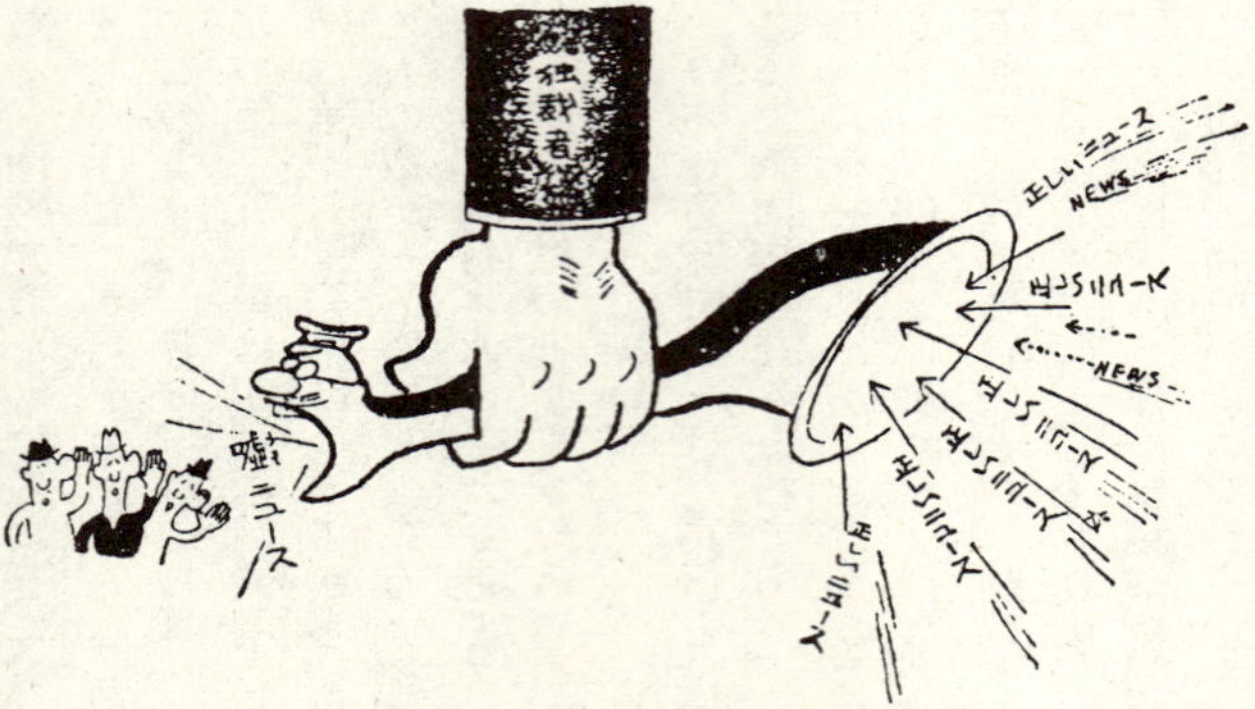


主張に有利なような論説や記事を載せるとする。その場合、それらの新聞雑誌はこの党の宣伝の道具になっているのである。そのほか、おかかえの弁士が大衆の考えを変えさせるために派遣されることもある。多くの資金を投じて映画や芝居や小説を作らせ、それを見、それを読む国民が、しらずしらずのうちに一つの考えだけをほんとうだと思いこんでしまうこともある。

日本国民に大きな悲劇をもたらしたあの太平洋戦争でも、政府や軍部が権力と金とを使って宣伝したために、初めは戦争をしたくないと思っていた人々も、だんだんと戦争をしなければならないという気持になり、戦争に協力するのが国民の務だ、と信ずるにいたった。実際には負け続けてばかりいたのに、まことしやかな大本営発表などというものにあざむかれて、勝ちいくさだと思いこんでしまった。戦争が済んで、これほどまでにだまされていたのかとわかっても、あとのまつりであった。宣伝の力の恐ろしさは、日本国民が骨身にしみるほどに知ったはずである。

民主主義の世の中になって、議会政治が発達すると、政党が重大な役割を演ずるようになる。政党人の多くは真剣であり、経済の再建や、産業の復興や、社会の改革のためにいろいろと考え、それに役だつような計画をたてているに相違ない。しかし、また、なるべく多くの当選者を出すために、そうして自分たちの政策どおりの立法を行い、政府の実権を握るために、パンフレットを出したり、党の大会や演説会を開いたり、ラジオによって国民に呼びかけたり、さまざまな活動をすることも、事実である。その中には、正々堂々たる宣伝もあるが、隠れた目的のための宣伝がまじっていることもある。そうなると、一般の有権者は、どれを信じてよいかわからなくなり、途方にくれ、健全な判断力を失い、まちがった主張を支持することになりやすい。それを冷静に判断しうるのが「目ざめた有権者」である。理想的な民主主義の国を築くためには、選挙に加わる国民のすべてが目ざめた有権者にならなければならない。

そこで、たくみな宣伝によって国民がどんなふうにだまされるかを、もう少したち入って考察してみることにしよう。

## 三　宣伝によって国民をあざむく方法

これは政治ではないが、商品の広告も宣伝の一種である。産業革命以来、商業が盛んになり、広告もひじょうに進歩した。じょうずに広告をするのとしないのとでは、比較にならない違いがある。どんなよい品を作っても、広告をしなければ売れない。悪い品物でも、きかない薬でも、うまく広告すると、飛ぶように売れる。そこで、広告のしかたを研究する専門家があったり、広告・宣伝を引き受ける業者ができたりするようになった。広告を信用して、とんでもないものをつかませられる場合があることはだれでも知っている。それにもかかわらず、きれいな絵や、好奇心をそそることばなどにのせられて、ついまた買う気になる。政治の宣伝も、それと同じようなものだ。

煽動《せんどう》政治家、特に煽動的共産主義者がきまって目をつけるのは、いつもふみにじられて、世の中に不平を持っている階級である。こういう階級の人たちは、言いたい不満を山ほど持っている。しかし、訴えるところもないし、自分たちには人を動かす力もない。それで、しかたなく黙っている。煽動政治家は、そこをねらって、その人たちの言いたいことを大声で叫ぶ。その人気をとる。もっともらしい公式論をふりまわして、こうすれば富の分配も公平にいき、細民階級の地位も向上するように思いこませる。自分をかつぎ出してくれれば、こうもする、ああもできると約束する。不満が爆発して動乱が起っても、それはかれらの思うつぼである。そこを利用して政権にありつく。公約を無視してかってな政治をする。けっきょく、いちばん犠牲になるのは、政治の裏面を見ぬくことのできなかった民衆なのである。

煽動政治家が民衆を煽動することを、英語でデマゴギーという。日本では、略してデマという。日本語でデマをとばすといえば、いい加減な、でたらめなことを言いふらすという意味である。デマがデマだとわかっていれば、弊害はない。まことしやかなデマには、よほどしっかりしていないと、たいていの人はのせられる。自分に有利なデマ、相手に不利なデマ、それが入り乱れてとび、人々はそれを信ずるようになってしまう。

これをもう少し分析してみると、宣伝屋が民衆をあざむく方法には、次のような種類があるといいうるだろう。

第一に、宣伝屋は、競争相手やじゃまな勢力を追い払うために、それを悪名をもってよび、民衆にそれに対する反感を起させようとする。保守的反動主義者・右翼・ファッショ・国賊・左翼・赤・共産主義者など、いろいろな名称が利用される。今までの日本では、自由な考えを持った進歩的な人々が、「あれは赤だ」という一言で失脚させられた。民主主義がはやり出すと、「あれは反動主義者だ」と言って、穏健な考えの人々を葬ろうとするだろう。それに、あることないこと、取りまぜて言えば、いっそう効果があるに相違ない。

次は、それとは逆に、自分の立場にりっぱな看板を掲げ、自分のいうことに美しい着物を着せるという手である。真理・自由・正義・民主主義などということばは、そういう看板にはうってつけである。しかし、羊の皮を着たおおかみを仲間だと思いこんだ羊たちは、やすやすとおおかみのえじきになってしまうだろう。

三番めは、自分たちのかつぎあげようとする人物や、自分たちのやろうとする計画を、かねてから国民の尊敬しているものと結びつけて、民衆にその人物を偉い人だと思わせ、その計画をりっぱなものだと信じさせるやり方である。たとえばドイツ国民には、民族というものをたいへんに尊く思う気持があった。ナチス党は、そこを利用して、ヒトラーはドイツ民族の意志を示すことのできる唯一の人物であるように言いふらした。また、日本人には、昔から天皇をありがたいと思う気持がある。戦争を計画した連中は、そこをつかって、天皇の実際の考えがどうであったかにかかわらず、自身たちの計画どおりにことを運ぶのが、天皇のお心にかなうところだと宣伝した。そうして、赤い紙の召集令状を「天皇のお召し」だといって、国民をいやおうなしに戦場に送った。

四番めには、町の人気を集めるために、民衆の気に入るような記事を書き、人々が感心するような写真を新聞などに出すという手もある。たとえば、ふだんはりっぱな官邸に住んで、ぜいたくな生活をしている独裁者でも、労働者と同じように、スコップで土を掘っている映画を見せれば、人々はその独裁者を自分たちの味方だと思う。総理大臣が自動車で遠い郊外に出かけて、貧しい村の入口で馬に乗り替え、農家を訪問して慰労のことばを語っている写真を出せば、人々は、忙しい大臣が自動車にも乗らずに民情を視察しているのだと思って感心する。

五番めは、真実とうそをじょうずに織りまぜる方法である。いかなる宣伝も、うそだけではおそかれ早かれ国民に感づかれてしまう。そこで、ほんとうのことを言って人をひきつけ、自分の話を信用させておいて、だんだんとうそまでほんとうだと思わせることに成功する。あるいは、ほんとうの事実でも、その一つの点だけを取り出して示すと、言い表わし方次第では、まるで逆の印象を人々に与えることもできる。その一例として、次のようなおもしろい話がある。

印度洋を航海するある貨物船で、船長と一等運転士とが一日交替で船橋の指揮にあたり、当番の日の航海日誌を書くことになっていた。船長はまじめ一方の人物だが、一等運転士の方は老練な船乗りで、暇さえあれば酒を飲むことを楽しみにしていたために、ふたりの仲はよくなかった。ある日、船長が船橋に立っていると、一等運転士が、酔っぱらって、ウイスキイのあきびんを甲板の上にころがしているのが目についたた。船長は、それをにがにがしく思ったので、その晩航海日誌を書くときに、そのことも記入しておいた。翌日、一等運転士が任務についてその日誌を読み、まっかに怒って、船長に抗議を申しこんだ。

「非番のときには、われわれは好きなことをしてよいはずです。私は、任務につきながら酒を飲んだのではありません。この日誌を会社の社長が読んだら、私のことをなんと思いますか」

「それは私も知っています」と船長は静かに答えた。「しかし、君がきのう酔っぱらっていたことにはまちがいはない。私は、ただその事実を書いただけです」

内心の不満を押さえて任務に服した一等運転士は、その晩の航海日誌に、「きょう、船長は一日じゅう酔っぱらっていなかった」と書いた。次の日にそれを見て怒ったのは、船長である。

「私が酔っていなかったなどと書くのは、けしからんではないか。まるで、私は他の日はいつも酔っぱらってでもいるようにみえる。私が酒を一滴も飲まないことは、君も知っているはずだ。君は、うその報告を書いて私を中傷しようとするのだ」

「さよう。あなたが酒を飲まないことは、私もよく知っています。しかし、あなたがきのう酔っていなかったことは事実です。私は、ただその事実を書いただけです」と一等運転士はひややかに答えた。

航海日誌に書かれたことは、どちらも事実である。しかし、言い表わし方のいかんによっては、事実とは反対の印象を読む人に与えることが、これでわかるであろう。

もう一つ、忘れてならない重要なことは、民衆がよほど注意しないと、宣伝戦ではいろいろな立場の党派が金を使って世論を支配しようと努め、いちばん多くの資金を持っている者が勝を制するということである。たとえば、ある党派が、企業の国家管理のように、企業家にとって不利な法案が議会を通過するのを妨げようとして運動し、それがうまくゆかないとみると、こんどは、その法律をほとんど骨抜きにするような条文を入れようと努力する。もしも、そのような企てが金の力で成功したとするならば、民主主義は、それだけ金権政治に道をゆずったことになるのである。

## 四　宣伝機関

現代の発達した宣伝技術で、いちばん大きな役割を演じているのは、新聞と雑誌とラジオである。その他、ポスター・ビラ・映画・講演などもよく利用されるが、今言った三つは特に重要であり、中でも新聞の持つ力は最も大きい。新聞は、世論の忠実な反映でなければならない。むしろ新聞は確実な事実を基礎として、世論を正しく指導すべきである。しかし逆にまた新聞によって世論が捏造《ねつぞう》されることも多い。

新聞が宣伝の道具としてもつ価値が大きいだけに、これを利用しようとする者は、巨額な金を投じて新聞を買収しようとする。あるいは、自分の手で新聞を発行する。その新聞がどんな人物により、またはどの政党によって経営されているかがはっきりしていれば、読む人もそのつもりで読むから、たいした弊害はない。しかし、それをそうと見やぶりにくいような名まえの新聞でじょうずに宣伝をやると、国民の考えを大きく左右することができる。違った名まえの幾つもの新聞を買収すれば、いっそう効果がある。そのようにして、外形だけは民主主義の世の中にも金権政治が幅をきかせる。「地獄のさたも金次第」という。金が万能の力をもって世論を思うとおりに動かすようでは、ほんとうの民主主義は行われえない。

新聞の経営には金がかかる。その費用は、購読者が払う新聞代を集めた額よりもずっと多い。それなのに、どうして新聞の経営が成りたってゆくのだろうか。ほかでもない。その足りない部分は、広告の収入でまかなわれるのである。したがって、購読者も、それだけ安い新聞代でおもしろい新聞が読めることになる。ときには、新聞を発行する費用の半分以上が広告の収入でまかなわれることさえある。それでみても、新聞広告がどれほどききめがあるかということが、わかるであろう。広告がきくということは、新聞が宣伝機関として、それだけすばらしいねうちを持っていることを物語るのである。広告でさえそうなのだから、記事をじょうずに、おもしろく、人の目をひくように載せ、珍しい写真などを掲げれば、どんなに効果があるかは、想像にあまりがある。同じ事件を取り扱うにしても、大きな活字で見出しをつけるのと、小さくすみの方に掲げるのとでは、まるできさめが違う。無根の事実を書いて人を中傷すれば、あとで小さくとり消しを出しても、その人の信用は地に落ちてしまう。世論を動かす新聞の力は、このように大きい。それだけに、新聞を経営する人たちのもつ責任は、きわめて重大であるといわなければならない。

これと同じようなことが、雑誌その他の定期刊行物についてもいえる。雑誌も、発行部数の多い大雑誌になると、宣伝機関として大きな利用価値がある。したがって、雑誌社の経費のかなりの部分が広告の収入でまかなわれる。

それよりも、もっとおもしろいのはラジオである。今の日本では、すべての放送局が一つの放送協会によって経営され、その経費は聴取者の払う料金でまかなわれて、ラジオを広告につかうということは行われていない。ところが、アメリカでは、六百以上の私設放送局がある。東京の半分ぐらいの都会に幾つもの放送局があって、いろいろとおもしろい番組を作って競争している。しかも、聴取者からは、いっさい料金を取らない、放送の中に広告を組み入れ、その料金で経営しているのである。

このように、新聞や雑誌やラジオは広告にそのおもな財源を求めているから、なるべく多くの広告を得ようとして競争する。広告を得るために、特に努力しないでも、広告主の方から広告を頼みに来る大新聞や大雑誌ならば、わざと広告主のごきげんをとるようなことをする必要はないが、そうでない場合には、大広告主の気に入るような編集をしたり、その感情を害するような記事を載せることを恐れたりすることもありうる。そういう新聞や雑誌だと、広告主が集まってこれらの宣伝機関に圧力を加え、自分たちにとって不利な法律案が議会をとおることを妨げるように、論文や記事の書き方についていろいろと注文をつけることができる。その法律案の悪い点を大きく取りあげたり、その支持者の悪口を書いたりさせる。そういう技巧によって、何も知らない読者の気持を動かしてしまうことはけっしてむずかしいことではない。

一方また、小さな雑誌や地方新聞の中には、土地の有力者を、不利な事実を書くぞと言って脅迫し、それを書かないことの代わりに多額の金を出させる者などもある。他方には、自分にとって有利な記事を載せさせるため、それらの雑誌や新聞にたくさんの金を注ぎこむ候補者もいる。そういう悪徳記者や、ずるい候補者がいると、有権者はそれにまどわされて、よい人に投票せず、不適任な人物を選んでしまうということになりがちだ。

新聞記事にはそんな事情でその書かれることが多いとすれば、それをきびしく監督し、政府が前もって検閲して、そのような弊害を防止すればよいと思うかもしれない。しかし、それはなお悪い結果になる。なぜならば、そうすると、こんどは政府がその権力を利用して、自分の政党のために不利なような論説や記事をさし止め、その立場にとって有利なことだけを書かせるようになるからである。それは、国民をめくらにし、権力者が宣伝機関を独占する最も危険なやり方である。言論機関に対する統制と検閲こそ、独裁者の用いるいちばん有力な武器なのである。

だから民主国家では、かならず言論・出版の自由を保障している。それによって国民は政府の政策を批判し、不正に対しては堂々と抗議することができる。その自由があるかぎり、政治上の不満が直接行動となって爆発する危険はない。政府が、危険と思う思想を抑圧すると、その思想はかならず地下にもぐってだんだんと不満や反抗の気持をつのらせ、ついには社会的・政治的不安を招くようになる。政府は国民の世論によって政治をしなければならないのに、その世論を政府が思うように動かそうとするようでは民主主義の精神は踏みにじられてしまう。

政治は真実に基づいて行われなければならない。しかも、その真実は自由な討論によって生み出されるということこそ、民主主義の根本の原則なのである。甲の主張と乙の立場とを自由に討議させる。甲は宣伝によって国民の心をひきつけ、選挙でも多数の投票を得て、乙に対する勝利を占める。しかし、もしも甲の宣伝が真実でなかったならば、その勝利はいつまでも続くだろうか。国民が真実を発見する能力を持たなければ、真実を言った乙の立場はいつまでも浮かぶ瀬はないであろう。これに反して、国民にその力さえあれば、甲の人気はやがて地に落ちる。そうして、少数だった乙の

立場の方が有力になってくる。いや、もしも国民がほんとうに賢明であるならば、初めから甲の宣伝にのせられて判断をあやまることもないであろう。

だから、自由な言論のもとで真実を発見する道は、国民が「目ざめた有権者」になる以外にはない。目ざめた有権者は、最も確かなうそ発見器である。国民さえ賢明ならば、新聞がうそを書いても売れないから、真実を報道するようになる。国民の正しい批判には勝てないから、新聞や雑誌のような宣伝機関は真の世論を反映するようになる。それによって政治が常に正しい方向に向けられてゆくのだ。

## 五　報道に対する科学的考察

真実を探究するのは、科学の任務である。だから、うそと誠、まちがった宣伝と真実とを区別するには、科学が真理を探究するのと同じようなしかたで、新聞や雑誌やパンフレットを通じて与えられる報道を、冷静に考察しなければならない。乱れとぶ宣伝を科学的に考察して、その中から真実を見つけ出す習慣をつけなければならない。

一、科学的考察をするにあたって、まず心がけなければならないのは、先入観念を取り除くということである。われわれは、長い間の経験や、小さい時から教えられ、言い聞かされたことや、最初に感心して読んだ本や、その他いろいろな原因によって、ある一つの考え方に慣らされ、何ごとをもまずその立場から判断しようとするくせがついている。それは、よいことである場合もある。しかし、まちがいであることもある。そういう先入観念を反省しないでものごとを考えてゆくことは、とんでもないかたよった判断にとらわれてしまうもとになる。昔の人は、風の神が風をおこし、地下のなまずがあばれると地震になると思っていた。そういう迷信や先入観念を取り除くことが、科学の発達する第一歩であった。近ごろでも、日本人は、苦しい戦争のときには「神風」が吹くと信じていた。大本営の発表ならばほんとうだと思いこんでいた。そういう先入観念ぐらい恐ろしいものはない。政治上の判断からそのような先入観念を除き去ることは、科学的考察の第一歩である。

二、次にたいせつなのは、情報がどういうところから出ているかを知ることである。読んだり、聞いたりしたことを、そのまま信じこむことは、ただに愚かなことであるばかりでなく、またひじょうに危険である。だから、いつも自分自身に次のようなことを質問してみるがよい。すなわち、だれがそれを書き、それを言ったか。それはどんな連中だろうか。かれらにはそういうことを言う資格があるのか。どこで、どうしてその情報を得たか。かれらは先入観を持ってはいないか、ほんとうに公平無私な人たちか。あるいは、まことしやかなその発表の裏に、何か利己的な動機が隠されてはいないか。こういった質問を自分自身でやってみることは、たしかに科学的考察の役にたつであろう。

三、新聞や雑誌などを読むときに、次のような点に注意する。

イ、社説を読んで、その新聞や雑誌のだいたいの傾向、たとえば、保守か、急進かをできるだけ早くつかむこと。

ロ、それがわかったならば、それとは反対の立場の刊行物も読んで、どちらの言っていることが正しいかを判断すること。

ハ、低級な記事を掲げたり、異常な興味をそそるような書き方をしたり、ことさらに人を中傷したりしているかどうかを見ること。

ニ、論説や記事の見出しと、そこに書かれている内容とを比べてみること。記事の内容にはだいたいほんとうのことが書いてあっても、それにふさわしくない標題を大きく掲げ、読者にまるで違った印象を与えようとすることがあるから、標題を見ただけで早合点してはいけない。

ホ、新聞や雑誌の経営者がどんな人たちか、その背後にどんな後援者がいるかに注意すること。政府の権力に迎合する新聞を御用新聞というが、政府ではなく、金権階級におもねるような新聞も、御用新聞であることに変わりはない。

四、毎日の新聞やラジオは国際問題でにぎわっている。今日では、国の内部の政治は国際問題と切り離すことのできない関係があるから、国際事情にはたえず気をつけて、その動きを正しく理解することが必要である。戦争前の日本国民は、世界じゅうが日本のやることをどう見ているかを少しも考えずに、ひとりよがりの優越感にひたっていた。これからも、日本が国際関係の中でどういう立場におかれているかを、たえずしっかりと頭に入れて、そのうえで国内の問題を考えてゆかなければならない。国際間の宣伝は、国内におけるよりももっと激しく、もっとじょうずに行われるから、いろいろなことを主張し、論争している国々の、ほんとうの目的を察知するように努めなければならない。特に、言論や出版が政府の手で厳重に統制されている国に対しては、そういう注意がたいせつである。

# 情報の科学的考察

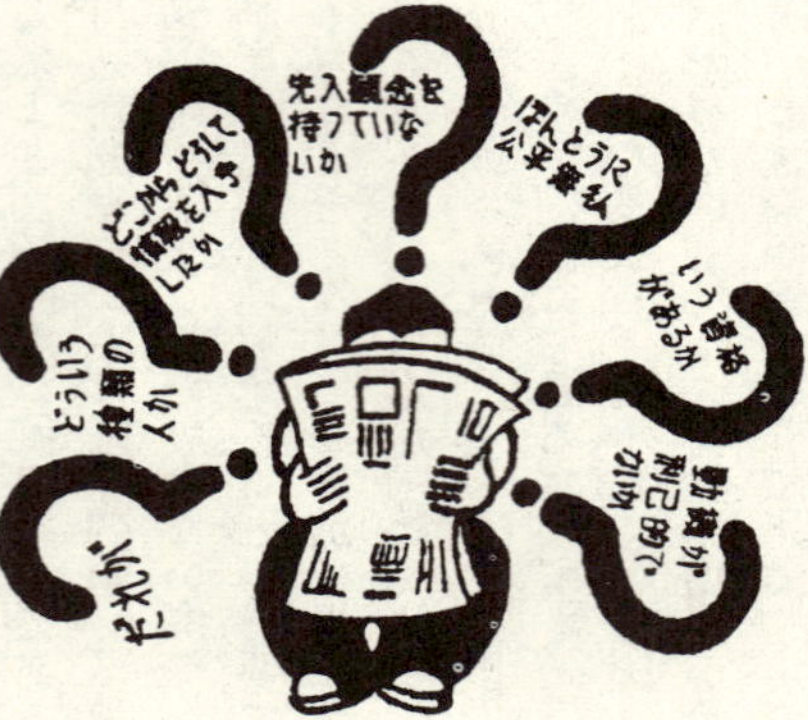


五、世の中の問題は複雑である。問題の一つの面だけを取りあげて、それで議論をすることは、きわめて危険である。だから、ある主張をする者に対しては、問題の他の反面についてどう思うかを聞いてみるがよい。宣伝を読み、かつ聞くだけでなく、逆にこちらからもいろいろと疑問をいだいて、それを問いただす機会を持たなければならない。それには、討論会などをさかんに開くことが有益である。

学校などでも、クラスごとに時事問題についての討論会を行うがよい。研究グループを作るときには、反対の考えの人々をも仲間に入れなければならない。それは、科学者の行う実験のようなものである。いろいろな場合をためしてみ、いろいろな人の研究の結果を聞くことによって、誤りはだんだんと取り除かれ、共通の一つの真実が見いだされる。そういうふうにして、ものごとを科学的に考察する習慣をつけておけば、それが民主主義の社会で責任のある行動をする場合に、どんなに役にたつかしれない。

要するに、有権者のひとりひとりが賢明にならなければ、民主主義はうまくゆかない。国民が賢明で、ものごとを科学的に考えるようになれば、うその宣伝はたちまち見破られてしまうから、だれも無責任なことを言いふらすことはできなくなる。高い知性と、真実を愛する心と、発見された真実を守ろうとする意志と、正しい方針を責任をもって貫ぬく実行力と、そういう人々の間のお互の尊敬と協力と——りっぱな民主国家を建設する原動力はそこにある。そこにだけあって、それ以外にはない。

# 第七章　政治と国民

## 一　人任せの政治と自分たちの政治

民主主義が、単に選挙のときに投票をしたりする政治上の民主主義だけでなく、もっとひろい、もっと大きな事柄であることは、前にも述べたとおりであるが、その政治上の民主主義を実現するには、各個人が政治に参与することが、不可欠の要件であることもまた、疑いのないところである。教育の普及にせよ、交通の発達にせよ、経済の繁栄にせよ、政治のよしあしによって影響されるところがひじょうに大きい。そのたいせつな政治を、人任せでなく、自分たちの仕事として行うという気持こそ、民主国家の国民の第一の心構えでなければならない。

日本人の間には、封建時代からのしきたりで、政治は自分たちの仕事ではないという考えがいまだに残っている。東洋では、昔から「由《よ》らしむべし、知らしむべからず」ということがいわれてきた。政治をする者は、人々をその命令に従わせておけばよいのであって、政治の根本方針を知らせることは禁物だ、という意味である。政治の方針を知らせると、それをいろいろと批判する者が出てきて、かってな政治ができなくなるからである。わが国の政治家も、長い間そういう態度をとってきたために、国民は、自分たちは政治をされる立場にあるのであって、ほんとうに自分たちで「政治をする」という考えにはなかなかなれない。主権は国民にあるといっても、なんのことだかよくわからないという、とまどったような気持が抜けきれない。政治を人任せにするという態度も、そういうところからきている。

しかし、いったい、政治を人任せにしておいてよいものだろうか。国民の知らないうちに政治家たちによって戦争が計画され、夫やむすこを戦場に奪い去られ、あげくの果ては、家を焼かれ、財産を失い、食べるものにも窮するような悲惨な境遇におとしいれられたのは、ついこの間のことではなかったか。政治のやり方が悪いために、いちばんひどいめにあうのは、ほかならぬ国民自身である。反対に、よい政治が行われることによって、その利益を身にしみて感じる立場にある者も、また国民自身である。国民は政治を知らなければならない。政治に深い関心を持たなければならない。自分たちの力で政治をよくしてゆくという強い決意をいだかなければならない。政治のよしあしを身にしみてかみ分けることのできるのは国民であるから、その国民の手で政治を行うのが、政治をよくする唯一のたしかな方法である。民主主義の政治原理の根本は、まさにそこにある。国民が、政治を自分たちの仕事と思い、政治の急所をよく理解することは、政治の成果をあげるためにぜひとも必要である。政治は政府だけで行えるものではない。どんなによい政治の方針をたてても、国民がその気になって協力しなければ、けっしてよい結果は得られない。昭和二十二年の秋の初め、恐ろしい豪雨が関東地方を襲った。利根《とね》川を初め、幾つかの河川がはんらんして、大洪水となった。その少し前、東北地方も大水害にみまわれた。これらは天災には違いないが、どんな天災でも、ある程度まで人力で防げないことはない。政府がしっかりとした方針をたて、国民がそれを自分たちの仕事と思って協力すれば、天災をくい止めることもけっして不可能ではない。東北や関東の水害の場合には、戦争中から水源地の森林をむやみに切り倒していたのがいけなかった。弱っている堤防を補強する代わりに、堤防の上まで耕して畑にしたのが、その決壊を早める原因となった。政府にも責任があるが、国民が治水や植林を自分たちの仕事と思って、それを真剣に考えることを怠っていたというそしりも免れないであろう。山や川が水の出やすい状態にあるときには、雨の少ない季節になると、こんどは深刻な水不足にみまわれる。電力は低下し、水道も止まるようなことになる。どうすれば、そういう状態を改善することができるか。それを国民自らが考え、政府をして適切な方針をたてさせ、国民がすすんでこれに協力してゆくのが、「国民による、国民のための政治」にほかならない。

自然の災害を防いだり、天然資源を利用したりするにも、国民の協力が必要である。まして、人間の世の中のことをよくしてゆくためには、国民がその気になることが、絶対に必要な条件である。インフレーションが恐ろしいことは、だれでも知っている。生産を高めなければならないことは、みんな承知している。しかし、そのためにどんな政策を行っても、国民がその気にならなければ、けっして効果はあがらない。人任せの政治では、国民は陰で政府の悪口を言うだけで、自分で責任をもつという気持にならない。けっきょく、ずるい人間が得をして、正直者がばかをみることになる。それでは、世の中は悪くなるばかりである。政治をよくしてゆくには、国民のひとりひとりが責任を持たなければならない。無責任な人間の乗ずるすきのない政治を行わなければならない。だれがそれを行うか。国民がそれを行うのである。だから政治は、国民にとって「自分たちの仕事」なのだ。だから民主政治は「国民の政治」でなければならないのである。

## 二　地方自治

国民が政治を「自分たちの仕事」と思わなければならないわけは、これでわかる。ただ、国の政治となると、範囲もひろいし、問題も複雑だし、なりゆきの見とおしも困難だし、それをどう「自分たちの仕事」とするかは、なかなか見当がつかないと思うかもしれない。しかし、政治は国の政治だけとはかぎらない。もっとせまい、もっと手近なところにも政治がある。町にも政治があり、村にも政治がある。国民は、同時に市民であり、町民であり、村民である。国の政治はむずかしくてわからない場合でも、町の政治や村の政治ならば、だれにもわかりやすい。それを「自分たちの仕事」と考えるのが、民主政治の第一歩である。

日本の国は、一つの都、一つの道、二つの府、四十二の県に分かれている。その中にまた、市があり、区があり、町があり、村がある。それらを地方自治団体という。明治憲法のもとでは、中央政府の支配者たちが天下りの命令を出し、地方の政治を動かし、町や村の事情にそぐわないことをも強制した。しかし、こんどの憲法のもとでは、そういうことはできない。地方自治団体には、それぞれ自分たちの議決機関と執行機関とがあって、地方民がその任にあたる人々を選挙することになっている。県議会議員・市議会議員・村議会議員などを選挙するのはもとよりのこと、県議会・市議会・村議会などで議決した事柄を執行してゆく知事や市長や村長なども、みな選挙で決める。だれを代表者に選挙するか。選挙した代表者にどういう政治をしてもらうか。代表者たちが、県民・市民・村民などの期待するとおりの政治をしているかどうか。そういうことを自分からすすんで考えてゆくことによって、それらの政治がみんなにとっての「自分たちの仕事」になっていく。それは、けっしてむずかしいことでもなく、わからないことでもないはずである。

たとえば、ある村に荒地がある。水はけが悪いので耕作に適さない。そこを耕すには、費用もかかるし、労力もたいへんだ。そのために、昔からそのままになっている。しかし、それでよいのか。なんとか金の融通をつけ、みんなの協力でそこを開墾するくふうはないか。川の上流をせき止め、水はけをよくすれば、数町歩の水田が得られるだろう。せき止めた水は、かんがいの用水に役だつだろう。それを村民がくふうし、実行力のある人を村議会議員や村長に選び、その計画を実行したとする。二年や三年は、村の財政は、赤字になるだろう。しかし、四年めには少しは収穫があるだろう。五年めの秋には、ふさふさとした黄金のみのりが見られるだろう。もちろん、ものごとすべてそううまくゆくとはかぎらない。だから、反対もあろうし、反対にも理由があろう。そこをみんなで考える。そうして、多数の賛成者が得られたならば、やってみる。村は進歩し、村民の生活はらくになる。それが村の政治だ。学校を建てるのでも、公民館をりっぱにするのでも、道路を改修するのでも、みな同じことだ。村民にとって、どうしてそれが「人任せの仕事」であってよいであろうか。一家協同で耕すのら仕事が、家族にとって「自分たちの仕事」であるのと同じように、それらはみんな、村人たちの「自分たちの仕事」でなければならない。

今の世の中では、国にも、地方にも、町にも、村にも、困難な問題が山のようにある。しかし、日本の問題を日本人が解決しようとしないで、だれがそれを解決してくれるか。それと同じく、地方の問題、町の問題、村の問題は、まずその地方の住民が、その町民が、その村民が、自分で考え、自分で解決に努力してゆかなければならない。「天は自ら助くるものを助く」という。村が県の援助を受け、地方が国の補助を受けるのは、それから先のことである。国民全体が努力に努力を重ねて、それでも力の及ばないところがあってはじめて、外国の援助や協力を期待することができるのと同じである。

地方自治の問題は、地方民の力で解決する。しかし、町民や村民は、それぞれ自分の職業を持っているから、町の政治、村の政治だけにかかりきりになっていることはできない。そこで、自分たちの中から代表者を選んで、もっぱらその方面の仕事をしてもらう。けれども、代表者を選んだから、あとはその人たちに任せておけばよいという態度であってはならない。町長や村長は何をしているか。町議会議員や村議会議員は何を議論しているか。感情問題にとらわれたり、党派の争いに気をとられたりしているようなことはないか。町民や村民は、いつもそのようなことに注意し、自分たちの代表者のすることを激励批判し、いうべき意見は筋をたてて申しでて、みんなで正しく明かるい町の政治、村の政治をもりたててゆかなければならない。

政治は、だれにとっても「自分たちの仕事」であるべきだ。しかし、なんといっても、実際の仕事にたずさわってもらう代表者にその人を得るということは、最もたいせつである。だから、われと思う者は、町長や村議会議員にうって出るがよい。自分が代表者にならない場合にも、自分でうって出るのに劣らない熱心さをもって、自分たちの代表者をまじめに選挙すべきである。

しかし、選挙に熱中しすぎて、冷静な判断を失うようなことになっても困る。アメリカなどでは、選挙は国民の最も力こぶを入れる行事だから、ときにはそれが文字どおり鳴りもの入りで行われることもある。人目をひいて選挙戦を有利に導くために、楽隊を雇って大がかりな宣伝をする候補者もある。浮きたつ景気に心を奪われて、いかもの候補者に投票し、じみなまじめな人を落選させてしまう場合もあるそうだ。日本では、まだブラス－バンドで選挙戦にくり出す者はないようだが、うわべの宣伝につられて、選ぶべき人を選ばない結果になることは少なくない。政治は神頼みでは解決しない。よい政治は、りっぱな人の力に頼まなければならない。だから、鎮守のお祭以上に選挙に力こぶを入れるようになるのは結構なことだが、それだけ、から宣伝に乗ぜられないように注意することが、くれぐれもたいせつであろう。

## 三　国の政治

村の政治は村民の力で、町の政治は町民の意志で、地方の政治は地方民の協力でやってゆくのが、民主的な地方自治の原則である。しかし、村の政治は村だけでは解決しない。地方の問題には、地方だけではどうすることもできないことがたくさんある。

だから、村のことを考えるには、地方全体のことに心を配らなければならない。地方の問題を解決するには、国全体の政治を考えてゆかなければならない。初めのうちは、国の政治は複雑で、ひろすぎて、わからないように思われるが、こうして地方地方のことを真剣に考えてゆくうちに、大きな国全体の政治問題についても、だんだんと理解ができ、識見を養うことができるようになってくる。

今の日本でいちばんたいせつな問題の一つが食糧問題であることは、いうまでもない。その食糧の生産を受け持つ農村は、年じゅう休む暇もない重労働に従事している。アメリカのような国では農村の工業化が大規模に行われていて、畑を耕すのも、種をまくのも、収穫をするのも、脱穀を行うのも、大部分機械の力でやる。飛行機で空から種をまくことすら行われている。日本のように土地が狭く、水田の多い国で、そのまねをすることはできないが、せめて電力や畜力だけでももっと豊富に、有効に使うようになれば、どのくらい農業生産の能率があがるかわからない。そうなれば、農村でも文化や教養にもっともっと力を注ぐ暇ができてくるであろう。しかし、それには、水力電気をもっと開発しなければならない。石炭も増産しなければならないし、畜産を奨励し、農業機械の改良・普及も図らなければならない。そういうことは、一村・一町・一地方の問題ではなくて、国全体の政治がこれに協力することによってはじめて解決される。

これはほんの一例であるが、この一例でもわかるように、地方の政治は、すべて国全体の政治と密接に結びついている。だから、村の政治を真剣に考える人々は、地方の政治にも熱心にならざるを得ない。地方の問題に熱心な人々は、国全体の政治に深く心を配らないではいられない。村の政治を自分の仕事と思う気持は、そのまま、国の政治を自分の仕事と考える態度となってくるはずなのである。

しかし、町や村の政治から府や県の政治へ、地方の政治から国全体の政治へと範囲がひろがってくるにつれて、問題が複雑の度をましてくることは確かである。国の政治といえども、国民が「自分たちの仕事」と考えなければならないことに変わりはないが、一町一村の事柄と違って、国全体の政治となると、一般の国民には、細かいところにまでたち入って、問題の要点をつかむことはむずかしい場合が多い。それに、町や村ならば、自分でその代表者にうって出る機会も多いが、国全体の政治だと、国会議員や大臣になって自分で政治をつかさどる立場に立つということは、ごく少数の人々にかぎられる。したがって、大多数の国民にとっては、できるだけよい代表者を国会議員に選出することが、国の政治に関与する最もたいせつな筋道だということになる。

ところで、同じく代表者を選ぶにしても、町議会議員や村議会議員ならば、選挙民は候補者の経歴や性質や意見をよく知っているから、だれを選ぶかを容易に決めることができる。これに反して国会議員となると、候補者の公報を見て、はじめて名まえや職業などを知るような場合が少なくない。その中から品定めをするのだから、いわば写真結婚のようなもので、なかなかどれがよいかを決めかねる。政見発表の演説やラジオを聞いても、それをそのままに受け取ってよいかどうかがあやぶまれる。それでは、選ぶ方も不安心だし、選ばれる方からみても、投票が偶然によって支配されることになってぐあいが悪い。また、選挙された何百人かの国会議員が、各個ばらばらの意見を主張し、各個別々の判断によって行動するというのであっては、政治の方針のしめくくりがつかない。そういう不都合は、どういう方法によって取り除かれうるであろうか。

## 四　政　党

今述べたような不都合を取り除くために、民主政治の発達とともに発達してきたものは、政党である。民主政治は、政党を本位として行われる。国民にとっては、「人」を選ぶことはむずかしくても、どの「党」の主義主張に賛成すべきかを決めることはたやすい。代議士にとっては、個人としてではなく、政党の一員として行動することによって、その抱負を国政の上に強く押し進めてゆくことができる。政党は、地方の政治の場合にもいろいろな役割を演ずるが、特に、国全体の政治は政党によらないでは民主的に運用することはできない。それだけに、よい場合にはひじょうによい働きをするし、悪い場合にはいろいろと弊害を伴なうのが、政党政治だといわなければならない。

政党は、政治について、同じような主義主張を有する人々によって作られる団体である。政治上の見解は、人によって大なり小なり違うのがあたりまえであるが、共通な点を取りまとめてゆけばだいたいとして幾つかの色彩に区分することができる。そうすれば、その共通の政策をはっきりと理論づけ、その原理を高く掲げ、一定の方針のもとに正々堂々と進退しうるようになる。そこに政党の意義がある。政治家はどれかの政党に属して選挙戦に臨む。国民は、どの政党の政策を支持すべきかを判断し、あわせて候補者の人柄を考え、これはと思う人に投票する。おのおのの政党が、国民の支持に応じて、あるいは多数の、あるいは少数の代議士を国会に送りこむ。そうして、反対の政党と議論をたたかわせたり、似かよった考え方の政党同士が協力したりして、国の政治の方針を決めてゆく。国民は、それを激励したり、批判したりして、自分たちの期待する政治が行われるようにかじを取る。国の政治もまた、そういうしかたで、国民にとって「自分たちの仕事」となっていく。

国の政治は複雑でむずかしい。複雑でむずかしいから、どういう政策を実行するのが正しいかについては、いろいろと意見が分かれる。だから、二つも三つも、ときに

は五つも六つも違った政党ができてくる。政党が幾つかに分かれるのは、当然のことである。それなのに、一つの政党の立場だけを正しいとし、他の立場の政党を認めないというのは、民主主義ではない。それは独裁主義である。

独裁主義は、反対党の存在を許さない。したがって、一国一党などといって、権力で思想を統制してしまう。これに反して、民主主義は言論の自由と政党を選ぶ自由とを尊ぶ。だから、多数党が政権を握っても、かならずその反対党があって、政府のやることを遠慮なく批判する。それによって、政府や多数党も自分の政策について反省することになるし、国民も、どういうところに問題があり、それについてどういう考え方がありうるかを知ることができる。少数党の意見は多数決によって否決されても、その見解が正しければ、だんだんと国民の支持を得て、少数党も多数党に成長する。このようにして運用されてゆくのが、民主政治の正しいあり方である。

しかし、さればといって、政党の数があまりに多くなることは、けっして歓迎すべき状態ではない。政党が五つにも六つにも分かれると、その中のどれか一つが国会の過半数を占めるということは、ひじょうに困難になる。したがって、国会の多数党が内閣を組織する場合、一つの政党だけでは力が足りないで、二つも三つもの政党の寄りあい世帯を作ることになる。二つ以上の政党が政策を協定して連立内閣を作ることが悪いというわけではないが、そういう政府は、ややもすれば政治力が弱くなるおそれがある。一つの信念をもってはっきりした政策を一貫させることができない。政府の中でおりあいが悪くなりやすい。一つの党が寝返りをうつと、与党が少数になって、内閣が立ちゆかなくなる。政府がいつも短命であったり、政府の政策が中途半端でぐらぐら変わったりすると、国民はだんだんと議会政治を信用しなくなる。そうして、反動的に、一筋道をまっしぐらに進む徹底した政治を求めて、独裁主義に走るおそれが生ずる。

だから、あまりに多くの政党に分裂するということはできるだけ避けなければならない。現在の日本のように、民主政治が行われてまもない状態では、ある党からうっ

て出た代議士が、いつのまにかその党から脱退したり、無所属の議員や灰色の小会派

をかり集めて新党を作ったりすることも、ある程度まではやむをえないにしても、早

くそういう状態を清算することが望ましい。そうして、はっきりした主義を持つ二つ

か三つの大きな政党だけになって、小細工をする余地のない、堂々とした議会政治が

行われるようになってゆかなければならない。

## 五　政党政治の弊害

民主政治は多数決によって行われる。選挙の場合にも、最も多くの投票を得た候補者が当選する。国会で法律を作るのも、内閣総理大臣を指名するのも、多数の決定するところによる。前の章で述べたように、この多数決原理を否定しては、民主政治は成りたたない。したがって、民主政治でものをいうのは数である。多数を得んがための公明正大な争いは、民主政治を推しすすめるための原動力である。しかし、その反面また、そこに政党政治に特有の弊害がかもし出されることに注意しなければならない。

政党政治に最もありがちな弊害は、「どろ試合」である。政党は、是が非でも多数を獲得しようとするから、とかくそのために手段を選ばないことになりやすい。そこで、選挙の際には、相手の政党の勢力をそぐために、単なる攻撃のための攻撃を行う。

あることないことを並べたてて、政敵の立場を不利に導こうとする。果ては候補者の私生活までもあばいて、中傷や人身攻撃をやる。攻撃される方も黙ってはいられないから、「売りことばに買いことば」で、同じように公私の別を無視したそしりあいをする。そういうどろ試合は相手の顔にどろを塗るつもりで、実は自分の顔にもどろを塗ることになる。否、政党政治そのもの、民主主義そのものの顔にどろを塗ることになる。こうしたどろ試合は、総選挙が済んでもまだ終らないで、国会が成立したのちにまでもち越されることがある。そうなると、一つの政党が他の政党の切りくずしをやる。政敵の信用を

落すような事実をさがし出して、ばくろ戦術を試みる。数ではかなわないとみると、政府の提出した法律案に対して長い反対演説をやる。賛成演説に対しては、やじをとばして議場を混乱させる。同じような質問を繰り返して審議を長びかせる。議長が討論をうち切ろうとすれば、「横暴」と叫ぶ。果ては議長席につめよせたり、乱闘さわぎまで演ずる。そうして採決をおくらせて、審議未了ということに持ちこもうとする。審議未了のまま会期が終れば、多数党といえども法律案を通過させることができない。少数党は少数党で、そのような作戦を用いることがまれでない。

そういうどろ試合とならんで、政党政治につきまとう大きな弊害は、金の誘惑である。「地獄のさたも金次第」というが、政治の世界も金で動かされることが多い。公明な選挙であっても、多額の金がかかるのが普通である。まして選挙民に金をばらまいたり、新聞を買収したりすれば、ばくだいな費用がいる。選挙の費用の一部は党から出すにしても、政党は株式会社ではないから、自分で金をもうけることはできない。そこで、財閥から金を出してもらうということになれば、政権は金権によって左右されてしまう。以前の日本では、しばしばそういうことが行われた。政友会の黒幕は三井、民政党の金主は三菱ということは、国民の常識にまでなった。そんなありさまでは、公明な政治の行われるはずはない。またその金が流れて、選挙民がそれによって買収されるようなことになっては、民主政治もおしまいである。昭和の時代になって、軍を中心とする独裁政治が横行するにいたった大きな原因の一つは、こうした政党政治の腐敗にあった。

これらの弊害を取り除くにはどうしたらよいか。

その第一は、政党が公党としての自覚に徹底することである。政党は、国民を代表してその主張を政治のうえに実現してゆこうとするものであるから、はっきりした政策を掲げ、それを忠実に遂行するように努めなければならない。しかし政治は生きものであるから、はっきりした政策といっても、現実にあわない公式論では困る。そこで、移り変わる世の中の事情に応じうるように、その政策にたえず新味と弾力性とを持たせてゆくことが必要である。政党人はそういう政策を中心として公明正大に行動し、公表された政策に共鳴する国民は、その政党に信頼してこれを支持するようになれば、政党が金や情実によって動かされる危険は、よほど少なくなるに相違ない。

第二に、政党それ自身が民主主義的に組織されることである。政党にりっぱな人物を得ることがたいせつであるのは、いうまでもない。政党は、政策と人とによろしきを得ることによって発展する。特に、党の幹部がしっかりしていないでは、とうてい政党の団結を維持してゆくことはできない。しかし、幹部がしっかりしているということと、幹部の命令が独裁的に行われるということとは、全然違う。政党が金で動くようになると、党の幹部のいちばんだいじな仕事は金を集めることになってしまう。そうして、そうした点で最も有力な人間が総裁にたてまつられ、むずかしいことはすべて総裁一任ということになる。

政党は民主政治の中心であるから、その内部が民主的に組織されなければならないことは、あたりまえである。党の規律は重んぜられなければならないけれども、それとならんで党の中での公論討議が尊重され、指導的な人物が推されて幹部になるというふうでなければならない。それと同時に、党の経費は、財閥や少数の金持からみつがれるのではなく、なるべくひろい支持者の寄附金によってまかなわれるようにすべきである。

第三に、政党には、相手方の立場を理解する雅量が必要である。政党は、それぞれ違った主義や綱領によって立っているのであるから、その間に対立があり、政争が行われるのは当然である。しかし、いかに政党の間に対立があっても、それはけっきょく、国の政治をよくし、国民生活を向上させるためなのであるから、互に主義主張を争うことそのことによって、すべての政党が同じ一つの目的に向かって協力しているはずでなければならない。だから、政党は、相手方の主張にもよく耳を傾け、正しい意見はすすんで採り入れるだけの寛容さを持たなければならぬ。特に、多数党は少数党の主張を重んじなければならぬ。多数によって少数を圧迫し、是非にかかわらず採決で勝利を獲得すれば、多数党の横暴となることを免れない。国民の禍福の分かれ道になる問題を、右からも左からも、上からも下からも見て、よく研究し、互の論議を重ねつつ、ただ一つの真理を発見してゆこうとする謙譲の精神があってこそ、花も実もある政党政治が行われうる。

しかし、これらのことの根本をなすのは、国民の良識である。政党は、国民の心の鏡のようなものである。国民の心が曲がっていれば、曲がった政党ができる。国民の気持がさもしければ、さもしい政党が並び立って、みにくい争いをするようになる。それを見て、政党の悪口を言うより先に、何よりもたいせつな国民の代表者に、ほんとうに信頼できるりっぱな人を選ぶことを心がけなければならない。国民がみんな「目ざめた有権者」になること、そうして、政治を「自分たちの仕事」として、それをよくするためにたえず努力してゆくこと、民主政治を栄えさせる道は、このほかにはない。

# 第八章　社会生活における民主主義

## 一　社会生活の民主化

ポツダム宣言を受諾したのちの日本では、まず、政治の民主主義化が思いきって行われた。新憲法ができ、国会を中心とする政治の組織が確立され、天皇の権威をかさにきた軍閥や特権階級の勢力は一掃された。前には役所の権力を握って国民をあごでさしずしていた官僚は、国民の公僕とよばれるようになった。地方自治制も改革され、地方の政治のおもだった地位につく人は、選挙で決まることになった。制度のうえからみれば、今日の日本はまさにりっぱな民主国家である。政治の形だけについていえば、もうこのうえ民主主義化する余地は、あまり残っていないといってもよい。

しかし、民主主義はけっして単なる政治上の制度ではない。それは、その根本において社会生活のあり方であり、社会生活を営むすべての人々の心のもち方である。政治上の制度だけならば、それを民主化することはかならずしも困難なことではない。もちろん、民主政治の制度を、今日みるような形にまで発達させるために、人類の長い苦闘と努力の歴史が必要であったことは、第二章で概観したとおりである。けれども、日本のように、敗戦によって過去の政治組織がいっぺんにくずれ、そのあとに、西洋の進んだ国々の政治形態の大きな影響を受けつつ、新たな制度を採用するという場合には、既にたくさんの模範や先例があるのだから、事は比較的に容易なのである。これに反して、社会生活の根本から民主主義化するということになると、これは一朝一夕にできる事柄ではない。長い間、人の心にしみこんできた民主主義的でない気持をぬぐいさり、日常生活のすみずみまで民主主義の精神を行きわたらせるには、なみなみならぬ覚悟と修錬とがいる。しかも、それが行われなければ、政治の形のうえでの民主主義もけっしてほんものにはなりえないのである。

民主主義の発達する前には、西洋にも封建制度が行われていた。諸侯や貴族が広い土地の領主となって、その土地の人民を支配していた。領主にはおおぜいの家来がいて、それらの家来たちは、領主には忠節を励むが、人民に対しては大きな顔をして権力をふるっていた。そういうふうに、人間の間に身分の差別があって、身分によって人間のねうちに大きなへだたりをつけるのが、封建制度の特色である。日本には、武家政治の時代を通じて、長い間封建制度が続いた。中央には絶大の権力を持つ将軍があり、地方には大名があって、どんなばか殿様でも、人民は土下座してこれを迎えなければならなかった。将軍や大名の家来は武士で、武士にもいろいろな階級があり、しかも、その武士はすべて一般人民の上に位していた。士農工商といって、社会生活

の階層がはっきりと身分で決まり、両刀を帯びた武士は、ちょっとしたことで人民を殺しても、「切りすて御免」といって涼しい顔をしていた。そういう封建制度は、明治維新によって廃止されたけれども、そのなごりは最近まで存在していた。華族とかいう特権階級が尊ばれたり、士族とか平民とかいう無意味な族籍を履歴書に書いたりすることは、ついこの間まで行われた。

なるほど、それらのことも、今はまったくなくなった。しかし、日本人の心の中には、まだまだ封建的な気持が残っている。人間のほんとうのねうちを見ないで、家柄によって人を敬ったり、さげすんだりするのは、封建思想である。上役が下役にいばりちらしたり、気に入った子分だけをひきたてたりするのも、封建的である。親の威光で子どもの人格を無視したり、夫が妻を一段低いもののように見下すのも、封建時代のなごりである。人と人との間に、人格的な価値とは無関係な上下の差別をつけてみたがるのは、日本人の封建性の表われである。そういうくせを取り除かないかぎり、社会生活の真の民主化は行われない。

もちろん、人間の間には、才能の違いもあるし、経験の大小もあるし、人格の高下もある。人格・識見の高い人が世の尊敬を受けるのはあたりまえである。すぐれた才能を持ち、深い経験を積んだ人が、高い月給で重い地位につくのも、当然である。社会生活の民主化とは、そういうことを無視する意味ではけっしてない。同じ仕事をして、十の成績をあげる人と、一の能率しか示さない人とを、まったく同じように待遇するのは悪平等であって、けっしてほんとうの平等ではない。しかし、そういう地位や待遇の違いは、人間の真価によって定まるべきものである。高い地位についているから偉いのではなくて、りっぱな人だから重要な仕事を受け持つのでなければならぬ。たとえば、学校でも、先生は先生だからなんでも敬われなければならないのではなく、先生は学問もあり、人格も高く、世の中の経験を数多く積んでいればこそ、生徒を監督したり、指導したりする責任の立場に立つのでなければならぬ。

日本の社会の中でも、特に手近なところで民主化される必要があるのは、われわれの営んでいる家庭生活であろう。父親が父親なるがゆえにこどもにむりなことを強制したり、夫が夫なるがゆえに妻に従属と一方的な奉仕とを要求したりするのは、まったく理由のないことである。弟も妹も同じこどもであるのに、特に長男だけをたいせつにするのも、個人を平等に尊重するという精神を妨げる不合理な風習である。親は親だから権威があるのではなく、親たる愛と年長者としての識見と経験とをもってこどもを心から監護すればこそ、こどもも自然の敬愛と信頼とをもってこれに従うのである。夫婦の間柄も兄弟姉妹の関係も、お互の人格を認めあってこそ、円満に平和に秩序づけられうる。家庭は社会縮図である。その意味で、社会生活における民主主義の実践は、まず家庭から始められなければならない。

## 二　個人の尊重

社会生活における民主主義の根本の原理は、人間を個人として尊重するということである。尊重されるのは、だれだろう。それは、「わたし」であり、「あなた」である。人はよく、「わたしはこんなつまらない人間だから」などと言う。言うだけでなく、実際にそう思う。人間は、うぬぼれてはいけないから、そういう謙譲な気持もいちめんでは必要かもしれない。しかし、その謙譲な気持をよいことにして、そういう人々を思うようにあしらい、自分のかってな欲望を遂げようとする者があった場合、それでも黙っているのが正しいことであろうか。「あなた」の生活を踏みにじり、「わたし」の努力をだいなしにされても、「御むりごもっとも」と言って横車を押させてよいものだろうか。そうではあるまい。そうであってはならないと思うところに、人間の自覚がある。「わたし」であろうと「あなた」であろうと、人間としての存在は何よりも重んぜられなければならない。民主的な社会生活は、このような人間の自覚と個人の尊重とから始まる。

「泣く子と地頭には勝てない」ということばがある。「むりが通れば道理引っこむ」ということわざがある。日本人の心にしみこんだ封建的な気持を、これほどよく言い表わしていることばはない。自分の信念をも主張しえず、権勢の前に泣き寝入りをするのがあたりまえのような世の中が、どうして正しく明かるくなってゆくみこみがあろうか。卑屈な、じめじめした、陰口ばかり言いあっている社会生活ほど、堪えられないものはあるまい。家庭の中にそういう空気はないだろうか。学校にはそんな気分が残っていないだろうか。役場や工場にそうした傾向がありはしないだろうか。もしもそういうところがあったならば、だれがその空気を払いのけるか。その家庭の人々、その学校の先生や生徒たち、その役場や工場の勤務員以外に、それをやり遂げる者はない。みんなが人間としての自覚を持ち、「すべて人に為《せ》られんと思ふことは、人にもまたそのごとくする」以外に、明かるく住みよい社会を作りあげてゆく方法はない。

すべての人間は、生きる権利がある。めいめいがその幸福な生活を築きあげてゆく権利を持っている。できるだけ多くの人々ができるだけ幸福になることは、人間社会の理想である。

封建社会では、少数の特権階級の幸福のために、大多数の人々の幸福が犠牲にされた。専制時代には、専制君主の虫の居どころひとつで、誠実な家来や善良な人民が、虫けらのように殺された。独裁政治の横行している場合には、独裁者の計画した戦争のために、幾百万という命が奪い去られた。人間の生命は何よりも尊い。人間の幸福は花園のように美しい。人はすべて、平等に幸福を分かちあいうるようにならなければならない。民主主義は、そのために封建制度を倒し、専制主義をくつがえし、独裁政治とたたかった。自ら血と汗と涙でたたかい取った精神的な財宝であるがゆえに、西洋の進んだ民主国家の国民は、人間の自由と個人の権利とを、あくまでも守り抜こうとする強い意志を持っている。日本人には、自由と権利とを自分たちでたたかい取った経験が少ないだけに、まだそれをほんとうに自分から尊く思う気持が出てこない傾きがある。しかし、それがこのうえもなく尊いものであることは、西洋と東洋とで変わるはずはない。恐るべき戦争の記憶がまだ生々しい今こそ、その尊さを真に心の中でかみしめるべき絶好の機会である。

人間は、すべて平等に幸福を求める権利を有する。しかし、幸福は、天から降ってくるものでも、地からわいて出るものでもない。幸福は、人間の勤労と努力とによって築きあげられてゆくのである。だから、社会に生活するすべての人間は、営々と働かなければならぬ。自ら働くことの喜びを味わうとともに、他人の額に汗する勤労を尊ばなければならぬ。

もっとも、人間の世の中にはいろいろと矛盾があって、民主主義が行われるようになっても、働く者の暮らしがらくにならず、働かない者のふところに金がころがりこむ場合が少なくない。それは、主として経済生活における民主主義の問題であるから、次の章で考察することとしよう。けれども、経済の組織の問題は別としても、ほんとうに人間を個人として尊重する精神が行きわたれば、経済生活に伴なう矛盾の多くは、それによって解決されるはずである。他人の勤労によって得られた利益を、働かない人間が絞り取るようなしくみは、けっきょくは民主主義の根本精神を裏ぎる考え方が、社会の中に深く巣をくっている結果として表われてくるのである。哲学者カントは、「それが自分自身であろうと、どんな他人であろうと、人間を常に同時に目的として取り扱うべきであり、けっして、それを単なる目的のための手段にのみ用いるようなことがあってはならない」と説いた。他人の目的のための単なる手段として利用される者は、奴隷である。他人を自分の利己心の道具として用いるのは、人間の尊厳なうちを踏みにじる罪悪である。民主主義は、社会生活からあらゆる意味での奴隷を駆逐しなければならない。他人の汗の結晶を、ぬれ手であわをつかむように、つかみ取る罪悪を追放してゆかなければならない。

## 三　個人主義

人間を個人として尊重する立場は、個人主義である。だから、民主主義の根本精神は個人主義に立脚する。軍国主義の時代の日本の政治家や思想家たちは、民主主義を圧迫した。したがって、その根本にある個人主義を、いやしむべき利己主義であるとののしった。しかし、これほど大きなまちがいはない。個人主義は、個人こそあらゆる社会活動の単位であり、したがって、個人の完成こそいっさいの社会進歩の基礎であることを認める立場である。すべての個人が社会人としてりっぱになれば、世の中はしぜんとりっぱになる。個人個人の生活が向上すれば、おのずと明かるい幸福な社会が作りあげられる。ゆえに、尊重さるべきものは、「一部の人間」ではなく、ましていわんや「おのれひとり」ではなく、生きとし生ける「すべての個人」である。その考え方のどこに、いやしむべき利己主義がひそんでいるであろうか。

民主主義に反対するものは、独裁主義である。ゆえに、独裁主義は個人主義を排斥する。そうして、その代わりに、全体主義を主張する。

全体主義は、個人を尊重しないで、個人をこえた社会全体を尊重する。民族全体とか国家全体とかいうようなものを、いちばん尊いものと考える。民族や国家は、個人をこえた全体として、それ自身の生命を持ち、それ自身として発展してゆくものであるとみる。そうして、すべての社会生活の目的は、そのような尊い全体を発展させ、繁栄させてゆくにあると説く。全体がまず尊ばれるということは、部分の価値をそれに従属させるということである。社会全体の部分をなしているものは、個人である。だから、全体主義は、個人の尊さを認めない。個人は、全体のための犠牲とならなければならないと教える。戦時中の日本では、滅私奉公ということがさかんに唱えられた。個人の幸福、否、個人の生命をも捨てて、国家のために殉じなければならないという意味である。国民に対しては、「命を鴻毛《こうもう》の軽きに比する」ということが要求された。イタリアのファシズムも、同じような極端な国家主義を採った。ドイツのナチズムは、国家の代わりに民族全体を至上・絶対の尊いものにまでまつりあげた。のみならず、今日のソ連その他の共産主義者の中にも、これに似かよった全体主義の考え方があるようにみえる。

なるほど、民族や国家はたいせつなものである。しかし、民族のひとりひとりが栄えないで、どこに民族全体の繁栄がありえようか。国民のすべてを犠牲にして、どうして国全体が発展する余地があるであろうか。民族や国家の繁栄といっても、その民族や国家に属するすべての個人の繁栄以外にはありえないはずなのである。それなのに個人の尊さを否定して、社会全体を絶対に尊いものだと教えこむのは、独裁主義のからくり以外の何ものでもない。

独裁者は、国民にそういうことを教えこんで、国民が犠牲をいとわないようにしむける。そうして、これは民族のためだ、国家のためだといって、「滅私奉公」の政策を強要する。その間に、戦争を計画し、戦争を準備する。戦争ほど個人の犠牲を大量に必要とするものはない。だから、戦争という大ばくちをやろうとする者は、国民に、国家のために命をささげるのが尊いことだと思いこませる。道徳も、宗教も、教育も、すべてそういう政策の道具に使われる。

全体主義者は、民主主義をけなすために、民主主義は個人主義だから、民主国家の国民は国家観念がうすく、愛国心に乏しいという。愛国心に乏しいから、いくら軍艦や飛行機をたくさん持っていても、戦争には弱いという。それがどんなに大きなまちがいであるかは、こんどの戦争でよく証明された。

民主主義者は、国家の重んずべきことを心得ている。祖国の愛すべきことを知っている。しかし、国家のためということを名として、国民の個人としての尊厳な自由や権利を踏みにじることに対しては、あくまでも反対する。国家は、社会生活の秩序を維持し、国民の幸福を増進するために必要な制度であってこそ、重んぜられるべきである。国民がともに働き、ともどもに助けあい、一致団結して築きあげた祖国であればこそ、愛するに値する。民主主義が最も尊ぶものは、個人生活の完成であり、すべての個人の連帯・協力によって発達してゆくところの社会生活である。国家は、そのような社会生活の向上・発展を保護し、促進するために存在する政治上の組織にほかならない。

全体主義の考え方が危険であるのは、内に向かって国民の個人としての基本的権利や生活を踏みにじるためばかりではない。それはまた、外に向かっては他の国家の利益を侵害してはばからない態度となる。全体主義は、すべての国々の主権と安全を等しく尊重するのではなくて、「わが国」だけが世界でいちばんすぐれた、いちばん尊い国家であると考える。したがって、他の国々はどうなっても、自分の国さえ強大になればよいと思う。そこから導き出される結論は、自分の国を強くするためには手段を選ばないという国家的な利己主義であり、外国を武力でおどしたり、力ずくで隣国の領土を奪ったりする侵略主義である。全体主義は戦争の危険を招きやすい。だから、恐るべき戦争をくり返さないためには、ふたたび全体主義の誤りに陥ってはならない。

これに反して、民主主義は個人の価値と尊厳とに対する深い尊敬を基礎としている。自国の国民を尊重するばかりでなく、外国の国民も等しく人間として尊重する。だから、自分の国が栄えるとともに、他の国々もともに栄えることを願う。そこから出てくるものは、偽りのない国際協力の態度であり、崇高な世界平和擁護の精神である。民主主義によってこそ、世界はだんだんと一つになる。おのおのの国がその特色を生かし、その任務を果たすことによって、生きとし生けるすべての人間に平安と幸福とをもたらすべき、ただ一つの世界がしだいに築きあげられてゆく。

## 四　権利と責任

個人主義は、自分であると他人であるとを問わず、すべて人間を個人として尊重する。自分を尊重するのは、自分の人格をたいせつにすることであり、自己の正当な権利を擁護することである。人格を重んずる者は、自分の人格をみがくことに努めなければならない。自己の正当な権利を主張する者は、同様に、他人の正当な権利を重んじなければならない。自分の人格がいやしいのに、どうして他人から尊敬されることを期待しえようか。他人の立場を重んじないで、どうして自分の立場だけを認めさせる資格があろうか。だから、個人主義は、個人の権利を重んずると同時に、個人の責任を重んずる。個人個人がその責任を自覚することによって、すべての社会活動が円滑に行われるようになることを期待する。

民主主義の社会生活では、すべての人々が、自分のいっさいの行動について責任を持たなければならない。何か仕事をやってみて、うまくいったときには大いにその権利を主張する代わりに、失敗すればすぐ他人のせいにするというようなやり方は、最も卑怯《ひきよう》な態度である。すべての人がそれぞれその持場を守り、その個性を発揮し、責任をもってその任務を遂行するのでなければ、社会生活の向上は望まれない。

野球を見ても、投手はボールを投げ、捕手はボールを受ける。遊撃をゴロがおそえば、はっしとこれを取って二塁に投げ、二塁手は直ちに一塁に転送して、みごとにダブル・プレイを演ずる。ライト・センター間の大飛球をふたりの外野手がともに追っても、右翼手が一歩球に近ければ、中堅手は功名争いをやめて、捕球を右翼手にゆずる。九人がそれぞれ別々の行動をし、おのおのその特色を発揮しながら、ちょうどひとりの人が手足を動かすように全体の統一がとれ、みんなで共同の目的に向かって一糸乱れず協力している。民主主義の社会生活も、一流チームの野球のようになればたいしたものだ。

しかし、社会生活は、えりすぐったわずか九人の選手だけでやる野球とは違う。村だけでも何千という村民がある。町には二万、三万の人が集まって生活している。国全体となると何千万という人口である。その中には、悪い人間もある。したいほうだいなことをして、他人に大きな迷惑をかける者もある。どろぼうもいれば、強盗もいる。それをそのままにしておいたのでは、社会生活は成りたたない。そこで、法律があって、犯罪を処罰する。悪い人間を取り締まる。良民の正当な権利を擁護してくれる。所有権を侵された場合には、それを取りもどしてくれる。不当の損害を受けたならば、裁判所に訴えて、賠償を求めることができる。法律といえば、こわいもののように思い、裁判ざたになるといえば、いまわしいことのように考えるのは、権力をびくびくと恐れていたころのくせが残っているからだ。民主国家の国民は、権利のうえに眠っていてはいけない。正しい権利は、堂々と国法に訴えて争うべきだ。法律と裁判所とは、国民によって作られた、国民のための味方でなければならない。

それと同時に、法律上の権利を主張することにだけ急であって、義務を行うことをなおざりにするようであってはならないことは、いうまでもない。まして、法律をたてにとって弱い者をいじめ、非道な契約をおしつけて、不当な利益をむさぼるようなことは、はなはだしい法律の悪用である。

むかし、イタリアのヴェニスに、アントニオという善良な市民がいた。友人のために金を用立てる必要があって、高利貸のシャイロックから三千両を借りた。その証文には、返金できない場合には肉一ポンドを切り取ると書いてあった。アントニオは金を返すことができなかったために、シャイロックはこれを訴えて、約束どおり肉一ポンドを切り取ると言って迫った。アントニオの恩を受けた友だちの妻ポーシャは、裁判官に変装して法廷に現われ、証文には肉一ポンドを切り取るとあって、血を取るとは書いてない、一滴の血も流さずに、しかも一ポンドかっきり狂いなく肉を切り取ることができるか、できるものならばやってみよ、と判決し、とうとうシャイロックを恐れ入らせた。これは、シェークスピアの「ヴェニスの商人」の物語である。今の世の中に、こんなばかげた契約があるはずはない。しかし、財産というものは、用い方によっては、弱者を苦しめる強大な武器となる。財産家の利益だけを一方的に保護するような法律制度は、国民の意志によって改めてゆく必要がある。

財産は、人間の生活を維持するためになくてはならぬ意義を持つ。だから憲法は財産権を保障し、法律は所有権を保護する。しかし、社会に生活する人々の間の富の不平均が大きくなってくると、金持の利益はますます増大し、貧乏人はいよいよ不利な立場に追いこまれる。そうなっては、国民のすべてに幸福を分かとうとする民主主義の理想は、だいなしになってしまうことを免れない。この弊害を除き去るためには、経済生活を民主化することが何よりもたいせつである。しかも、それと同時に、社会生活を営む人々が、財産というものについて持つ考え方を変えてゆかなければならない。財産権は、財産家の利益だけのためにあるものであってはならない。財産を持つ者は、それが大きければ大きいだけ、それだけその財産を活用して世の中の福祉を増進してゆく責任がある。権利の保護が個人の社会的責任を伴なうものであることは、このような現代社会的な財産権の観念の中にもはっきりと現われている。

## 五　社会道徳

社会に生活する人々が、それぞれ責任を重んじ、本分を守り、互に協力しあうのは、人間の踏み行う道徳である。道徳と法律とは、社会の秩序を保つためにどちらも欠くことのできないものであるが、同じ内容の責任にしても、強制的にこれを守らせるのが法律であるのに対して、道徳上の責任となると、自分でそれを自覚し、自らすすんでそれを実行してゆくところにねうちがある。しかも、法律上の責任も、国家から強制されるまでもなく、国民がすすんで行うようになることが必要であり、道徳上の責任も、どうしてもそれを守らない者があれば、法律的な強制に訴えるほかはなくなる。だから、法律も道徳によって基礎づけられなければじゅうぶんに行われないし、道徳も法律が伴なわないと力が弱い。

たとえば、電車の運転手は、いつも信号に注意し、責任をもって運転に従事しなければならない。友だちとの話に気を取られて事故を起したり、不注意で人をひいたりすると、法律によって罰せられる。しかし、多くの運転手は、法律上の処罰を恐れてではなく、たくさんの人命をあずかる責任の重大さを感じて、自らすすんで注意に注意を重ね、いやしくもあやまちが起らないように気をつけて電車を運転しているだろう。それらの運転手は、法律上の責任を道徳的に守っているのである。また、たとえば、人から借りたものを返すのは、道徳上の義務である。友だちから本を借りたならば、忘れずに返そうと思うであろう。困ったときに金を用だててもらったならば、さいそくされないでもつごうのつき次第に返済するだろう。けれども、中には、言を左右にして借財を踏み倒す者もある。そういう場合には、法律によって弁済を強制する必要が起る。すなわち、道徳上の義務を法律的に強く行わしめることが必要になってくる。

このように、道徳と法律とは、車の両輪のように密接に結びついて、秩序正しい人間の共同生活を維持しているのである。しかし、日常の社会生活では、法律に訴えるまでもなく、道徳の力によって正しい秩序が保たれているに越したことはない。

ところで、日本では、昔から人間の間の「縦の道徳」がひじょうに重んぜられてきた。下は上を敬い、上は下をいつくしむ、というようなことが、縦の道徳である。特に、君に対する忠と、親に対する孝とが、国民道徳の根本であるとされてきた。これに対して国民相互の対等の関係を規律する「横の道徳」は、その割にいっこう発達していなかった。「旅の恥はかき捨て」などと言って、だれも知っている人のいない所へ行けば、不道徳な行いをしても平気だというような態度があった。「免れて恥なし」と言って、法律で罰せられる心配がなければ、どんな悪いことでもやってのけるといった連中もあった。そのために、日本人は、ややもすれば、見ず知らずの人にぶあいそで、非社交的で、公衆道徳を守らないという不評判をとるきらいがあった。

このように、縦の道徳だけが重んぜられて横の道徳が軽んぜられたというのは、日本の社会にまだ封建的な要素が残存していることの一つの証拠である。民主主義の社会では、何よりもまず、だれもが同じ対等の人間として尊敬しあうという気持を養わなければならない。個人の自由の尊さを認識せず、個人の尊厳を自覚しない者は、他人の自由を侵し、他人の人格を傷つけることを、意に介しない。日本人には、特にそういう欠点が多い。他人の私生活に不必要に干渉し、それを悪いことと思わないばかりか、どうかすると、かえってそれがしんせつででもあるかのように感違いしている。むやみに他人のことを気にしたがるくせがあり、人の悪口に興じあたっり、人をけなしてむなしい優越感を味わったりする傾きがある。こんなありさまでは、政治や法律が民主化されても、民主国家の国民たるにふさわしい社会道徳を備えているとは、とうてい言いえない。

　人間として生まれてきた以上、何人といえども、ひとりだけで生きてゆけるものではない、人間はお互に持ちつ持たれつ世の中に生まれ、お互のために働き、他人の勤労のおかげで不自由のない生活をすることができるのである。それゆえ、みんなの住む社会をできるだけ住みよい、気持のいいものにしてゆくことは、お互の義務である。そのためには、各人がお互の個性を認めあい、自分も他人から不当に自由を束縛されることがないようにすると同時に、自分も他人の自由を尊重しなければならない。そうして、常に真実を語り、真実を実行する誠意と、正義のためには断乎《だんこ》として譲らぬ勇気とを持ち続けなければならない。社会生活における民主主義の成否は、そのように、社会公共の福祉のために尽くそうとする誠意と勇気とを持った人々が、多いか少ないかによって決まるのである。

# 第九章　経済生活における民主主義

## 一　自由競争の利益

民主主義の精神は、政治生活や社会生活だけでなく、経済生活の中にも生かされなければならない。経済をはなれては人間の生存は不可能であり、経済の発達なくしては人間の真の幸福はありえない。経済の目的は、われわれの衣・食・住の生活を豊かにするにある。特に、経済活動における民主主義の使命は、お互が尊厳な人間として生きる権利を尊重し、公平な経済的配分を保障するとともに、すべての人々の生活水準をできるだけ高めて、暮らしよい社会を作りあげてゆくにある。

近代の経済は、資本主義もしくは自由企業とよばれる組織によって発達した。ごく簡単にいうと、資本主義とは、個人や会社や協同組合などが生産手段を私有して行われる経済のしくみである。たとえば、土地や鉱山や工場などは、物を作り出す力を持っている。そのような生産財をだれもが私有財産として所有することができ、それを利用していろいろな企業を経営してゆく経済のやり方が、資本主義である。だから、資本主義経済の普通の形では、一方には資本をもって企業を経営する資本家または経営者があり、他方にはそれに雇われて働く労働者がある。資本家は、自分の持っている財産を資本にして、思うとおりの事業をする。これに対して、労働者は、その事業に雇われ、賃金をもらって働く。そこで生産された品物は、商品として市場に集まり、それを買いたいと思い、かつ、それを買う力を持っている人々が自由にそれを購入する。資本主義の経済は、そういうふうにして運転される。

したがって、資本主義は、まず国家の統制を受けない、比較的に自由な形の経済として発達した。自由経済は、政治上の自由主義と深い関係がある。封建主義や専制主義の時代には、人民には政治上の自由はなかった。政治上の自由がない時代には、経済上の自由もほとんどなかった。封建時代の手工業者や農民は、領主の権力の下に圧迫されていた。それに続いて、近代国家の中央集権が専制主義の形で確立されてきた時代には、国民の経済生活に対して国家の強い干渉が加えられた。しかるに、国民の政治上の自覚が高まり、封建制度や専制主義が没落するにつれて、経済生活に対するこれらの圧迫や干渉も取り除かれ、経済上の活動は、それに比べるとずっと自由に個人や企業経営者の考えにゆだねられるにいたった。それが、第十九世紀の経済上の自由主義の傾向である。近代の資本主義は、この経済上の自由主義を基礎として、その上に長足の発達を遂げた。

もちろん、生きた社会経済の組織としての資本主義は、時代とともに動いてゆく。

第二十世紀の資本主義は、第十九世紀のそれと同じものではない。第十九世紀の自由放任の経済には、長所もあったが、短所も少なくなかった。そのような自由経済の短所は、適当な統制によって是正されなければならない。特に、無統制の資本主義が重大な弊害を生んだことは、確かである。その弊害を是正して、資本主義の経済活動を公共の福祉と合致させてゆくものが、経済生活における民主主義の諸原理にほかならない。しかし、それについては、のちにだんだんと述べることとして、ここではまず、第十九世紀的な自由経済を基礎とする資本主義が、どのような形で運営せられたか、また、それを経済学者がどういうふうに理論づけたかを考察することとしよう。

第十九世紀における経済上の自由主義の最も大きな表われは、「企業の自由」である。資本家は、自分のしたいと思う仕事、有利だと考える事業に投資し、それを自由に経営する。そうなると、有利な事業を経営する者が多くなるから、その間に競争が起る。競争が起れば、生産者は、なるべくよい品物をなるべく安く作って、それをたくさん売ろうとする。しかし、生産が多すぎて、需要がそれに伴なわなければ、その品物は売れなくなる。そこで、資本家は、需要の多い別の品物をねらって事業を経営しようとする。このようにして、あたかも「見えない手」によって導かれているかのように、需要と生産とがぐあいよく調節され、資本家は利益を求めて生産するし、社会に生活する人々は、金さえあればなんでも必要なものを求めることができるように

なる。そうして、生産は大いに向上し、国民の幸福は増進し、すべての人々の基本的な需要を満足させうるような高い生活水準を保ってゆくことが可能になる。アダム＝スミスというイギリスの有名な経済学者は、経済上の自由主義における企業の自由の重要性をこのように主張し、特に「自由競争」の利益を力説した。

実際、自由競争は資本主義経済の原動力である。これがうまく行われるかどうかによって、資本主義のねうちと意義とが定まる。だから、今述べたアダム＝スミスの自由経済の理論を基礎として、自由競争が円滑に行われる場合をもっと具体的に考えてみよう。

ある人が、自分の持っている資本、または他人から借りた資本で労働者を雇い、設備を整え、原料を購入し、そして、自分が利益が多いと認める品物の生産にたずさわったとする。ところが、他の人もその品物を生産することの利益を認めて、同じような事業を経営するから、その間に自由競争が行われる。これに対して、消費者は自由に自分の好きな品物を選ぶことができるから、自然とよい品物、安い品物に向かって購買力が集中する。したがって、品質のよい、そして安い品物の生産者は、他の生産者よりもたくさんに自分の作った品物を売ることができ、けっきょくそれによって多くの利益を得る。これに反して、品質の悪い、そして高い品物の生産者は、消費者の気に入ることができないから、自分の品物を売ることができず、そのため、生産に要した費用を取り返すこともむずかしくなる。そこで、第二の生産者も、生産費を減らしたり、技術を改善したり、あるいは生産品に新しいくふうをこらしたりして、第一の生産者に負けないような品物を作ろうとする。これによって、一般社会にはよい品物が安く供給され、それだけ消費者の受ける利益が増大するわけである。

そればかりではない。今述べたような競争が激しく行われ、同じ品物が社会の需要以上に生産されるようになれば、劣った地位にある生産者は、その品物の生産を続けても利益を得ることができなくなる。そうなると、その生産者は、最初やっていた品物の生産をやめて、なにか別の品物の生産に着手するであろう。そこで、第一の品物の需要と供給がしぜんに一致し、むだな原料や労働力を使用することがよほど少なくなる。一方、第二の品物の生産についてみると、そこではひとり新しい競争者が現われたことになるから、それだけお互にますます仕事に励むようになり、粗悪な品物を作っていた者は、競争にやぶれて、よい品物だけが市場に迎えられる。こういうことをくり返すうちに、社会全体の資金や、労働力や、設備や、原料は、最も有効にむだなく利用されるから、生産力はしぜんに最も高い水準にまで向上する。資本主義を支持する理論家は、このように自由競争の効用を力説するのである。

更にこれを消費者の側から考えてみると、経済上の自由主義は「消費の自由」を意味することになる。社会に生活する人々は、めいめい自由に品物を選ぶことができる。だから、だれしもが、自分の最も欲するものを、できるだけ安い値段で買おうとする。その結果、値段が高ければ売れゆきが悪くなるから、品物の価格は消費者が買いやすい程度におちつくかたむきがある。したがって、消費の自由は自由競争を促し、自由競争によって消費者の満足するような品物が、消費者の需要を満たすだけ生産されることになるであろう。

自由競争が円滑に行われれば、このような利益がある。特に、第十九世紀の経済上の自由主義は、自由競争のもたらす利益を最も高く評価し、かつ、その結果がかならずうまくゆくということを信じた。すなわち、社会に生活する人々がそれぞれ自分たちの利益を求めて行動すれば、その結果としてしぜんにおおぜいの人々の利益が調和して、経済は繁栄し、社会の幸福は増進すると考えた。そうして、資本主義はかくのごとき自由企業を地盤として、たくましく発達していったのである。

## 二　独占の弊害

たしかに、自由経済にはいろいろな長所がある。健全な自由競争が社会の経済活動をかっぱつにする力を持っていることは、第十九世紀の自由主義の経済学者が考えたとおりである。しかし各人がそれぞれ自分だけの利益を追求して営まれる経済の働きを、自然の成りゆきのままに放任しておいて、はたして社会全体の利益がうまく向上してゆくであろうか。実際の結果は、なかなかそううまくはゆかないことを示した。それは、いったいどうしてであろうか。

歴史上の経験が示すところによると、全然統制を加えないで行われる経済は、いろいろな弊害を生み出す。それにはさまざまな理由があるが、いちばん重要な理由としては、「独占」の発生ということが考えられる。独占とは、互に競争している何人かの生産者が、最後まで競争を続ける代わりに、競争の途中で協定を結び、あるいは合併して、価格や生産量や市場を自分たちの都合がよいように決めることである。すなわち競争によって生産者たちが打撃を受けるのを避けるため、ほどよいところで競争をうちきり、話しあいで市場をその独占的な支配のもとにおいてしまうわけである。

独占の力は、競争をやめて、妥協によって市場を支配しようとする企業家の数が多ければ多いだけ、それだけ増大する。カルテルとかトラストなどとよばれるものは、企業独占のおもな形態である。

独占はひじょうに強い力を持っている。その力をよく利用することができさえすれば、社会の福祉を増進するのに役だつところが大きい。すなわち、独占がすすめば、企業の規模は概して大きくなる。しかるに、産業は、大規模に経営されればされるほど、原則として生産費の単価が安くつく。また、優秀な技術を採用したり、新しい発明を取り入れたり、独立の研究所を持ったりすることによって、よい品物を大量に生産することができる。それゆえに、独占による大量生産は、よい品物を安く消費者に供給することができるはずである。したがって資本主義であると社会主義であるとを問わず、産業はだんだんと大企業化されてゆく傾向がある。それに、独占がすすんでも、一つの国でのある種の商品の生産が単一の企業体の手で全部統制されてしまわないかぎり、自由競争のもたらす利益も失われない。幾つかの大企業が並んで、互によいものを安く提供しようと競争する場合には、社会生活はそれによって大きな福利を受けることができる。製鋼とか鉄道とかいうような、基礎的な、そうして、公益に関係の深い事業については、特にそうである。これらの事業においては、企業体の数が制限されていることが望ましい。

しかしながら、もしも独占企業家が、その力をこのように善用しないで、逆にそれを悪用するならば、そこからさまざまな弊害がかもし出される。たとえば、大量生産によって生産費はひきさげられているにもかかわらず、企業家が、独占的な地位を利用して、商品の価格を自分たちの間だけの話しあいで決めてしまうならば、消費者は依然として高い品物を買わされることになるであろう。また、競争者がないのをいいことにして、生産技術の改良を怠るような場合に、品質の向上も望まれないであろう。それに、独占企業家は、外部から新しい競争者がはいって来ようとすると、その強大な資力を武器として、一時だけ品物の安売りを行い、競争者を立ちゆかないようにしてしまうことも、やろうと思えばできる。そうなると、独占によって自由競争の利益は失われることにならざるを得ない。このような現象は、経済生活における民主主義の発達を妨げる重大な障害である。したがって、独占が避けがたい傾向であり、それにはそれの長所もあるとするならば、その反面において独占の力がこのように悪用されることを防ぎ、自由で公正な競争を行うことができるようにするのが、経済民主化の大きな課題になってくる。

独占の弊害を取り除いて、自由で公正な競争を行わせるための、一つの有効な方法は、法律による独占の禁止または制限である。国家が弊害の多い独占企業に解散を命じ、あるいは、その経営のしかたを監視して、不当な経営を禁止するようにすれば、独占の脅威はかなり防ぎうるであろう。これまで日本の経済で、大きな力をふるっていた財閥が解体されたのは、それがいちじるしく独占的な性格を帯びて、軍事的経済力の中心をなしてきたからである。それと同時に、新たに私的独占を禁止する法律が制定されたことも、公正な取引の制度を確立するのに役だつであろう。

## 三　資本主義と社会主義

資本主義が円滑に行われている社会においては、一方では経済上の自由主義による自由企業制度が発達しつつ、他方では自由企業制度の行き過ぎを戒める独占禁止の措置が採られる。それと並んで、中小商工業者や農民は協同組合を、消費者は消費組合を、労働者は労働組合を作ってそれぞれその地位の向上を図り、経済生活を安定せしめてゆくことができる。そのうえに、国家としてもいろいろな社会政策を実行することによって、失業や貧困や不安を防止し、もしくはすくなくともそれを緩和する道がある。これらの事柄については、後にだんだんと述べることとするが、すすんだ資本主義の国では、このようにして、私企業の伸び伸びした活動をいたずらに押さえることを避けつつ、過度の自由経済に伴なう弊害を是正し、政治を民主的に運用することによって、経済生活における民主主義を着々として実現している。アメリカ合衆国がこれまですすんできた道は、だいたいとしてこの方向であったということができよう。

資本主義は、このように時代とともにしだいに進歩もし、改善もされ、資本主義の資本主義たる大筋のたてまえを変えることなしに、経済的民主主義の方向に向かって、発展しつつある。しかし、一方またヨーロッパの先進資本主義の国々、たとえば、イギリスなどでは、第十九世紀の終りごろになって自由経済のいきづまりがかなり強く表われ、その結果としてだんだんと資本主義から社会主義の方向への転換が行われるようになった。それでは、社会主義とはどのようなものであろうか。

資本主義の社会では、個人や会社が生産手段を私有し、資本家の経営する私企業が経済の中心となる。そうして資本を持たない人々の多くはこれに雇われて、労働によって得た賃金でその生活を維持してゆく。その場合、労働者は自由に職場を選ぶことができるのであって、封建社会のように、因襲や身分によって一定の仕事にしばりつけられていることはない。その意味では、経済上の自由主義の中には「労働の自由」が含まれている。したがって、資本主義は、その点でも自由を重んずる民主主義の要求に合致するものと考えられてきた。

しかし、それでは、労働者に真の自由があるであろうか。

資本主義のもとでは、労働者の生活費は労働によって得た賃金でまかなわれる。もっとも、ひろく労働者というと、農民や一般の給料生活者も含まれるが、ここでは主として工場などで働く労働者について考えてみることとする。それらの労働者は職にありつけなかったり、失業をしたりすると、たちまち生活に窮することになるから、何はともあれ仕事を与えてくれる所をさがして、そこで働く。働く場合に、賃金などについていろいろと言い分はあっても、そこで雇ってもらえないと生計を維持することができなくなるから、経営者側の申し出る条件に甘んぜざるを得ない。労働組合が発達するにつれて、労働者もだんだんと企業家と対等の立場で、労働条件についての約束を、とり結ぶことができるようになってきつつあるが、それ以前の状態では、職業の自由とか、契約の自由とかいっても、名ばかりで、経済生活の自由は、主として資本家にとってのみ有利に用いられる傾きがあった。かくて資本主義は、生産力の増大によって、国民生活の水準を向上させるには役だったが、そのもたらす利益は、一方的に資本家にかたよることを免れなかった。

もちろん、資本主義は企業の自由を保障するから、労働者に対しても、機会さえあれば、資本家になる道が閉ざされているわけではない。しかし、機会だけはあっても、資本がなければ資本家にはなれない。したがって、無統制の資本主義の下では、資本を私有する人々と、それに雇われて働くほかはない人々との間に、はっきりとした区別ができてしまう。これでは、経済上の不平等がますますはなはだしくなることを免れない。しかも、労働者階級は社会の大多数を占めているのであるから、しぜんのいきおいに放任された資本主義は、できるだけ多数の人々の幸福をできるだけ向上させてゆこうとする民主主義の根本精神と矛盾することになる。

資本主義に伴なうこのような欠陥を是正するためには、二つの方法が考えられる。その一つは、資本主義のしくみそのものは変えないでおいて、資本家と労働者とのへだたりを緩和するための「社会政策」を実行するというやり方である。すなわち、賃金やその他の労働条件を、経営者と労働者の間の約束だけに任せておかないで、あらかじめ最低賃金を法律で定めたり、労働時間の最大限をかぎったりして、労働者が不当に不利な地位に立つことがないような措置を講ずる。しかし、それだけではもとより不十分である。そこで、労働者が団結して経営者側と団体的に交渉しうるような組織を作ることがくふうされる。働く手を持っているおおぜいの労働者が団結すれば、ひじょうに大きな力になる。したがって、団体的に経営者と交渉するようにすれば、労働者の立場はよほど有利になる。だから、労働者が組合を作って、組合の力で生活の改善や失業の防止に努力できるようにする。戦後の日本でも、新憲法によって労働者の団結権や団体交渉権が保障され、労働組合法や労働関係調整法が制定されて、各種の労働組合が急に発達するようになった。また、労働基準法の制定や労働省の設置をみて、働く者の利益を保護するための施策が実行されると同時に、労働者災害補償保険法や失業保険法等が設けられて、労働者の生活に伴なう不安を取り除くための努力がなされつつある。一方では、これらの社会政策が徹底し、他方では、また後に述べるような協同組合や消費組合が発達して、中小商工業者や農民や消費者が、自らの力で自らの利益を守るようになれば、資本主義の大筋を変えることなしに、経済生活における民主主義の目的を達成することができるであろう。

これに対して、資本主義の欠陥を取り除くためのもう一つの方法は、社会主義を実行することである。この考えを主張する人々によれば、今述べたような社会政策を行っても、生産手段の私有を認める資本主義の原則を変えないかぎり、労働者の地位は、とうてい根本からよくはならない。それはなまぬるいやり方であって、そんなことでは資本家と労働者の争いは容易に解決しえないであろう。そこで社会主義者は、経済上の平等をほんとうに実現するためには、生産手段の私有を許す資本主義を廃して、資本を国家または公共団体の所有に移すほかに道はないと主張する。つまり、それによって資本家と労働者の対立をなくするとともに、公企業の形で生産力の増大を図るべきだというのである。

このように、社会主義者は、経済上の配分を平等にするための最もすすんだ方法は、資本主義の経済組織を根本から変えてしまうにあると論ずる。しかし、資本主義の立場からいうならば、そのようにしてすべての生産が国営に移されると、資本家が自由競争によって利益の追求にいっしょうけんめいになっていたときのような刺激が失われるから、はたして資本主義の場合と同じように生産を高めてゆくことができるかどうかがあやぶまれる。生産がさがり、資源の高度の利用や費用の節減への熱意が減ると、配分は平等になっても、勤労大衆の生活水準が全体として低下するおそれがある。また、自由競争による経済の自動調節作用がうまくゆかないために、社会主義経済では何をどれだけ生産すればよいかを判断する確かな手がかりがなく、その結果として多くの生産力をむだにするおそれがある。その他、いわゆる官僚統制や国営事業にみられるような、実情にそぐわない企業の経営が行われやすいところに、この種の国家社会主義的ないき方の弱点がある。それが資本主義の側から社会主義に対して下される批判の要点であるといってよい。

これに対して、社会主義の論者は、そういう心配はないと言って、次のように説く。なるほど、社会主義では利潤の追求という刺激は失われるが、労働者は国民に対する義務と責任とを感じて、大いに生産に努力するであろう。また、国営の生産事業の内部でも、いろいろの方法で競争をすすめることができるから、社会主義を実行したからといって競争がなくなり、生産を低下させるとはかぎらない。更に、社会主義経済では、資本主義経済の特色だといわれる需要と供給との間の自働的な調節作用に代わって、国家が全体の生産を総合的に計画し、それによって合理的に経済を運営してゆくから、むだや浪費を省いて、国民生活に必要なものを、必要な量だけ生産してゆくことができる。その点では、資本主義の自由競争の方がずっと生産力を浪費することになる。なぜならば、必需品よりもぜいたく品が生産され、競争のための広告費とか、品物の保管費などが大きくなり、それだけむだが行われる。それは、社会主義の計画経済によってのみ除かれるであろう、と。

資本主義がよいか、社会主義によるべきかについては、このように大きく議論が分かれている。しかし、この問題について判断する場合によく注意しなければならないのは、資本主義といい、社会主義といっても、けっして普通に本に書いてあるように、また、実際問題から離れた議論の中に出てくるように、はっきりと二つに区別されてしまうようなものではなく、その間に幾つもの中間の形態があり、さまざまな程度の差があるということである。

すなわち、公式論的にいうならば、資本主義は、生産手段の私有を基礎として経営される経済組織であるのに対して、社会主義は生産手段の私有を認めない。しかし、生産手段の私有を認めないといっても、それはどのような種類の生産財を意味するか。すべての生産手段の私有を禁じ、すべての産業を公企業化してしまえば、それはもちろん完全な社会主義に相違ない。しかし、たとえば単に土地を国有とし、鉱山その他二、三の重要産業を国営としただけでも、じゅうぶんに社会主義的な政策であると認められうる。けれども、そのときには、依然としてその他の生産財の私有が認められているのであり、したがって、社会主義的だといわれる経済の中でも、それらについては資本主義の、または資本主義に近いしかたでの生産が行われているのである。逆に、全体として資本主義的な経済組織が行われている社会であっても、特に国民の福祉に関係の深い幾つかの企業に統制を加え、これに対する国家の管理を実施した場合には、既にそれだけ社会主義的な要素が加味されているのであるということができる。それなのに、第十九世紀的な無統制の資本主義と極端な社会主義とだけを比べて、どちらがよい、どちらが悪いと議論してみたところで、実際にはなんの役にもたたない。

だから、実際問題としてたいせつなのは、このようなさまざまな社会経済の運営のしかたの中で、どういう方針を採用し、どの程度に二つの要素を結びつけてゆくのが、国民経済の民主化のために、ほんとうに適当であるかを考えることである。それには、自分たちの社会がどのような経済条件の下にあるか、自分たちの国が現在どんな国際環境のもとにおかれているかを、じゅうぶんに考えあわせてみなければならない。現実の具体的な条件を度外視して、空な理論だけで事を決めるぐらいむだな、いやむしろ危険なことはない。また、今日のような複雑な世界において、外国との関係を無視して経済の再建や国民生活の向上を図りうるはずはない。

民主主義の政治が行われているところでは、われわれは、多数決の原理に従って、資本主義の長所を発揮してゆくこともできるし、大なり小なり社会主義的な政策を行うこともできるし、両方を併用してゆくこともできる。自由競争の利益に重きをおく政党が政治の中心勢力となれば、資本主義の根本の組織は動かさずに、経済の民主化を図ろうとするであろうし、国会の多数を占めた政党が、重要産業の国有法案を通過させたとすれば、それだけ社会主義の線に近づくことになる。ゆえに、われわれは、日本のおかれている内外の情勢を冷静に見きわめ、各政党の動きをよく注視して、どういう政策を支持すべきかを判断しなければならない。

ただ、その場合に特に注意を要するのは、全体主義的な方法によって社会主義を実現しようとする共産主義の態度である。共産主義は、まず社会主義を徹底させることを目ざしているのであるが、その特色は、資本主義を最初から根本的に悪いもの、もしくは、歴史とともにまもなく滅びてしまうものと決めてかかっている点にある。したがって、多数決の方法によってその時々の具体的な事情に適した政策を採ることに飽きたらず、暴力革命や、いわゆるプロレタリアの独裁などという非民主的な方向に走ろうとする傾きがある。われわれは、民主主義の根本の政治原理たる多数決によって、自由企業制度の長所を生かすこともできるし、自由経済の弊害を除き、行き過ぎを是正して、高度の経済的民主主義を実現してゆくこともできる。ゆえに、この弾力性に富んだ政治のやり方に疑惑をいだき、暴力や独裁によって少数の意志を貫ぬこうとする全体主義の誤りに、陥ることがないように、深く戒める必要がある。

## 四　統制の必要とその民主化

資本主義のたてまえを変えずに、しかも経済生活における民主主義を実現するためには、前に述べたような社会政策のほかにも、なおいろいろとなすべきことがある。その中で、特に心がけなければならないことは、適正な経済統制を考え、かつその統制を民主的に行うということである。

資本主義の社会でも、国民経済に対するある程度の国家の統制や干渉を行う必要がある。もちろん、資本主義の下では、企業の自由は、原則として尊重されなければならない。しかし、さればといって、それはけっして無制限の自由を約束するものではない。自由企業制度に伴なう弊害を防ぎ、社会一般の福利を守るためには、私企業に対して統制のわくをはめなければならない場合が起る。統制は経済上の自由に制限を加える。しかし、前にも述べたように、民主主義の重んずる自由はけっして各人のかって気ままを許すことではない。したがって、公共の利益のために自由経済に統制を加えたからといって、それが民主主義の原則に反することはない。問題は、ただ、その統制をどういう目的のために行い、それをどこまで民主的に運営するかにある。

日本でも、戦時中盛んに経済統制が行われた。それは、一般国民の需要に応ずる生産を極端にきりつめて、戦争のための軍需物資を増産することが目的であった。そういう目的のための統制がもはや行われるはずのないことは、もとより言うまでもない。現在も、今後も、経済統制が行われるとすれば、それはもっぱら国民生活を安定させ、生活水準を向上させるためでなければならない。その中でも、一般に必要と認められているのは、社会福祉を目的とする統制と、景気対策を目的とする統制との二つであろう。

経済生活における民主主義を実現するために、労働者の地位を向上させることを目的として、いろいろな社会政策が行われるということは、前にも述べた。そのうち、国家の法律によって労働賃金その他の労働条件の最低の基準を公定することなどは、それらの事柄を、雇う者と雇われる者との自由な約束だけに任せないという意味で、やはり経済生活に対する一種の統制である。そのほか、国家は、多くの財産収入のある者には重い税金をかけるとか、公債を発行するとかいうような方法によって財源を作り、それで、失業手当・社会保険・救貧扶助などの施設を行って、恵まれない人々を救済する必要がある。経済組織の欠陥のために貧富のへだたりが大きくなればなるほど、このような社会政策の必要は大きくなり、その使命は重くなる。それだけ、経済に対する国家の統制も増大することにならざるを得ない。

これに対して、もう一つの景気対策のための統制は、資本主義経済に伴ないやすい景気の変動をおさえ、特に不況によって生ずる失業その他の民衆の生活難を取り除くために行われる。無統制な自由経済だと、生産が多すぎたり、需要が減退したり、内外の景気変動の影響を受けたりして、急に不景気に見まわれることがある。その結果として、一度にたくさんの失業者が出て、民衆の生活が窮迫した状態におとしいれられる。企業家の協定による独占は、景気に応じて一つの産業を伸ばしたりちぢめたりすることによって、ある点までこれを防ぐ役にはたつが、そういう自治統制では、前に言ったような独占の弊害がつきまとうから、これに国家による統制を加えて、公益を主とする立場から景気に応じて産業を調節することが必要になる。それとともに、不景気のときには、国家が公共の土木事業などを起して、失業者をその方面の仕事にふりむけたり、金利を引き下げて産業界に活を入れたりする。アメリカで行われたニューディール政策などは、この種の統制の模範を示したものといってよい。ともかく、失業は、国民から勤労の権利を奪い、生きる権利をさえおびやかすものであるから、国家は常にその対策を考えて、いわゆる「完全雇傭《こよう》」を目標として、あらゆる努力をしてゆかなければならない。

資本主義の下で統制を行う目的には、このほかに、緊急の場合を切りぬけるための非常統制が考えられる。たとえば、激しいインフレーションが起ったり、戦争などによって生産が破壊されたりした場合には、生産力を回復させ、物価の安定を図り、国民生活の危機をきりぬけるために、かなり思いきった統制を加える必要がある。今日の日本の状態は、まさにそれである。それによって企業の自由が制限を受けても、その目的が国民生活の建て直しにおかれているかぎり、民主主義の精神には反しない。もしも企業の自由を重んずるのあまり、必要な統制が行われず、そのために国民がいっそうみじめな状態に陥るならば、それこそ民主主義の目的に反することになる。

これで、ある程度の統制が望ましいことはおよそわかったが、それでは、その統制をどういうふうに行っていけばよいか。どうすれば、統制を民主化することができるか。

この点はひじょうにむずかしい。なぜならば、統制を経営者の自治に任せておくと、先に述べた独占的経営の弊害を避けることができない。そこで、統制は国家の手で行うほかはないということになるが、そうすると、今度はいわゆる官僚統制の弊害に陥る。すなわち官吏が国民生活の実情と、産業の実際問題とをじゅうぶんに知らないで、法律一点ばりの融通のきかない統制をやる危険がある。また、統制に伴ないがちな公務員の不正や、統制の網をくぐるやみ取引が行われる。そうなっては、どんなに適切な統制の組織を作っても、とうていその目的を達することはできない。そういう欠点を除き去るためには、いろいろな方法が考えられる。第一に、統制を官庁だけに任せておかないで、国民の代表者である国会の監督と発言とを強くすることが必要であろう。それがよく行われれば、統制のいき過ぎや不徹底を除き去り、実情に適した統制が実施されるようになるであろう。第二には、官庁の組織の中に、民間のりっぱな人物や学識経験者をどしどし起用し、国民として実際に体験したところを、経済統制の上に活用してもらうこともたいせつである。更に、第三には、役所の統制事務が果たしてすみずみまでよく行われているかどうかを監視する組織を作って、それに、一般国民、特に消費者の代表を参加させるという方法も、適当であろう。このようにして、国民が統制の必要を理解すると同時に、統制の実行のうえに国民の目がよくとどくようにして、これを民主主義的に行うことが、これからの経済統制には何よりもたいせつである。

このことは、国家が自分の手で行う国営事業についても、あてはまる。資本主義の社会でも、鉄道や電信や電話などのように公益的な色彩の強い事業は、国家の手で経営される場合が多い。それが、社会主義の方向に近づいてゆくと、鉄鋼業や炭鉱や電気事業なども、次第に国営に移される傾向がある。それは、産業の中でも特に重要なものであるから、もしもそれが国家の独占に移された結果として、独占的経営と官僚統制との二重の弊害を生むようになったならば、その及ぼす悪影響はひじょうに大きくなるであろう。だから、この場合にも、すぐれた学識を持つ人々や、責任感の強い消費者の代表などが、じゅうぶんに意見を述べうるような組織を作って、国営事業が正しく経営されるように監視しなければならない。国民が国民自らの利益のために政治に参与するという民主主義の原則は、こういう点にも大いに生かされなければならない。

## 五　協同組合の発達

経済生活における民主主義を実現してゆくためには、大企業や大地主の経済力に、中小企業や農民が対抗できるようにする必要がある。そこで、多くの国では、中小企業や農民によって組織された協同組合が発達した。近代の資本主義社会では、大規模な企業は、たいてい株式組織にて経営されるが、それと並んで、それほど大きな資本を持たない、たくさんの中小商工業がある。中小商工業にも会社経営があるが、その多くは個人経営である。今日の日本では、財閥を解体し、資本の集中を排除することによって、中小商工業の地位はそれだけ重要になりつつあるが、それでも、大企業の圧迫を受けるおそれは依然としてあるし、仲間どうしの間でも、自由競争の結果として弱肉強食が行われることになりやすい。したがって、中小商工業者は、ますます従業員を安い給料でこき使うというような弊害をも生ずる。これらの欠陥を取り除くには、どうすればよいか。

これに対するいちばん有効な対策は、同じ種類の中小商工業者が集まって「協同組合」を作り、組合の力によって中小企業の弱点を補い、大企業の資本力に対抗すると

同時に、企業の合理化を図るというやり方である。たとえば、同じような生産を行っている中小商工業家が組合を作り、原料も共同で購入するし、製品も共同して販売する。個々の企業ではなかなかできない施設を行って、組合員が共同でそれを利用する。資金のやりくりがつかない場合には、組合の手で銀行から共同して金を借りる。もっとすすめば、組合員の持つ工場を共同で使って、集中的に生産を行い、損益の計算も共同でやって、その利益を分配する。こういうふうにしてゆけば、個々の業者に対して組合がかなりの統制権を持つことになり、自由企業のおもしろみが失われるおそれはあるが、それだけ大企業に対して相当の競争力を持つことができるようになるであろう。また、従来は、中小商工業は問屋に対して頭が上がらず、資金の融通をつけてもらうにも、原料を仕入れるにも、製品の提供および販売を行うにも、

不利な条件に甘んじなければならなかったのが、よほど改善され、中小企業の健全な発展を促進しうることになるであろう。

しかし、このようにして中小企業の地位が改善されても、経営の内部で従業員に対する封建的な支配が行われているようであっては、民主主義の目標へはまだ道は遠いといわなければならない。中小企業が、これまでいろいろ不利の点があったにもかかわらず、根強く存在を続けてくることができた大きな理由は、安い労働力を使って、利益をむさぼっていた場合が多かったからである。これからは、中小企業の労働者の地位を守るために、国家も一般社会もじゅうぶんな監視を加え、その労働条件を引き上げるようにしてゆかなければならない。人件費がかさめば、中小企業の経営はそれだけ困難になるが、その弱点は、協同組合の発達によって補ってゆけばよい。

協同組合の健全な発達を必要とするのは、商業や工業の部門ばかりではない。国民生活を直接にささえている農業においても、組合の組織によって経済の民主化を図ることがたいせつである。農業は国民経済の中でも、全く特別な、そうして重要な地位を占めている。農業は、全国民に食糧を供給する立場にある。中でも、日本では、全人口の半数近くが農村で占められているから、農村問題は特に重大な関心の的になる。それに、工業にふりむけられる労働力は、主として農村から補給される。したがって、農村の生活水準が低いと、工場労働者の賃金もその影響を受けて、ある程度以上には引き上げることができない。だから、農民の生活を改善することは、間接に都市の労働者の地位を向上させることにもなる。

農村で最も問題になるのは、地主と小作農との関係である。少数の地主が大きな土地を所有して、自分ではほとんど働かずに高い小作料を取り、小作農は、激しい労働に従事しながら、その収穫の多くの部分を小作料として、しかも現物で払い、貧困の生活に甘んじているという状態は、不自然きわまるものであった。それに、「所有の魔力は、砂を化して黄金にする」ということばもあるとおり、自作農になって、自分の土地を自分で耕すことになれば、農業に対する身の入れ方も自然に違ってくる。だから、農村民主化の根本は、小作農をできるだけ自作農にするにある。そこで、先に行われた農地制度の改革により、国家が地主の土地を買収して、これを小作農に買い取らせることにした。これは、日本の農村に大きな変革をもたらし、働く農民に対して生活の向上を約束するものであるに相違ない。

しかし、今度の農地改革にしても、約一町歩以下の小作地、北海道では四町歩以下の小作地は認められているから、それだけまだ小作農は残るわけである。それらの小作農の地位を安定させるためには、もっと自作農化をひろく行うか、または、小作権をはっきりさせ、小作料を引き下げなければならない。ことに、わが国の小作料は、昔から物納の形で、しかもひじょうに高率であった。これは、百姓が領主に年貢を納めていたしきたりの残りであって、農村の封建性の大きな要素をなしていたのである。これも、今後の農地制度の改革によって、金納に改められ、実質的にかなり引き下げられた。

このようにして農地制度は大いに改革されつつあるが、それだけでは、まだ日本の農業の根本の弱点は救われえない。なぜならば、今までの日本では一戸あたりの耕作面積は平均一町歩そこそこであり、全体として、五反歩から一町歩までの農家がいちばん多い。このように経営面積が小さいと、自作をしても、農業生産力の発達にはどうしても限度があって、農業経営の安定はなかなか望めない。そこで、これらの小さな独立農民の地位を高めるために、どうしても「農業協同組合」を発達させることが必要になってくる。

農業協同組合は、勤労農民の自立的な組織である。したがって、個々の農家はそれぞれ独立に農業を経営しつつ、種や肥料や農具の購入にしても、資本の融通をつけるにしても、農産物を販売するにしても、みんなの力を合わせて共同に行うようにするのである。農家が孤立して、農業を経営していると、その利益はとかくに都市の工業や商業や金融業によって左右されやすい。農民は、高い工業製品を買わされ、商人からは農産物を値ぎられ、高利の借金に苦しめられることが少なくない。しかも小さな経営と、そこから生まれる乏しい利益では、機械設備をじゅうぶんに利用することなどは、思いもよらない。そこで、農民のばらばらな力を集めて、金融事業を自分で経営し、購買も販売も共同で行い、機械設備や水利施設などを共同で利用するようにすれば、農家の弱い地位も大いに強化されるであろう。これが協同組合の仕事である。協同組合は、それ自体が民主的な組織であるばかりでなく、農民の地位と生活を安定させるために果たす役割は、きわめて大きい。

しかし、なんといっても、日本の農村の悩みの種は、土地が狭くて人口が多すぎることである。もしも人口がこれまでのように農村にあふれているならば、耕地はもっと細分されるし、小作料も前のように高くなってゆくおそれがある。だから、農民の生活をほんとうにりっぱなものにするためには、農村のあり余る人口になんとかさばきをつけてゆかなければならない。それには、工業や鉱業を発達させて、農村の人口をその方面に吸収することも必要である。しかし、それと同時に、農村の内部にも、農産物に加工する農村工業を起して、余った人口をそれにふりむけてゆくくふうもしなければならない。それはなかなかむずかしいことであるが、健全な農業経済の発達を図るために、ぜひとも実行に努力すべきであろう。

## 六　消費者の保護

国民は、生産の方面では、資本家・労働者・商人・給料生活者・農民などというふうに、立場立場が分かれているが、消費の方面では、みな同じ消費者として共通の利害を持っている。このような消費者の利益を守ることは、国民生活を安定させ、その向上を図るうえからいってきわめて重要な課題である。その重要性は、特に都会の場合に大きい。農村では、消費物資が自給される割合が多く、それに、既に農業組合がかなり発達して、必要な品物の共同購入を行っているから、購入物資についてもそれほど問題はない。

消費者の利益を考えるにあたって、最もたいせつなことは、できるだけ「消費の自由」を与えることである。何がいちばん必要か、まっさきに何を買いたいかは、原則としてその人が最もよく知っている。人にはそれぞれ好みがあり、また、生活上の必要も異なるから、これを一律におさえることはなるべく避けなければならない。もちろん、物資の少ないときには、消費の割当や制限を行うこともやむをえないが、それでも消費の自由の精神はなるべく生かされるべきである。

消費の自由を最もよく認めるには、販売を商店の自由競争に任せて、国民はなんでも好きなものを好きな店から買えるようにしておくのがよい。しかし、商人が生産者と消費者との間にあって、中間で大きい利益を得るようなしくみでは、消費者の利益は侵されやすい。そこで、この場合、消費組合を発達させて、消費者の利益を直接に守るようにしてゆくことが望ましい。消費組合は営利団体ではないから、中間の手数料はわずかですむ。それに、消費組合が発達すれば、商人の方でもこれに対抗するために、費用を節約して、なるべく安く商品を提供するように努力するから、消費者の受ける利益は増大する。したがって、商店と消費組合とが両方ならんで存在することは大いに結構で、これをどれか一方に限定する必要はない。

消費組合が、小さな地域単位から地方的・全国的な連合組織にまで発達すれば、ひじょうに大きな力になる。イギリス・アメリカ・スウェーデンなどでは、消費組合が大きな工場を持ち、自分の汽船を動かして製品を運ぶまでになっている。そこまで成長するのはたいへんであるが、民主的な消費組合の発展は、国民の消費生活を明かるくするのに大いに役だつであろう。

消費組合の機能は、生活必需品の共同購買だけにはかぎらない。大きな連合の組織を背景にすれば、理髪店・浴場・託児所などはもとより、病院を設けることもできるし、共同炊事なども経営してゆけるであろう。それに消費組合が発展すれば、各方面の会議に消費者代表を選ぶ場合、消費組合からそれを出すことができる。それは、強大な組織を基礎とする代表だから、消費者の意向を反映するのにはきわめて適しており、おのずから消費者の発言を重からしめるであろう。これも、これからの国民の経済生活の向上にとって、けっして軽くない意味を持っている。国民が、個人個人ばらばらの消費者としてはどうすることもできないような事柄を、共同の力によって解決し、団結の力によって主張してゆくところに、消費者の利益を守る消費組合の重要な意味がある。

だが、消費生活をささえるものは、根本においては生産である。生産が向上してこないかぎり、どんなに完全に組合の組織が発達しても、消費生活の向上は望まれない。それでは、いったい、わが国の生産はどこまで発展するであろうか。それは、八千万の国民のすべてに仕事を与え、その生活を維持させることができるであろうか。日本の経済がはたしてじゅうぶんに民主化されるかどうかは、けっきょく、すべてここにかかってくる。生産がふるわないために、国民の生活水準が低くなり、いたるところに失業者があふれるようでは、経済生活における民主主義はとうてい実現されえない。それどころではなく、経済の不振と混乱とは、やがて政治上の民主主義をも危うくし、民主国家としての歩みを困難ならしめる。そのたいせつな日本経済のこれらの見とおしは、どうであろうか。だれが考えても、その前途はけっして安心してはいられない。

第一に、今日のわが国では、すべての人口が狭い四つの島に集中し、人口過剰の悩みはますます痛切である。第二に、国内の設備の破壊と工業技術の低下とのため、生産の回復はなかなか思うに任せない。それに、戦災・賠償・インフレーションなどによってくずれた経済の骨組を建て直すことは、もとよりやさしい仕事ではない。第三に、これからは労働者の地位も改善され、農民の生活も向上してゆくであろうが、それが直ちに国民生活の向上を意味するかというと、そう簡単にはゆかない。なぜならば、これからの日本の経済は、前にもまして外国との貿易によってささえられなければならない。その場合、外国と競争して、わが国の品物を輸出するには、これまでよりもずっと大きな困難が予想される。というのは、労働者の賃金が高くなれば、それだけ生産費がかさんでくるから、欧米各国の生産品との競争もそれだけ困難になる。それに、日本の産物の重要な輸出先である東洋諸国にも、だんだんと工業が盛んになってゆくであろうから、販路がかぎられてくることも予想しなければならない。このようにして、輸出がふるわなくなれば、海外から原料を輸入できないことになり、資源の貧弱なわが国の産業をますます困難な立場に追いこむことにならざるを得ない。

このように考えてくると、八千万の日本人が働いて生活できるようになるのは、けっして容易なことではない。だが、われわれは連合国の好意ある援助のもとに、この困難をのり越えることに全力をあげなければならない。それには、まず、経済統制の適切な運用によって、生産力の回復と経済生活の安定とを図らなければならない。つづいて、科学を高度に実用化すること、日本国民固有の細かい技術を活用することとによって、平和産業の発達と貿易の向上とに努めなければならない。更に、窮迫した人口過剰と生活難とを解決するうえからいって、結婚年齢のひきあげや産児調節の問題も真剣に考慮されるべきであろう。日本国憲法は、その第二十五条をもって、「すべて国民は、健康で文化的な最低限度の生活を営む権利を有する」と規定している。この規定の精神をいかにして現実化し、そのいわゆる最低限度の生活をいかなる水準にまで高めうるかは、かかってわれわれ日本国民の今後の努力いかんにある。われわれの生活水準を向上せしめうるまでは、国民のすべては苦しい生活を送らなければならないが、これは敗戦国として、当然忍ばなければならないところであろう。このように経済生活がなかなからくにならないとすれば、経済民主主義は簡単に実現できないといわざるを得ない。しかし、それだからこそ、逆にまた、経済生活において民主主義を強く主張し、その実現に努力することがたいせつなのである。

# 第十章　民主主義と労働組合

## 一　労働組合の目的

資本主義の社会では、民主主義の原則が確立し、各人がそれぞれ幸福を求めてその生活を経営する自由と権利とが認められているかぎり、国民の努力次第で、日常生活はだんだんと豊かになってゆくべきはずなのである。しかし実際問題としては、かならずしもそう簡単にはゆかない。ことに経済的民主主義がじゅうぶんにゆきわたらない状態においては、労働者の経済上の立場は、とかくなおざりにされる傾きがある。なぜならば、そこでは資本がしだいに比較的少数の資本家の手に集中し、その持つ経済的な力が、ややもすれば資本家だけの利益のために、一方的に用いられやすいし、その反面、労働に従事する国民の多数は、不当に低い賃金で、不当に長い時間働くことを余儀なくされ、したがって一般に不利な生活条件に甘んぜざるを得ないことになりがちだからである。

つまり資本がほとんど無制限にその力をふるいうるような経済社会では、労働者は、だいたいとして資本家側が決めた条件によって工場などに雇い入れられる。このような事情のもとでは、労働によって得られた生産の価値の大きな部分が、資本家の手に吸収されることを免れない。もっとも、そういう社会でも、労働の条件は、法律上は雇い主と労働者との間に取りかわされた契約によって自由に決められることにはなっている。しかし資本家の方は自分たちにだけつごうがよいような条件を持ち出しうるのに反して、労働者の方は、生活の必要上やむをえずそれを受諾するというふうであっては、その間に結ばれた契約は、けっしてほんとうに自由なものであるということはできない。また、そういう状態をそのままにしておくことは、民主主義の原理に反する。

なぜならば、民主主義の根本精神は、人間の尊重である。人間は、だれであろうと、すべて生活の福祉を享有する権利を有する。それなのに、まじめに働いている人々が、人間として生きてゆくだけの衣・食・住にことを欠くようなことになっては一大事である。だから、すべての人間は、自分と自分の家族とのために働く権利を持ち、その勤労によって一家の生活をささえるだけの収入を得ることを、平等に要求できるはずでなければならない。それが、国民のすべてに対して等しく認められている基本的人権である。基本的人権を何にもまして重んずる民主主義が、経済生活のいろいろな弊害や不合理を除き去ることに努力するのは、きわめて当然なことであるといわなければならない。

これらは、けっきょくは、前の章で説明した経済生活における民主主義の問題であるが、特に労働者の地位の向上という面から考えてゆくと、それがいわゆる労働問題となる。労働問題の対策にはいろいろありうるけれども、それを根本から解決する道は、労働者にとって、不当に不利な諸条件を取り除くという方向に求められなければならない。労働者の団結によって作りあげられるところの労働組合は、そのような要求からみて最も重要な意味を持った組織なのである。

今日の産業組織の中で働いている労働者は、たくさんの工場や職場に分散している。そうして、もしも労働組合がなければ、同じ職場で働いている人々でさえも、企業主に個別的に雇われ、ひとりひとり孤立した立場で賃金やその他の労働条件をとり決めなければならない。かれらは、自分たちの提供する労働が、どのくらいのねうちを持つものなのか、どこでそれがいちばん求められているか、適正な賃金はどのくらいなのか、というようなことをはっきり知る道がない。会社の都合で解雇すると言われても、ひとりひとりの力では、抗議のしようもないし、抗議しても取りあってはもらえない。失業すれば、すぐさまあすのパンに困るから、どこでも、どんな条件でも、雇ってくれるところがあれば、そこで仕事にありつかなければならない。だから、このように孤立した立場にあることは、労働者にとって最も不利な点であるということができよう。

それに、現代のように産業の規模が大きくなってくると、ますます細かい分業が行われる。一つの場所で働く労働者は、たとえばハンマーで鋲《びょう》を打つとか、機械に油をさすとかいうような、型にはまった単純な一つの仕事だけを分担して、それを年じゅうくり返しているということになる。そうなると、頭をつかって新しいくふうをする余地はほとんどなく、人間が機械同様な働きをするだけになって、精神の創造性も、それを活用する機会がないために、だんだんとすり減らされてしまう。そこに、今日の工場労働者が手工業時代の職人とまるで違う点がある。人間は、そうなればなるほど、それだけ娯楽や慰安や文化的な教養をせつに求めるのであるが、一日の大部分を工場で働いて、安い賃金をもらって、家に帰れば疲れて寝るほかはないというふうでは、そのような要求もほとんど満たされる機会はない。労働者の立場が孤立している場合には、自分ひとりのかぎられた力で教養を高めるための施策をすることなどは、まずもって思いもよらない。

しかし、そのような不利な条件も、おおぜいの労働者が団結すれば、団体の力で、すくなくとも一部分は克服してゆくことができる。そうして、その団体も、規模が大きくなればなるだけ、それだけ団結の力を大きく発揮するようになる。そこで、それぞれの職場に分散して働き、ひとりひとり孤立した立場にあった労働者は、だんだんと分散、孤立していることの不利を感じ、互に団結して適正な労働条件を確立することに努力するようになってきた。そうして、大企業が発達し、その経済的な力が強大となるにつれて、労働組合もまた、小さな規模のものから、だんだんと力の強い地方的および全国的の組織を作るようになってきた。労働条件の是正も、労働者の生活環境の改善も、このような組合組織の活動にまつところが最も大きい。それとともに、民主主義の国家制度としても、労働者の団結権を認め、法律によって組合の発達を助長するようになってきたことは、経済民主化の方向に向かっての大きな進歩であるということができよう。

## 二　労働組合の任務

このように、労働組合は、適正な労働条件を確立しようとする勤労大衆の自主的な団結である。したがって、その精神とするところは、企業経営者の力が不当に濫用される場合に対して、労働者の立場から基本的人権を守ろうとする民主主義的な運動であるといってよい。言い換えれば、労働組合は、経済上の民主主義を実現するための大衆組織にほかならない。

もしも労働組合という勤労大衆の自主的な組織が存在せず、あるいはその成立が禁ぜられていたとするならば、近代の民主主義の原理は、よしんば法律の形式のうえでは認められ、制度としては確立されていても、実質的にはじゅうぶんに実現されえない。だから、労働組合は、民主主義の原則を近代的な産業組織の中で具体化するものであり、民主主義を単なる法律制度としてではなく、動く生命のある生活原理として発展させてゆくための、不可欠の条件なのである。

ゆえに、労働組合の第一の任務は、適正な労働条件を作りあげることにある。しかし、ただ単に労働条件をよくするというだけならば、独善的な官僚や「慈悲ぶかい」独裁者でもできることであろう。たとえば、ヒトラーなどは、労働者をおだてて「歓喜力行団」という組織を作らせ、大いに勤労大衆のごきげんをとろうとしたことがある。しかし、このようにして与えられた労働条件の改善は、けっして正しいものではない。なぜならば、そこでは勤労者の自主性が無視されているからである。封建時代の民衆統治の原則は、「由《よ》らしむべし、知らしむべからず」であった。これに対して、現代の労働組合の理想は、勤労大衆が、正しい労働条件を自分たちの組織の力で自主的に実現してゆくところにある。「上から」の命令によってではなく、「下から」の組織と、盛りあがる力とによって経済的民主主義の発展を図るところにこそ、労働組合の大きな使命がある。

その点をよく深く考えてみれば、労働組合の精神がいかに深く民主主義の原理とあい通ずるものであるかがわかるであろう。民主主義の政治は、「国民のための政治」である。しかし、「国民のための政治」ならば、どんな方法で行われてもよいというのではない。「上から」の命令によって国民の幸福が増進されえたとしても、それは民主主義ではない。国民自らの力により、国民自らの手によって、国民のための政治を行うのが、真の民主主義である。それと同じく、政治的な野心家や、労働者の後に隠れているボスの力によってではなく、労働者自らの力により、勤労大衆自身の団結によって、働く者の生活条件を向上させてゆくのが、労働組合のほんとうのあり方である。そういう自主的な組合の活動によって、労働者は、自分自身を社会的に、また政治的に教育することができる。その意味で、労働組合は、自治的な組織を持った民主主義の大きな学校であるということができよう。

それだから、労働組合の任務は、けっして賃金の値上げや労働時間の短縮やその他の労働条件の改善を要求するという経済上の目的だけに尽きるものではない。労働組合は、それ以外に更に重要な社会的・文化的な任務をになっているのである。前に言ったとおりに、現代の大規模な工場に働く勤労者は、型にはまった仕事だけをするために、知識の円満な発達を図ることが困難なばかりでなく、精神的なかたわになってしまうおそれがある。それは、資本主義であれ、社会主義であれ、極度の分業を必要とする大企業の形態では、ほとんど免れえないことである。これに対して、労働者の知能の磨滅を防ぎ、その精神生活を豊かなものにすることは、基本的人権を守るという立場からみて、きわめて切実な問題となってくる。人間は食物だけを食べて生きてゆけばよいというものではない。すべての人々は、心のかてを得ることについて、平等の権利を持っている。大企業中心の経済組織が、そのように労働者の精神的成長を妨げるおそれがあるのに対して、労働者の自主的な団結の力により、個人個人では得がたい教養を身につけ、新しい文化を吸収できるようにすることは、労働組合に課せられたひじょうにたいせつな使命であるといわなければならない。

## 三　産業平和の実現

労働組合の活動によって、適正な労働条件が得られ、勤労大衆の地位が向上することは、いわゆる「産業平和」の実現に役だつところが大きい。企業の自由が全く無統制のままに放任されていると、経営者と労働者との間の地位のへだたりが大きくなって、その間に利害と感情の融和しがたい対立が生ずる危険がある。そうして、それが、生産の増強を妨げ、社会公共の福祉を害する原因となる。これに対して、労働組合が健全な発達を遂げ、経営者と労働者との理解と協力とがすすむならば、そうしたいまわしい現実を防ぎとめることは、けっして不可能ではないであろう。産業平和は、健全な発達を遂げた組合運動の目標であって、現実がそのとおりにうまくゆくとはかぎらないが、その目標を高く掲げ、それに向かってたえず努力を続けることは、労働組合にとって最も望ましい態度である。それはまた、罷業《ひぎよう》に訴えるのは、常に最後のやむをえない手段であるということを意味する。

産業平和を実現するためには、まず、経営者の側が労働者の現実の立場を正しく理解すると同時に、労働者もまた、企業経営の現実の問題を公正に認識しなければならない。

資本主義の経済では、私企業は、他のいかなる目的を持つ場合にも、原則として同時に営利を目的としてなされる。しかし、資本家や経営者が営利だけを本位として、労働者の立場を無視し、できるだけ安い賃金で、できるだけたくさん働かせようとするならば、労働者側も、団結の力をまずもって闘争の武器として用いるということにならざるを得ない。そうなれば、経営者側はますます労働者の運動を敵意をもって見るようになるだろう。しかし、工場が動き、生産が行われ、利益があがるのは、主として労働の力によるのであるから、それについて労働者の発言を重んずるのは、当然で正しいことである。経営者側に、労働者の人間としての基本的な権利とその正当な要求を尊重する民主主義的な気持があるならば、いろいろな問題も、穏やかな話しあいで解決がつかないはずはない。そこに、おのずから産業平和への道が開かれてゆくであろう。

第二に、産業平和の目標を達成するためには、経営者と労働者とが共通の地盤の上に立つという自覚を持つことが必要である。

なるほど、経営者と労働者とは、いちおう違った立場に立っている。しかし、事業が経営されてゆくためには、両方の協力がたいせつなのであって、一方だけの力で仕事がうまく運んでゆくものではない。だから、経営者と労働者とは、感情の疎隔や政治的な対立に走ることを避けて、共同の事業のために力を合わせてゆくという考えにならなければならない。企業経営に伴なう弊害を除き去り、事業そのものをよくしてゆくことに、共通の利益を見いだすならば、経営者と労働者とが互に不愉快な闘争をくり返す必要もなくなる。特に、あらゆる生産は、けっして生産者だけの利益のために行われるのではなく、国民全体の生活を豊かにし、その福祉を増進するために、欠くべからざる意味を持っている。その目的を主眼として考えるならば、両方の間の意見の一致を見いだすことがいかにたいせつであるかは、きわめて明白であるといわなければならない。

もしも、このようにして、経営者と労働者とがお互の立場をよく理解し、双方の協力と責任とによって事業の改善に努め、各自がその持場持場を守って仕事に励むならば、おそらく事業の成績は向上し、利益も増加してゆくであろう。その場合、もしも経営者が労働者の功労を正当に評価するならば、その利益は賃金をひきあげることによって、労働者にも正しく配分されるようになってゆくであろう。それはけっして資本主義の考え方が社会化されたということだけを意味するものではない。もしも企業の経営者が遠大な考えを持つならば、そういうふうにするのが事業に成功する要訣《ようけつ》であることを知るに相違ない。高い給料を払って大きい利益をあげるという政策は、企業を発展させると同時に、企業に関与するすべての人々に繁栄をもたらすゆえんである。資本主義のもとで経済的な民主主義の理想を実現するための最もよい方法は、ここにあるということができる。

これに対して、社会主義的な経営方法を採用することは、経営者と労働者とを同じように取り扱う点で、社会正義の要求にはかなう。しかし、資本主義の長所を生かしてゆこうとする立場からみるならば、そのような組織のもとでは、各人がそれぞれの利益のために生産に励むという強い原動力を減退させるおそれがある。そこで、仕事に精を出せば出すほど利益があがるという資本主義の強味を発揮しつつ、勤勉によって得られた収穫に対しては、労働者もまた高い賃金という形でその分けまえにあずかるようにしてゆくならば、生産の向上とあわせて、社会正義にかなった経営が行われることになるであろう。かくしてはじめて、経営者と労働者との間の円満な協力が生まれ、産業平和の実現が期待されうるであろう。

## 四　団体交渉

労働組合には、今まで述べてきたようないろいろな使命や理想があるが、その根本をなすものが適正な労働条件の確立にあることは、いうまでもない。そうして、労働組合がこの目的を実現するために用いる最も重要な手段は、「団体交渉」である。

労働組合が発達するまでは、労働条件は経営者側の一方的な意志によって決定されるのが常であった。これに反して、労働組合の発展に伴ない、労働賃金・労働時間・休日その他の条件は、経営者側と組合の代表者との間の団体的な交渉によってとり決められる。前には、個々の労働者が別々に雇い主と交渉するために、だいたいとして雇い主側の決めた条件に甘んじなければならなかった。しかるに、団体交渉によれば、労働条件の主たる内容は、一般の標準とにらみあわせて、合理的に決定されうるようになる。ゆえに、労働者の団結権と団体交渉権とは、労働組合の目的を実現するための欠くべからざる前提である。日本の新憲法が、これらの二つの権利を掲げて、これをおごそかに保障しているのも、そのためにほかならない。

団体交渉によって適正な労働条件が定められるためには、経営者側は、労働組合員の生活水準の向上が経営の健全な運行のために絶対に必要であることを、深く認識しなければならない。また、組合側としても、経営の合理化と生産の増進とがなければ、事業そのものが経営難に陥って、適正な労働条件や双方の繁栄ということも単なることばに終ってしまうことを、じゅうぶんに理解しなければならない。

このような相互の理解によって団体交渉が円滑にすすめられれば、その結果として、経営者と労働者との間に「労働協約」ができあがる。手工業や小規模企業の場合には、労働の種類や性質がまちまちであるために、一般的な労働条件の標準を求めることは、もとよりきわめて困難である。これに反して、大規模な経営が発達するにしたがい、労働者の生活環境がだんだんと画一化されてくるから、どの程度の労働条件が適正なものであるかを、ひろい立場から一般的に決めることが可能になる。ことに、労働の最低の基準を国家の法律で統一して示すようになれば、団体交渉の目標をどこにおくかが、いっそうはっきりしてくる。「労働基準法」という法律は、労働条件の最低基準を決めて、労働者の人間らしい生活を保障するという目的のために制定されているのである。

次に、団体交渉によってとり結ばれる労働協約は、一年ぐらいの期間を定めて、労働条件を決めることが望ましい。そういうふうにすれば、すくなくともその間は労働条件が安定するから、労働者はそれに基づいて生活の計画をたてることができる。また、経営者としても、それによってどのくらいの人件費がかかるかということがはっきりするから、経営のための計算がたてやすい。それは、双方の側にとってきわめてたいせつなことである。組合によって団体交渉をすることの意義は、このような方面においても経営の合理化のために役だつ。

しかしながら、団体交渉の結果が、常に円満な協定に到達するということは、かならずしも予定できない。組合側からは、事業の実情にかなった穏当な要求を提出し、経営者側も誠意をもってその実現を図るというふうならばよいが、そうでない場合は、交渉は決裂に近づく。しかし交渉決裂のおそれが大きくなってきた場合にも、当事者は、調停や仲裁の方法によって、お互にとって得るところのない闘争に陥ることを極力避けなければならない。それでも、どうしても打解の道が見いだされないということになれば、官庁関係の勤務者は別として、一般の労働者には、最後の手段として「罷業」に訴える権利がある。

罷業は、労働者の正当な要求を保護するための方法ではある。しかし、罷業を単なる闘争のための武器として濫用し、罷業のための罷業をするようなことは、あくまでも避けられなければならない。いうまでもなく、罷業によって生ずる経済的および社会的な損失は、測り知りえないほどに大きい。今日では、一国の産業は、いろいろな分野が互に連関を保って、有機的な統一をなして行われている。したがって、一つの地域や一つの産業の生産が止まれば、国民経済の全体としての機能を麻痺《まひ》させてしまうおそれがある。また、ある労働組合がかるがるしく罷業に突入したために、全国民の経済生活を脅かすというような結果をまねくこともある。だから、罷業権の行使については、かりそめにもその濫用に陥ることがないように、組合の指導者は賢明に慎重に行動しなければならない。このことは、鉄道や炭鉱のような公益事業については、特に強調される必要がある。

罷業にはいることをできるだけ避けるためには、前にも言ったように、経営者側は労働組合の正当な要求を尊重し、組合側は国民経済の実情と経営の内容とにてらして過当でない要求を提出するのがたいせつなのであるが、双方が互にその主張を固執してゆずらない場合には、当事者だけでは容易に妥協の道が見いだされえない。そこで、どうしても、公平な客観的な立場から労働争議を調整する必要が起る。すなわち、経営者を代表する者、労働者を代表する者、および、どちらにも属さない第三者から成る「労働委員会」をおいて、争議の発生を予防することに努め、争議が起った場合には、その調停や仲裁を図るようにするのである。

ここにいう調停と仲裁とは、ことばとしては同じようにひびくが、制度としてはかなり違う意味を持っている。「調停」というのは、争議の内容を調べ、双方の言い分を聞いて、経営者側と組合側とが歩みよりうるような条件を持ち出し、双方を和解させることである。

これに対して、調停だけでは争議を解決するみこみがたたないような場合には、当事者の申し出を待って、争議の「仲裁」を行う。仲裁だと、当事者は仲裁者の決定に服さなければならない。労働委員会も、争議の調停や仲裁を行うが、当事者の話しあいで、ほかの者に調停や仲裁を頼むこともできる。調停や仲裁の手続きを定めているのは、「労働関係調整法」という法律であって、この法律は、労働組合のことを定めた労働組合法、および労働条件の最低基準を明らかにした労働基準法とならんで、労働問題の解決を目ざし、産業平和の維持と経済の興隆とを図ろうとしている。

以上に述べたところは、労働争議を解決するための一般的な方法であるが、これには重要な制限があることを注意しておく必要がある。その一つは、公益事業の争議の制限である。すなわち、運輸事業とか電気事業とかいうような公益事業に関して争議が起った場合には、法律の定めるところによって、かならず労働委員会の調停に付せなければならない。そうして、調停に付することになってから満三十日を経たうえでなければ、罷業を行うことは許されない。公益事業は、国民の福祉に最も直接の関係があるから、法律がこのように抜き打ちの争議を禁じているのは、当然のことである。

次に、もう一つの点は、官庁勤務者の組合運動に対する制限である。国家の公務員は、一般の公益事業の従業員に比べて、更に公共の利益に深い関係をもつ立場にある。したがって、それらの人々のになう重い責任から考えて、官庁の勤務者の団体交渉権や罷業権に対しては、国民の公共の福祉が脅かされることがないように、これを制限したり禁止したりする措置が加えられる。特に警察官吏・消防職員などについては、労働組合を作ることや、それに加入することさえ禁ぜられているのである。

## 五　日本の労働組合

労働組合は、労働者自身の自覚によって作られ、一般労働者の意志と理性とによって運営される自主的な組織でなければならない。ところが、日本のように、労働組合運動が長らく軍国主義の政治によって抑圧されてきた国では、労働組合の自主的な発展や運営を図ることは、まことに容易なわざでない。軍閥や特高警察がなくなり、財閥が解体されたからといって、直ちに日本の労働組合が豊かな自主性をもって生育すると思ったら、とんだまちがいであろう。背中に長らく重い石を乗せられていた者は、とつぜんだれかの手でその石が取り除かれても、すぐさままっすぐな姿勢で正しく歩きだせるものではない。それと同じように、日本の労働組合も、敗戦後はじめて真の団結の自由が与えられたのであるが、それだけに、日本国民は、まだまだ、この団結の自由と権利とを賢明に自主的に用いることをじゅうぶんに心得ているとは言いがたい。だから、日本の労働組合にとっては、このようにとつぜんにさしたる苦労もなくて獲得された自由と権利とを、責任をもって自主的に行使するように、特に反省と努力とを続けることを怠ってはならない。

労働組合は、国家や雇い主によって外部から圧迫されてはならないが、逆にまた、それらの援助にたよるようなことがあってはならないのである。なぜならば、そうい

うことをすると、一時はいかほど労働組合の発展に役だつようにみえても、結局は組合運動の自主性が失われ、国家や資本家の御用組合に堕落してしまうからである。だから、労働組合が民主主義の精神にかなった発達を遂げるためには、ただに人的組織のうえで自主性を保つことが必要なばかりでなく、財政の点でも、外部からの助力を求めたり、援助を受けたりしないようにしなければならない。どんなに財政が貧弱であっても、組合員自らの力を出しあって運営されている労働組合は、組合員がそれをほんとうに「自分のもの」と思うから、だんだんとすこやかに発展してゆくであろう。すべての民主主義的な組織がそうであるように、労働組合もまた、「組合員の組合」

であり、「組合員による組合」であってこそ、はじめて「組合員のための組合」たることができるのである。

組合員の中に、よい労働組合を自分たちの力で作りあげようという気持がみなぎっていれば、その活動の一つ一つが組合員自身の訓練になり教育になる。これに反して、もしも組合員が、ただ組合に名を連ねているだけで、その運営についてはまったく「人まかせ」にしているというふうだと、組合の中の少数の者が実権を握って、その人たちだけの考えで独裁的な支配を行うようになる。それは、民主主義の名に隠れたボスの暗躍を許すもとである。

日本人には、長い封建主義の習慣から、頭ごなしの強い意見を主張する者があると、つい「さわらぬ神にたたりなし」といった気持で、言うべきことも言わずに、それに従ってしまう傾きがある。労働組合の中にそのような傾向があらわれると、組合はやがて少数のボスに占領されてしまう。組合を動かすものは、組合員全体の盛りあがる意志でなければならない。労働組合を、単なるボスの道具や闘争の武器にしてしまうことがなく、その本来の経済的および精神的な使命にかなった組織たらしめるのは、すべての組合員の大きな責任であることを忘れてはならない。

日本の労働組合は、戦争終了後わずか三か年で、組合数は二万八千を越え、組合員の総数は六百万以上に達した。単なる「数」のうえからいえば、まさに驚嘆に価する発展である。しかし、「質」の点ではどうかということになると、まだまだ、はなはだ不満足な状態であるといわなければならない。

日本の組合運動がこのように外形上急速な進展を遂げたのは、日本の国民生活を全般的に、かつ徹底的に民主化するという責任を負った政府が、組合の成立や生長を妨げるいっさいの法令を廃止すると同時に、組合に対していろいろな援助を与え、経営者側にもこれに協力することを求めたためである。これは、もちろん、労働組合を「御用組合」にしあげるためになされたことではけっしてない。けれどもこのように、外部から促された生長は、とかく外形だけがふとり、数のうえの増加を示すのみであって、組合員の真の自覚がそれに伴なわないということになりやすい。日本の労働者が、そういう事情のもとに発達した組織をほんとうに「自分のもの」にするためには、ひとりひとりが組合運動の民主主義的な精神をしっかりと身につけることが、何よりも必要である。

## 六　労働組合の政治活動

労働組合の当面の活動は、労働者の生活条件を向上させるという経済上の目的に向けられる。しかし、この経済上の目的は、単なる経済活動だけでは容易に達成されない。一国の経済問題の解決は、政治のいかんによって左右されるところが少なくない。

したがって、労働組合は、適正な労働条件を確立するために、政治に対して強い関心をもたなければならない。今日の日本において、既に六百万人以上の労働組合の加入者があるという事実からみても、組合が政治に対していかに大きな発言権を持つものであるかがわかる。ことに、組合は、勤労大衆の自主的な団結であるから、この組織の力を正して発揮してゆけば、民主政治の発達に強い影響を及ぼすことができる。経済民主主義の実現を図るうえからいって、労働組合の健全でかつ建設的な政治活動に期待すべきものは、きわめて大きい。

さればといって、労働組合は政党ではないのだから、その政治活動には当然に一定の限界がなければならない。われわれは、このことを常にはっきりと心に刻みこんでおく必要がある。すなわち、政党には一つの決まった政治上の主義主張がある。その主義主張に共鳴する者が、その政党に加入するのであるし、その政党の行き方に不満があれば、それから脱退して、他の政党に加入することもできる。だから、政党の場合ならば、党員に対して、党の掲げる綱領に従って行動することを要求しうる。これに反して、労働組合は、労働条件を改善し、労働者の生活を向上させるという共通な利害関係をもつ人々の、自主的な団結である。したがって、組合員が、どういう政治上の主義主張に共鳴し、どの政党を支持するかは、各人の自由でなければならない。しかるに、組合員の政治的自覚が不十分であると、かたよった政治思想をいだく少数

の人々が組合を牛耳り、独裁的な権力をふるって、組合の団結力を自分たちの政党目的の達成のために利用するということになりやすい。労働組合がそのように少数の独裁を許し、または、ある一つの政党の道具として利用されることは、組合本来の目的とまったく反するものであるから、そういう傾向に対しては、組合員自身が常に厳重な警戒を怠ってはならない。

だから、労働組合の政治活動は、組合そのものの本来の趣旨に基づいてなされるべきであり、またその範囲内においても、あくまでも公明正大に行われなければならない。

すなわち、労働組合の任務は、勤労大衆の基本的人権の擁護であり、適正な労働条件の獲得であり、働く人々の精神的文化的水準の向上である。ゆえに組合は、これらの目的にかなった法律が制定されるように、国会に向かって要望すべきであるし、これらの目的を妨げるような立法に対しては、それを阻止することに努力すべきである。また、労働者の立場を守るための法律が制定されても、政府がその精神を行政のうえに生かしてゆく熱意に欠けるようなことがあってはならないから、その意味では、政府とも連絡をとり、労働行政を正しく運用するように激励してゆかなければならない。このようにして、働く国民大衆の声を、組合を通じて国政のうえに反映させてゆくことは、経済上の民主主義の実現を促すための大きな力となるであろう。

前に述べたように、労働組合は、自治的な組織を持った民主主義の学校である。しかし、学校といっても、そこには特別に民主主義のことを教える先生がいるわけではない。また、先生からことばでもって教えられただけでは、けっして民主主義の精神を身につけることはできない。民主主義は、それを自分たちの力で築きあげ、それを自分たちで運用し、それが自分たちみんなの生活をどれだけ向上させうるかを体験することによって、はじめて、ほんとうに自分たちのものになる。その意味で、労働組合では、組合員のたれしもが先生であると同時に生徒でなければならない。先生が悪ければ生徒も悪くなる。組合員が組合を単なる闘争の手段と考えているようでは、平和な協力をもって根本とすべき民主主義の精神は、破壊されてしまう。組合員の多くが、自ら先生であるべきことを忘れて、単なる受け身の立場で少数のボスに引きずりまわされているようでは、人々は民主主義の代わりに独裁主義の政治を学ぶことになってしまう。労働組合を、自分たちの力によって作られた自分たちのための組織たらしめよ。日本の社会と経済と政治の民主化は、それによって興り、かならずやそれとともに栄えるであろう。

# 第十一章　民主主義と独裁主義

## 一　民主主義の三つの側面

今までの各章で述べてきたところをまとめて考えてみると、民主主義の根本の精神は一つであるが、人間の共同生活の中に表われるその形には、いろいろな側面があることがわかる。

すべての人間を個人として尊重し、したがって、すべての個人の自由と平等とを保障しようとする民主主義の原理は、どこへ行っても同じであり、いつになっても変わらない。しかし、民主主義は、長い歴史的発達の産物であり、その具体的な形態は、これまでも時代によって変化してきたし、これからもたえず発展を続けてゆくであろう。それとともに、その適用される範囲もますますひろくなりつつある。その結果として、今日では、民主主義について三つの側面を区別して考えるようになった。政治における民主主義、社会生活における民主主義、経済生活における民主主義の三つが、すなわちそれである。

第一の、政治における民主主義は、これら三つの側面の中でも最も基本的の形態だ

という ことができる。したがって、それはまた、歴史上いちばん早く自覚され、最初からきわめて強く主張されてきた。

人間はすべて生まれながらにして自由であり、平等であるという思想は、思想としては古い淵源《えんげん》を持つが、特に近世の初め以来、しだいに政治的にはっきりと自覚されるにいたり、人々は政治上の自由と平等とを目ざしてあらゆる努力を続けた。そうして、その努力の結果は、第十八世紀の末に起ったアメリカ合衆国の独立およびフランス革命という二つの大きな出来事を境として、着々と具体化されるようになった。ほんとうに民主的な政治の目的は、公共の福祉を向上させ、すべての人々に、幸福を追求するための平等の機会と条件とを与えるにある。このような「国民のための政治」は、国民自らの政治の根本方針を決定し、できるだけ多くの人々が自分たちの代表者の選挙に参加することによって、はじめて実現されうる。もしも、国民の間、もしくは国民の代表者の間に意見の対立があるならば、多数決によってその中のどれを採るかを決めるべきである。これが政治的民主主義の根本方針であり、民主政治の制度上のいろいろな型は、この根本の考え方を実現する方法の違いであるにすぎない。

政治的民主主義とならんで発達してきたものは、第二の、社会生活における民主主義である。

これは、共同生活を営んでいる人々の間に、身分や人種の別による特権が存在することを否定するものであって、あらゆる意味での封建制度の撤廃を要求する。貴族や門閥の家に生まれた者が、一般の人々より当然に高い地位についたり、人種や信仰が違うということを理由にして、その間に差別待遇を設けたりする社会制度は、人間の自由および平等の理念に反する。社会生活における民主主義は、そのような身分上の差別を否定するばかりでなく、女性が女性なるがゆえに男性に従属すべきものとする観念や、家庭の中で、夫が妻に対して特権を持ち、親、特に父親がこどもに対して服従を強制し、長男だけが特別の取り扱いを受けるというような制度をも排斥する。もちろん、社会生活において、すぐれた能力を持つ人や、深い経験を有する者が、人々に推されて指導的な地位に立つのは当然である。しかし、各人がその能力と個性とを伸ばすということについては、人種・性別・信仰・年齢などのいかんにかかわらず、すべての人間に対して均等の機会が与えられるべきであるというのが、社会生活における民主主義の立場にほかならない。

政治における民主主義、および社会生活における民主主義に続いて重要な問題となってきたのは、第三の、経済生活における民主主義である。

民主主義は、すべての人々が幸福を求め、幸福を築きうるような社会を目標とする。その場合にいう幸福とは、もとより、けっして単なる「物質的」な幸福ではない。しかし、おおぜいの人々が衣・食・住にも事欠く状態に苦しんでいるようでは、「精神的」な幸福も求められえない。だから、民主主義がすべての人々の経済生活の向上を求めるのは、最初から当然のことである。だが、初めのうちは、経済の活動については政治による干渉を加えることをなるべく避けて、自由放任の政策を取るのが、この目的のためにいちばん適当な方法であると考えられていた。ところが、その結果、だんだんと資本の独占が行われて、資本家と勤労大衆との間の貧富のへだたりをますます増大させるにいたった。経済的民主主義は、すべての人々の経済上の機会均等を図ることによってこのへだたりを緩和してゆこうとする。したがって、民主主義の三つの側面のうち、今日最も切実で、いまだにじゅうぶんな解決に到達していない問題は、この経済的民主主義であるといってよい。

しかしながら、経済的民主主義は、それだけ切り離しては実現できない。貧乏人の間に、金持を「いい御身分のかただ」などといって敬う気持があり、金持もまた、それをよいことにして、貧乏人を安い賃金で不利な労働条件のもとに、何時間でも働かせることをあたりまえだと思うような態度があるかぎり、経済上の不平等は是正されない。尊ばれるべきものは、人間であり、人間の生活を築くための勤労であって、財産ではない。資本主義の社会で大実業家が尊敬に値するとするならば、それは、そのすぐれた経営の才能と、事業に精魂を打ちこみ、社会公共に尽くそうとする努力とのゆえであって、かれが百万長者であるがためではない。経済生活における機会均等を実現するためには、まず、財産の多少によって人間のねうちを測るような観念を打破しなければならぬ。その意味で、経済的民主主義は、かならず社会生活における民主主義と結びつく。

だが、経済的民主主義を実現するための最も重要な条件は、政治的民主主義である。なぜならば、財産のある者だけが選挙権を持って、自分たちの利益だけを守ってくれる代表者を選んでいるようでは、勤労大衆は、ますます不利な立場に陥ってゆかざるを得ない。また、男女平等の普通選挙が行われても、選挙民が金の力による宣伝に乗ぜられたり、財閥が政党を買収したりするようなことでは、金権政治の弊害は改まらない。だから国民がみんなで民主政治の目的をよくわきまえ、選挙資格を有する人々がすべて「目ざめた有権者」となって、りっぱな代表者を選び、それらの代表者が、国民全体の福祉を真剣に考えて、適切な政治を行うようにならなければ、民主主義の要求に、ほんとうにかなった経済生活を築きあげてゆくことはできない。かくて、経済的民主主義の問題の根本の解決は、あわせて政治的民主主義の徹底に待たなければならないのである。

しかも、経済的民主主義をどのようにして実現してゆくかは、最も意見の分かれる点である。資本主義がよいのか。社会主義がよいのか。資本の独占を押さえるには、どういう方法で、どの程度の政策を実行すべきであるのか。労働の権利を保障し、失業者をなくするには、どんな手をうつのがよいか。国民はすべて勤労の義務を有するといっても、現に遊んで食べている人間がある場合、それをどうするか。勤労の義務は各人の道徳的責任にまつべきか、あるいは、法律によってそれを強制すべきであるか。その他いろいろな問題があって、その一つ一つについてさまざまな、そしてときとしては、激しい意見の対立が生ずることを免れない。

その場合に、民主主義の政治が採用するのは、「多数」の意見である。たとえば、代表民主主義では、国会で多数を占めた政党が、経済に関する立法についても、いちばん大きな役割を演ずるし、国会議員の多数の支持する政府が、国会の多数決で定めた方針に基づいて経済政策を実行する。ゆえに、政治的民主主義の目標は、あくまでも「国民のための政治」であり、国民の公共の福祉であるが、その目標に到達すべき道を選ぶ方法は、多数決である。したがって、多数決原理を否定しては、政治的民主主義は成りたたない。言い換えるならば、どんなに「国民のための政治」という旗じるしを掲げても、多数の意見を無視するような政治を行うことは、断じて民主主義ではない。

## 二　民主主義に対する非難

すべての人間が個人として尊厳であり、自己の個性を生かす自由と、自己の才能を伸ばす平等の機会とを持ち、文化的にも経済的にも、ともどもに平和で幸福な共同生活を営むようになるという民主主義の理想は、きわめて崇高なものであって、何人といえどもそれについて反対することはできない。もちろん、この理想を完全に実現するまでには、人類はまだまだ遠いいばらの道を歩んで行かなければならないであろう。しかし、民主主義は、過去数世紀にわたってこの理想の実現に向かってあらゆる努力を重ねてきたし、その方向に向かって、既に多くの輝かしい成果をあげてきたのである。

けれども、その反面またわれわれは、民主主義が歴史上けっして常にただ支持され、賞賛されてきたのではなく、むしろ、あらゆる非難を浴びながら発展してきたものであるということを忘れてはならない。

イギリスで民主主義的な革新が行われ、続いてアメリカに独立戦争が起り、更に、フランスに大革命が起った当時には、それまで特権をほしいままにしていた連中は、民主主義を憎み、これに激しい非難を加えた。その後になって、民主主義に対する批判はいろいろな思想家や評論家によって行われた。ことに、第一次世界大戦後のヨーロッパの政治情勢が険悪になったころには、「民主主義の危機」ということがほとんどとおりことばとなった。そうして、イタリアにはファシズム、ドイツにはナチズムが興り、民主主義に対して総攻撃を加えるにいたった。

民主主義の反対者がいちばん強く非難する点は、多数決の原理である。民主主義は、どれが最も正しい政治の方針であるか、国民全体の幸福を増進するにはどうすればよいかについて、いろいろな意見が対立した場合、多数の支持する意見を採用してそれを実行する。そうして、政治の問題について意見を述べ、投票を行う権利をできるだけ拡大して、なるべくおおぜいの国民が政治に参与しうるようにしむける。しかし、民主主義の反対者にいわせると、そのようにして得られた多数決の結果は、無知な、目先の見えないおおぜいの人々の意見によって、政治の方針を左右することになる。群衆心理によって動かされ、目前の利害にのみ執着する大衆は、ただ「数」が多いというだけで、たいせつな政治の問題をかってにかたづけてしまう。これに対して、すぐれた識見を有する人々の考えは、少数であるがゆえに葬りさられることにならざるを得ない。それは、「頭かずの政治」であり、「衆愚政治」である。民主主義に反対する者は、そういって、鬼の首を取ったように民主政治をたたきふせてしまおうとする。

民主主義に対するこのような非難から導き出されるものは、独裁主義である。多数決によって行われる民主政治を衆愚政治であるといって非難する立場は、それに代わるべき政治の根本として、「指導者原理」を主張する。独裁主義者が主張するところの指導者原理によれば、いかにおおぜいの人々が雷同する政治の方針であっても、全体の利益に反するような政策は排斥されなければならない。あるいはまた、せっかく政府が思いきった政策を実行しようとしても、反対党が数を頼んでじゃまをしたりするようでは、政治の危機を切りぬけてゆくことはできない。だから、そのような多数支配の代わりに、最も有能な、最も賢明な、最も決断力に富んだ、ただひとりの人物を押したてて、その「指導者」に政治の絶対権を与え、国民は指導者の命令どおりに足なみをそろえてついてゆくのがいちばんよいというのである。かくて、独裁主義は、政治に対する国民の批判を封じ、政党の対立を禁じ、議会政治を否定して、絶対の権力を握った独裁者にすべてを任せ、まっしぐらに一つの政策を貫ぬいてゆこうとする。

独裁主義が民主主義に対して非難を加えるもう一つの点は、「個人主義」である。民主主義は、すべての人間を個人として平等に尊重し、他人の自由を侵さないかぎりにおいての各人の自由を保障する。しかし、独裁主義者にいわせると、各個人がそれぞれその自由を主張し、かってに自分たちの利益を求めることを許すと、社会全体の統一が乱れ、国家や民族の利益がないがしろにされる。かれらによると、重んぜられるべきものは、個人ではなくて国家全体であり、民族全体である。個人は全体の部分であり、全体の部分としての価値しか持たない。独裁主義は、そのように論じて個人主義や自由主義を攻撃し、その代わりに、「全体主義」を主張する。独裁者の命令のままに、各人は自己の利益も、あるいは自己の生命をさえも、喜んで全体のために投げ出さなければならないと要求するのは、このような全体主義の結論にほかならない。

民主主義が、古くはギリシアやローマに始まっているように、独裁主義もまた古い歴史を有する。ギリシア時代にも専制王があったし、ローマの共和制末期にも武断的独裁者が現われて、ついに絶対君主制を確立してしまった。現代における独裁主義は、だれもが知っているように、第一次世界大戦後のイタリアおよびドイツに興り、基礎の弱いそれらの国々の民主主義を押しのけて、政治の実権を握った。それと同じような風潮が日本の政治を支配し始めたのは、昭和六年の満洲《まんしゅう》事変のころからである。この政治の独裁化は、昭和十二年の日華戦争によって更に前進し、昭和十六年の太平洋戦争の開始とともにますます拍車を加えるにいたった。しかも、日本のファシズムは、ナチスばりの全体主義を唱えながら、その表面に国粋主義の粉飾をほどこし、民主主義や自由主義を攻撃して、「滅私奉公」の道徳を国民に強要した。その態度は、イタリアやドイツの独裁主義と異ならなかったのである。

## 三　民主主義の答

このような独裁主義が国民の運命のうえに何をもたらしたかは、あまりにもなまなましい最近の事実であって、今ここに改めて述べるまでもない。また、民主主義を非難する独裁主義の理論がどんなにまちがったものであるかは、これまでのいろいろな章で説いてきたところであるから、ここでまた詳しく論ずる必要はない。ただ、その重要な点だけをまとめてみて、ふたたびそういう誤りに陥ることがないための、反省の材料としておこう。

独裁主義は、民主主義の用いる多数決の方法を非難する。なるほど、多数の意見だからかならず正しいとかぎったわけではなく、少数の意見、ただひとりの先覚者の考えの方が真理であることも少なくないのは事実である。しかし、それならば、独裁者の判断ならば国民全体の福祉にかなうということを、いったいだれが保障しうるか。一九三九年の夏、ヒトラーが、今こそポーランドを武力をもって征服すべきときだと判断し、ドイツ軍に進撃を命じたとき、その判断は正しかったのか。ドイツ民族を悲惨な運命のどん底におとしいれたのは、この独裁者の国際信義を無視した暴挙ではなかったのか。民主政治が「衆愚の政治」であるならば、独裁政治は、ひとたびあやまちを犯した場合にはとりかえしのつかない「専断の政治」ではないのか。

人間は神ではない。だから、人間の考えには、どんな場合にもまちがいがありうる。しかし、人間の理性の強みは、誤りに陥っても、それを改めることができるという点にある。しかるに、独裁主義は、失敗を犯すと、かならずこれを隠そうとする。そうして、理性をもってこれを批判しようとする声を、権力を用いて封殺してしまう。だから、独裁政治は、民主政治のように容易に、自分の陥った誤りを改めることができない。

これに反して、民主主義は、言論の自由によって政治の誤りを常に改めてゆくことができる。多数で決めたことがまちがっていたとわかれば、こんどは正しい少数の意見を多数で支持して、それを実行してゆくことができる。そうしているうちに、国民がだんだんと賢明になり、自分自身を政治的に訓練してゆくから、多数決の結果もおおいに正しい筋道に合致して、まちがうことが少なくなる。教育がゆきわたり、国民の教養が高くなればなるだけ、多数の支持する政治の方針が国民の福祉にかなうようになってくる。そういうふうに、たえず政治を正しい方向に向けてゆくことができる点に、言論の自由と結びついた多数決原理の最もすぐれた長所がある。民主主義が、人類全体を希望と光明に導く唯一の道であるゆえんも、まさにそこにある。

独裁主義は、個人主義を攻撃し、自由主義を非難する。そうして、その代わりに国家全体・民族全体の発展を至上命令とする全体主義の哲学を提唱する。しかし、国家の発展といい、民族の繁栄というのは、いったい何を意味するか。国家といい、民族といっても、実際にはひじょうにおおぜいの個人から成りたっているものにほかならない。したがって、その構成員たるすべての個人の文化的・経済的な向上をはなれては、国家全体・民族全体の発展はありえない。それにもかかわらず、独裁主義が、全体の尊ぶべきことを説いて、部分たる個人に全体のための犠牲を求めるのは、全体の権威をかさにきて発せられる独裁者の命令をもって、国民をむりやりにひきずってゆくためにほかならない。そこには、国民の個人としての自由と幸福とを奪っても、独裁者の計画を思いどおりに強行しようとする底意が潜んでいるのである。

民主主義は、個人を尊び、個人の自由を重んずる。けれども、民主主義の立場は、正しい意味での「個人主義」であって、けっして「利己主義」ではない。できるだけ多くの個人の、できるだけ大きな幸福を実現しようとする民主主義の精神は、おのれひとりの利益だけを求めて、他人の運命を歯牙《しが》にもかけぬ利己主義とは、正反対である。ただ、各人が自分自らの努力によって築きあげた幸福こそ、ほんとうの人間の幸福であるから、それで、民主主義は、他人の幸福を犠牲にしないかぎりで、すべての人々に平等に幸福追求の自由を認めるのである。各人の努力によって国民の生活が向上すれば、その国家はおのずからにして発展するであろう。民族のひとりひとりが民族共同の幸福を築きあげてゆけば、その民族もまたおのずからにして全体として繁栄するであろう。かくて、すべての民族や国民がそれぞれに繁栄しつつ、しかも互に平和に協力してゆくならば、人類の福祉もかならず全体として増進してゆくであろう。一本一本の稲からりっぱな穂がたれるようになれば、見わたすかぎり黄金の波をうつ沃野《よくや》からも、かならずみのり豊かな収穫が約束されるのと同じように。

## 四　共産主義の立場

第二次世界大戦は、民主主義を守りぬこうとする国々の力によって、イタリアのファシズムやドイツのナチズムや日本の軍閥独裁政治を、完膚なきまでに粉砕した。それらの独裁主義は、戦後の世界からは一掃された。それでは、現代には、独裁主義はもうまったくなくなってしまったのであろうか。

いや、そうではない。今日の世界にも、まだもう一つ、独特の独裁政治の形態が残っている。それは、いわゆる「プロレタリアの独裁」あるいは「労働階級の独裁」である。この独裁主義は、ファシズムやナチズムと違って「共産主義」に立脚している。原理的にいえば、共産主義は社会主義の徹底した形態であって、一般に社会主義がそれ自身としては民主主義の精神と矛盾するものでない以上、共産主義もまた民主主義と相反するものではないというふうに考えられるかもしれない。しかしながら、いわゆる「プロレタリアの独裁」と結びついたところの共産主義は、資本主義と社会主義との間のさまざまな中間形態を幅ひろく包容して、その中のどれを採るかを国民の多数の意志で決めてゆこうとする民主主義とは、ひじょうに違った性格を持っている。ゆえに、民主主義の真の精神にたち入って明らかにするためには、いわゆる「プロレタリアの独裁」によって行われる共産主義が、どのようなものであるかを考察しておかなければならない。

第十八世紀の終りから第十九世紀にかけて、民主主義の制度がだんだんとひろまっていったころ、それに伴なって急速な発達をみたのは、資本主義の経済組織である。資本主義の組織は、民主主義によって保障された企業の自由を基礎として、きわめてかっぱつに大規模な生産を行い、人間の経済生活に高い水準と豊かな内容とを与えるのに役だった。しかし、その反面また、資本家が生産手段を独占する結果、資本主義のもたらす利益は、一方的に資本家の手に集中し、生産のために働く勤労大衆は、しばしば貧困の淵《ふち》に陥ることを免れなかった。この弊害を少なくしたり取り除いたりすることは、資本主義の原則を認めつつ、経済的民主主義を実行することによっても、もとより可能である。しかし、それでは経済的平等をじゅうぶんに実現することは不可能であると考える人々は、資本家が土地とか工場とか原料品とかいうような生産手段を私有することを禁じ、これを国有または国営に移してしまおうとする。それが社会主義である。既に第九章で述べたように、これら二つの経済組織の間には、実際には理論のうえで争われているほどに、はっきりした区別があるわけではない。しかしどのような経済の方針が実際に採用されたとしても、それがその国の事情によくかなったものであり、国民の自由な意志に基づき、議会の公明な討議の結果として得られた結論であるかぎり、その方針ですすむのは、民主主義の原理とけっして矛盾することはない。

ところで、今ここで新たに問題としようとしているところの共産主義は、資本主義を否定し、いっさいの生産手段を国有とし、あらゆる企業を公共の経営に移してしまおうとする点では、社会主義の一種であり、その高度化した形態であるといってよい。しかし、一八四八年にマルクスおよびエンゲルスが「共産党宣言」を発表し、共産主義ということばが一般に用いられるようになったとき以来、共産主義と社会主義との間には、単なる「程度の違い」を越えた重要な差異があるものと考えられてきた。その差異はどこにあるか。それは、資本主義の社会組織を変革して、勤労者階級以外には階級のない世の中にするために、社会主義と共産主義とが採用しようとする「手段」の相違にほかならない。

この点をはっきり知るためには、マルクスやエンゲルスによって共産主義の理論がどのように説かれたか、それを実際に移すにあたってどんな方法が考えられ、どんな道筋が実際に採られたかを、簡単にふりかえってみる必要があるであろう。

マルクスおよびエンゲルスの思想の根底をなすものは、「唯物史観」とよばれる独特の歴史観である。それによると、人類の歴史は、常に階級闘争によって新しい時代へと移っていった。そして、歴史を動かす階級闘争の根底には、常に経済上の生産方法の変化がその原因となって働いてきたのである。たとえば、封建時代には農業生産が主であったので、領主が広い土地を支配して、農民から重い年貢を取りたてて、ぜいたくな暮らしをしていた。そこへ蒸気機関が発明され、機械工業が盛んになってくると、この新しい生産方法を用いて産業を経営する者や、生産された商品の販売をする者の手に社会の富が集まって、そこに経済的な力を持った新しい階級が興ってくる。この新興階級が封建時代以来の支配階級に対して闘争をいどむ。その結果革命が起って、古い支配階級が没落する。

このようにして封建時代以来の古い支配階級を倒すことに成功したその当時の新興階級は、自分たちの利益と財産とを守るのにつごうのよいような社会制度を作りだした。それがごく大まかにいって、資本主義の社会組織である。ところで、マルクスやエンゲルスの理論によると、資本主義の経済が発達するにつれて、こんどは、前よりももっと大きな規模の階級闘争が開始される。なぜならば、資本主義の世の中では、おおぜいの労働者が工場などで働いて盛んに生産が行われるが、この生産方法のもとでは、労働者によって作られた価値や利益は一方的に資本家階級の手に吸収されるから、ますます搾取される労働者階級の数がふえてくる。それらのいわゆるプロレタリアは、初めのうちは資本家の支配のもとにおさえつけられていたが、だんだんとその圧迫の不当なことに気がついて、互に団結して資本家階級に対抗するようになる。かくて無数のプロレタリアが結束して階級闘争を行うようになれば、資本主義の牙城もついには大きくゆらぎだすことを免れない。そうして、とどのつまりは革命が行われて、資本主義の社会組織が根本から崩壊する。マルクスやエンゲルスは、このように説いて、まさに近づきつつあるプロレタリアの革命と、それによる共産主義社会への転換とを予言した。

しかし、マルクス主義の理論によると、プロレタリアの革命が成し遂げられても、すぐに共産主義の世の中になるというわけにはゆかない。資本主義社会から共産主義社会への移り変わりが完成するまでには、その第一歩として社会主義の段階を経なければならない。この段階でも、資本主義はもちろん崩壊してしまっているのであるから、生産手段の私有はすべて廃止される。そうして、すべての生産が公企業の形で行われる。けれども、その生産はまだまだ満ち足りるというほどにはならないから、すべての人々は労働し、その労働に応じた所得を得て、それで生活してゆかなければならない。だから、この段階では、食物とか着物とか日用品とかいうような消費財については、私有が認められるのである。

ところで、マルクス主義の予言は、もとよりそこで終るのではなく、更にもっとすすんだ将来の見通しを説く。それによれば、この社会主義の状態を推しすすめてゆくと、やがてもっと徹底した第二の段階、すなわち純粋の共産主義の段階に到達する。純粋の共産主義の社会になると、生産財ばかりでなく、消費財についても、私有ということはまったくなくなってしまう。社会主義の世の中では、労働に対してはそれ相応の勤労所得があるが、共産主義の世の中では、勤労所得もなくなる。だれでも働きさえすれば、共産主義の社会は、これに対してなんでも必要なものを与えてくれる。マルクス主義によると、共産主義の経済によって社会の生産力は増大し、社会の富があり余るようになって、所得がなければ生活ができないなどということを心配する必要はなくなる。そこで、マルクスは、「ゴータ綱領批判」という論文の中で、そのような状態が実現された暁には、人間の社会はその旗の上に、「各人はその能力に応じて働き、その欲求に応じて与えられる」と書くことができると言った。

これが、マルクスやエンゲルスによって説かれた共産主義の理論のごくあらましである。それでは、このような理論を実際に移してゆくには、どうすればよいか。この重要な問題については、同じマルクス主義の陣営の中にやがて二つの主張が分かれた。

第一の主張によれば、共産主義へいたるための最初の段階は社会主義であり、資本主義から社会主義への転換は革命によって行われるのであるが、それは、革命といっても暴力を用いる必要はない。むしろ、この転換は、資本主義社会の代表的な政治組織たる議会制度を利用して行われるべきである。もちろん、議会の中には幾つかの資本主義の政党があって、勢力を占めている。しかし、議会制度においてものをいうものは、「数」である。したがって、社会主義の政党を作り、無産大衆の支持を受けて、その代表者を議会の中に送りこめば、だんだんと多数の議席を占めることができる。社会主義の政党が議会での多数を占めれば、平和な手段で資本主義の法律制度を廃止し、その代わりに社会主義的な立法を行うことができる。そのようにして、漸進的に社会主義への転換を図るのがよい、と、マルクス主義を信奉する中でも比較的に穏健な立場の人々は、このように考え、このように主張した。

しかるに、この穏健派の立場に対して激しい非難を加えたのは、第二の主張を支持する人々である。その議論によると、議会制度を利用してだんだんと社会主義を実行しようというのは、資本主義がどんなに強い地盤の上に築かれているかを知らない者の考えである。ブルジョア階級は巨大な資本の力をもって政治権力を握っているから、金と権力にものをいわせて、社会主義勢力の拡大を防ぎ止めようとするに相違ない。したがって、多数決の方法によって行われる議会立法で、資本主義を変革するという企ては、百年河清《かせい》を待つようなものである。それにもかかわらず、議会政治への便乗を説く第一の主張は、この立場の人々の目から見れば資本主義と妥協するひよりみ主義にすぎない。ブルジョア支配のとどめをさす最後の武器は、暴力革命でなければならない。穏健派に反対する第二の立場の人々は、このように論じて、過激なプロレタリア革命の必要を力説した。

一九一七年にロシヤ革命が起った際にも、このような二派が激しく争った。そうして、最初に革命政府を樹立したのは、比較的に穏健な思想を持つメンシェヴィキであったけれども、ケレンスキーによって指導されたこの政権はまもなく倒れ、それに代わってレーニンを指導者とする過激なボルシェヴィキが政権を獲得し、マルクス主義の理論にいう、共産主義へ移りゆくための第一段階としての社会主義を実施し、その目的を達成するのに必要な政治の組織を確立した。今日のソ連に行われている社会制度は、この意味での社会主義である。そうして、この意味での社会主義を強力に推しすすめるために採られている政治組織が、すなわち、いわゆる「プロレタリアの独裁」にほかならない。

これによると、共産主義と比べみた場合の社会主義には、二通りの意味があることがわかる。

その一つは、共産主義にいたるための第一段階としての社会主義である。この意味での社会主義と純粋の共産主義との間には、程度の差があるだけであり、したがって、共産主義は社会主義の一種、またはその徹底した形態であるといってさしつかえない。一九三六年の「ソヴィエート社会主義共和国連邦憲法」の第十二条には、「各人よりその能力に応じて、各人にその労働に応じて」ということばがあるが、これは、各人がその能力に応じて労働する義務があることを明らかにすると同時に、各人の労働に応じた報酬が与えられることを意味するのであって、今日のソ連の社会が今言った社会主義の段階にあることを物語っている。そこでは、この意味での社会主義が、「プロレタリア独裁」とよばれる政治組織によって強力に推しすすめられているのである。

これに対して、もっとひろく社会主義という場合には、それは、いわゆる「プロレタリアの独裁」とは関係がない。生産手段の私有を廃止するという意味での社会主義は、議会政治によっても実現されうるし、もとより暴力革命を必要とするものでもない。マルクス主義の陣営に属する穏健派の説いた社会主義も、だいたいとしてそれである。この意味での社会主義と、レーニンなどによって唱えられた共産主義との間には、単に程度の差があるばかりでなく、その目的を実現するための手段においても大きな違いがある。なぜならば、この共産主義の立場は、議会政治を通じて社会主義を実現しようとする立場を排斥し、そのためには暴力革命に訴えるのもやむをえないとし、革命が成就した後も、いわゆる「プロレタリアの独裁」を必要としているからである。

だから、ソ連で行われている共産主義は一種の社会主義とみなされうるとしても、その社会主義は普通にいうひろい意味での社会主義とは違って、「プロレタリアの独裁」という政治形態と不可分に結びついている。共産主義とはどんなものであるかを知り、それと民主主義とを比べてみるためには、この点をはっきりと頭の中に入れておかなければならない。

## 五　プロレタリアの独裁

共産主義は、なぜ「プロレタリアの独裁」という政治組織を必要とするのであろうか。この問に対する共産主義の立場からの答は、こうである。すなわち、プロレタリアの革命はけっして一度で完成するものではなく、ソ連のようにそれがいちおうは実現された国でも、まだまだブルジョア階級との闘争を続けてゆかなければならない。したがって、純粋に無産勤労大衆だけの世の中になって、階級の対立がまったくなくなってしまうまでは、プロレタリアが政治の独裁権を握って、革命の精神を徹底させてゆく必要がある。これが、共産主義の考え方である。

元来、マルクスやエンゲルスによると、国家という制度は、支配階級が被支配階級を押さえつけ、被支配階級の勤労によって生み出された利益を絞り取るために、発達してきたものなのである。したがって、マルクス主義者の主張に従えば、近代国家の法律や政治組織もまた、ブルジョア階級がプロレタリアを抑圧し、労働によって生まれてくる経済的価値を自分たちの手に奪い取るために設けられた大規模な階級支配の道具にほかならない。だから、プロレタリアの革命によってこれまでの国家組織が崩壊し、低い共産主義の段階、すなわち社会主義の段階を経て、高い共産主義の世の中になってゆけば、階級の対立はまったくなくなってしまうから、階級支配の手段としての国家もいらなくなる時がくるはずなのである。そこで、マルクスやエンゲルスは、そのような時代になれば、国家はしぜんに枯死してしまうと考えた。言い換えれば、政府が権力を行使して国民を治めるという組織は、無用の長物と化してしまうということを予言した。

しかし、共産主義が普通の無政府主義と違うところは、そのような政府のいらない世の中になるのは、まだまだ先のことであって、プロレタリアの革命が成就しても、当分の間は強大な権力の組織を存続させておく必要があるとみている点である。ただ、これまでは、国家の権力は支配階級たるブルジョアの手に握られていたのであるが、革命が行われれば、その権力はプロレタリアの手に移る。しかし、ブルジョア階級はそれによって直ちに絶滅するわけではなく、社会のいろいろなところに根城を築いて再起の機会をねらっている。だから、権力をその手におさめたプロレタリアは、むし

ろますますその権力を強化し、こんどは、逆にブルジョアの残党を押さえつけ、それを根絶やしにしなければならない。共産主義者は、このように考える。このような闘争の理論を最も激しく説いたのは、レーニンである。一九一七年のロシア革命によって確立されたいわゆる「プロレタリアの独裁」の政治組織は、この理論を実行に移したものであるといってさしつかえない。

　一九一七年の革命により、ヴォルシェヴィキは、労働者と農民とに政治的権力の基礎をおくところの政治形態を築きあげた。それはまさに、「無産階級の主権」である。しかも、ソ連の共産主義者は、この政治形態がほんとうの民主主義であると主張する。なぜならば、共産主義によらない民主主義の国々では、人民に主権があるというけれども、実際には、その政治的権力は少数のブルジョアの手に握られているというのである。これに反して、ソ連では大多数の無産階級が主権を持っていて、それらの多数の人民のための政治が行われているから、それこそ真の民主主義であると称する。だから、ソ連では、ひろく世界に行われている一般の民主主義に対して、「ソヴィエート民主主義」ということばが盛んに用いられる。そうして、その立場から、アメリカやイギリスの民主主義に対してきびしい批判が加えられる。

しかしながら、いわゆる「プロレタリアの独裁」は、はたして、人民の大多数を占めている労働者や農民が、自分たちの自由な意志によって行う政治であろうか。ソ連で現に行われている事実によって判断するならば、共産主義者のいう「プロレタリアの独裁」とは、実は「共産党の独裁」である。更にその実体をよくみると、それは単に党の独裁であるばかりでなく、実際は「共産党幹部の独裁」なのである。ソ連には、現在十三人の委員および委員候補から成る党中央委員会の「政治局《ポリトービューロー》」があって、共産党の重要な政策は、すべてこの政治局で決められる。したがって政治局での決定が党の決定となり、それが国の政治の根本を動かしてゆく。

それでは、このような形で行われる「プロレタリアの独裁」のもとにおいて、はたして、正当な意味での言論の自由が認められうるであろうか。その用いる方法のうえで穏健な社会主義とはっきり区別された共産主義は、一つの絶対主義である。絶対主義は、自分の立場だけが絶対に正しいとする考え方であるから、もとより反対の立場が存在することを許さない。したがって、もしも絶対主義が支配している世の中にも、言論の自由があるとするならば、それはその絶対主義を主張することであり、それに反対する立場を排斥することである。だから、ひとたびいわゆる「プロレタリアの独裁」が確立されるならば、そこでは、もはや共産主義に反対したり、政府の政策を批判したりすることは許されないであろう。もしも、ある人の言論が共産主義のわくを越えたり、その理論と対立したりした場合には、その人は、たちまち「反革命主義者」という烙印《らくいん》を押されて、排斥されてしまうであろう。

このように絶対主義の立場を強く貫ぬこうとする政治組織のもとでは、政治上の主義主張はただ一つに帰着してしまうから、二つ以上の政党が並び存して互に政権を競ったり、互に他の立場を批判しあったりする余地はない。したがってそこでは、二つ以上の政党があって、国民は自由にそのどれかを選んでこれを支持し、国民の支持を受けた政党が、互に議論をたたかわせ、その結果多数の意見に従って事を決めるというような、民主主義的な議会政治は行われえない。いわゆる「プロレタリアの独裁」のもとでは、存在しうる政党はただ一つ、共産党あるのみである。共産党以外の政党は、すべてブルジョア政党として、禁止されてしまう。

それでは、いわゆる「プロレタリアの独裁」による政治が行われた場合、独裁的な権力を持つところの政府の指導者は、どのようにして選び出されるのであろうか。ふたたびソ連の実情についてみると、そこでは人民は、共産党員でなくても、公務員を選ぶためのひろい選挙権あるいは被選挙権を持っている。そうして、普通の民主国家の議会に相当する連邦最高会議の議員をはじめ、中央、地方の立法・行政・司法の重要な機関は、全人民の選挙によって選ばれることになっている。しかし、投票されるべき候補者は、多くの場合各選挙区ごとにただひとりだけが推薦されるにすぎない。したがって、選挙民は、この推薦候補者に投票するか、あるいはそれに対する反対投票をするかのどちらかを選びうるだけであって、他に自分の選びたい人があっても、その名まえを書くことはできない。別の名まえを書けば、その投票は無効となるのである。だから、ソ連の人民は、性別・教育・資産・住居等の諸条件にかかわりのない平等の選挙権こそ与えられているが、選挙の自由は実際にはひじょうに制限されているということができよう。

今日のソ連において、だいたいとしてかくのごとき形態の政治が行われているのには、いろいろな理由があるであろう。元来、自由経済と違って、社会主義の経済は、よしんば比較的に程度の低いものである場合にも、国家による強い統制を必要とすることが多い。ましてソ連で実行されている経済の組織は、共産主義としては低い段階に属するとしても、社会主義としては他の国々に例をみないほどに高度化したものである。ソ連のように広大な領土を有し、しかも複雑な歴史的および社会的な事情を持っている国で、このような高度の社会主義を実行し、そこにくずれをみせずにすむために、どれほど強い中央の政治力を必要とするかは、想像にあまりがあるといわなければならない。それと同時に反対の気持や、批判の声が起るのを防ぐために、このような独裁的な政治を行うのは、その必要がある間だけのことであって、やがて共産主義が高度化すれば、事情はまるで違ってくるというふうにも説明されているのである。

しかしながら、問題は、ソ連ではどのような理由でそういう政治形態が行われているか、ということではなくて、そのような政治形態がそもそも民主主義と一致しうるものであるか否かという点にある。前に述べたように、共産主義の立場からは、「プロレタリアの独裁」と結びついて行われている高度の社会主義こそ、真の民主主義であるといわれている。が、はたしてそうであろうか。われわれは、その点を問題としなければならない。

## 六　共産主義と民主主義

共産党の独裁によって実行されつつある共産主義は、経済上の平等ということに最も重きをおいている。近世の民主主義は、専制政治にしばられていた人間に自由を与え、封建社会の階級に分かれていた人々に平等をもたらした。しかし、それは、最初は主として法律上の自由と平等とにすぎなかった。法律上の自由と平等とを土台として、資本主義経済が独占的な経営方法を実行するようになった結果として、人々の間の経済上の不平等はますます増大するにいたった。共産主義は、このような経済上の不平等を是正するために資本主義をはげしく非難し、政治的自由を事実上大幅に制限するいわゆる「プロレタリアの独裁」によって、一挙にして勤労大衆のための経済的平等を実現しようとしているのである。

もとより、経済上のはなはだしい不平等は是正されるべきである。しかし、経済上の平等がいかに重んぜられるべきであるからといって、そのために個人の政治的自由を放棄することは、許されない。共産主義は、政治上の自由を単に形式的なものとしてしまっても、平等をかちえようとする。これに対して民主主義は、あくまでも自由を基礎として平等を実現してゆこうとする。いや、国民の自由な意志によって政治を行い、それによって平等に幸福を追求しうるような社会を築きあげてゆこうとする。そこに独裁主義と民主主義との間の大きな違いがあることは、明らかであるといわなければならない。

真の民主主義では、国民すべてのできるだけの幸福を実現するのに、どういう方法によるのがいちばんよいかは、国民自身の自由な選択に任せられている。したがって、政治に関与するすべての人々は、自分が「これは」と思う政党や人物を、自分たちの代表者として選挙することができる。選挙によって代表者が決まり、政府ができあがっても、国民は正しいと信ずるところを自由に述べることによって、政府の方針をたえず批判してゆくことができる。もちろん、国民の間にも、国民の代表者の間にも、いろいろと意見の対立することがあるであろう。そのときには、民主主義は、「多数」の意見を採用し、それをもって政治の方針とする。前に言ったとおり、言論の自由と結びついた多数決の原理こそは、民主主義の本質ともいうべき大切な要素なのである。

これに反して、いわゆる「プロレタリアの独裁」によるところの共産主義では、共産主義の主張だけが正しいとされるから、ほんとうの意味での言論の自由はなく、これに対する批判も許されない。そこでは、独裁者の命令が絶対の権威を持つから、多数決ということも形式的には尊重されても、実質的には否定される。人民は、独裁者の命令にただ黙ってついてゆくほかはない。黙ってついていって、いったいどこへつれて行かれるのであろうか。共産主義の立場からいえば、その目的地こそは、すべての働く人々に対していつの日か等しく幸福のもたらされる楽土なのである。したがってそれこそまことの「人民のための政治」だというのである。しかし、目標が「人民のため」であるからといって、そこへ到達する道を、人民が自由に求め、自由にきりひらいてゆくのでなければ、「人民の政治」ではなく、「人民による政治」とはいわれない。言論および投票の自由や多数決の法則を単なる形式としてとどめ、いろいろと違った考えを持つ候補者に対して自由に投票する余地を与えないようなところに、真の民主主義がありうるであろうか。

しかも、共産主義の目標とするところは、けっして一国の内部だけでのプロレタリアの革命ではないのである。マルクスやエンゲルスは、共産主義者の革命は一国だけに限られるべきものではなくて、世界革命として行われると説いた。エンゲルスは、一八四七年に「共産党宣言」の草稿として書かれた「共産主義の原理」の中で、すくなくともイギリス・アメリカ・フランスおよびドイツで、同時に革命が起るであろうと予言した。しかし、実際には、この予言ははずれて、かえって後進的なロシアで、共産主義の革命が行われた。そこで、レーニンは、すべての国々でプロレタリアの革命が同時に行われることは不可能であると説いたし、スターリン党書記長も、一国社会主義を主張している。

けれども、共産主義のこれまでの動向からすれば、そこに、世界じゅうが、いずれはそれと同じ経済組織になるという目標が含まれていることは、明らかであるといわなければならない。今日、世界のほとんどすべての国々には共産党があって、多くの議員の出ているところでは他の政党と議会での多数を争い、議員の少ないところでも、いろいろな策略を行っている。

民主主義の立場からいえば、共産党といえども、議会政治の原則にしたがって、公明正大に進退を行い、正々堂々と多数決でその政策を実現しようとしているかぎり、これを禁ずべき理由はない。なぜならば、民主主義は、各人の政治上の信念の自由と言論の自由とを尊重するからである。

各国の共産党にしても、もしもそれが議会政治の紀律と秩序とを重んじ、ひとたび議会での多数を獲得すればその経綸《けいりん》を行い、少数党となれば、多数に従うという態度ですすもうとしているのであるならば、それは、レーニンなどによってひよりみ主義として痛烈に非難されたマルクス主義陣営中での穏健派の立場に帰っているのである。反対に、もしもそれが、少数党である間だけ議会政治と妥協しているにすぎず、ひとたび絶対多数を獲得した暁には、多数決によって多数決原理そのものを否定し、いわゆる「プロレタリアの独裁」へ転換しようという底意を秘めているのであるならば、それは前に第五章でたとえたように、議会制度の中に「ほととぎすの卵」を産みつけようとしているのであるといわなければなるまい。

政治的な自由に立脚しつつ、それによって国民全体の経済的福祉を実現しようとするのは、経済的民主主義の立場である。国民自らの意志によって経済的民主主義を実行し、その方法について自由に意見を戦わせ、多数決で政治の方針を決めてゆくというのは、たしかに暇がかかるであろう。共産主義の立場は、このような「急がばまわれ」の態度にしびれをきらし、いわゆる「プロレタリアの独裁」によって一挙に問題を解決しようとするのである。しかし、その代償として政治上の自由を放棄し、批判を許さぬ「上からの命令」によって動かされるようになるとするならば、はたしてそれは理性によって行動するゆえんでありえようか。既に各章で述べてきた民主主義の原理にてらしてみれば、自由を重んじ、平和を愛しつつ、なるべくすみやかに、できるだけ合理的に、政治的民主主義および社会的民主主義とあわせて、正しい経済的民主主義を築きあげてゆく以外に、賢明な民主国家の国民のすすむべき道がないことは、きわめて明白であろう。

実際、この地球上に住むすべての良識を備えた人々のすすむべき道は、ここにある。われわれはそれを選ばなければならない。独裁主義は暴力の哲学に立脚している。これに反して民主主義の持つ哲学は、平和と秩序と安全とをたてまえとしている。闘争と破壊とによってではなく、平和と秩序と理解とのうえに、少数の特権を持つ人々のためではなく、生きとし生けるすべての人々にとっての幸福な社会をうちたててゆこうというのが、民主主義の理想である。この理想は星の世界に描かれているのではなく、われわれの現に住むこの地球の上に輝いている。それをしっかりと見つめながら、現実の生活のうえに絶えざる努力を続けてゆけば、理想はいつまでも単なる理想として輝いているだけではなくて、かならずや生きた現実となり、世界に住むすべての人々、すべての国々の生活を高め、豊かなものとする日がおとずれるであろう。

# 第十二章　日本における民主主義の歴史

## 一　明治初年の自由民権運動

明治の先覚者、福沢諭吉《ふくざわゆきち》は、明治五年から九年にかけて著わした「学問のすすめ」という本のはじまりに、「天は人の上に人を作らず、人の下に人を作らず」と書いた。民主主義の根本精神は、この一言の中によくいい表わされている。明治初年の日本人の中には、このように民主主義の本質を深くつかんだ人々があった。そうして、それらの人々が先頭に立って、民主主義の制度をうちたてようとする真剣な努力が続けられた。その努力はどれだけの実を結んだか。どうしてその日本が、近ごろになって急に民主主義とは正反対の独裁主義と軍国主義の方角に走ってしまったのか。その歴史をしばらくふり返ってみることにしよう。

長い鎖国の夢をむさぼっていた日本のとびらをたたき、日本人に、広い世界に目を向けなければならないことを教えたのは、嘉永《かえい》六年（一八五三年）のアメリカ合衆国の使節ペリーの来航である。この事件は、日本の開国を促す発端であったと同時に、政治のことについておおぜいの人々の意見を求めるという慣例を作るいとぐちともなった。というのは、幕府は事の重大なのに驚いて、どうすべきかについて諸侯の意見を尋ね、それが先例となって、その後もいろいろな場合に大名たちに相談をするならわしとなったからである。そのころから幕府の勢いはだんだんと衰え、朝廷がしだいに実際の政治に関与するようになってきたが、諸侯の意見を聞いて政治の問題を決めるという方針は、朝廷によってもひき継がれた。それと同時に、欧米諸国の議会政治についての知識も、おぼろげながら伝えられ、欧米に派遣された外交使節や随員たちは、じゅうぶんにはわからないながらも、その実際の運用を目で見、耳で聞いて来るというわけで、「公議輿論《よろん》」に基づく政治の必要を説く者がしだいに多くなってきた。慶応《けいおう》三年（一八六七年）の十月三日に、土佐《とさ》の前藩主山内豊信《やまのうちとよしげ》が将軍徳川慶喜《とくがわよしのぶ》に大政奉還をすすめ、朝廷の下に「公議政体」を樹立するという意見を述べたのは、このような機運によって生み出された一つの結論にほかならない。

だから、明治政府も、その創立の初めには公議輿論の尊重を政治の指導方針の一つとして掲げた。慶応四年三月の五箇条の御誓文が、「広く会議を興し万機公論に決すべし」という原則を掲げたのは、その現われである。つづいて発表された政体書は、権力分立主義にのっとって中央政府の組織を定め、立法機関として「議政官」を設けることとした。議政官は上局と下局とに分かれ、上局は宮・公卿《くげ》・諸侯・士・庶民から成り、下局は各藩が選んで送る貢士によって組織され、政府と諸藩との意志を通ずる意味では、特に下局が重んぜられた。この議政官はまもなく廃止され、下局は公議所と改められたが、天皇が政治を行う場合、ひろく公議輿論を聞くというしくみは、これでともかくもいちおうは整った形になったのである。

公論の尊重とならんで明治政府が掲げた方針の一つは、「四民平等」である。徳川時代には、国民の間に士・農・工・商という厳格な身分や職業による差別があった。政府は明治二年にこの身分制度を廃止し、公卿・諸侯は華族、武士は士族、庶民は平民とよぶことにし、国民として全部同じような取り扱いを受けるようになった。それと同時に、職業選択の自由が認められ、だれがどんな職業についてもさしつかえないことになった。これは、もちろん、すべての国民が法のもとにまったく平等に取り扱われるという状態にはまだ遠く及ばなかったにしても、封建時代から民主主義的な時代への一つの前進であったといってよい。

明治政府は、このようにして庶政の一新を図ったが、政府の基礎が固まってくるにつれて、公議輿論に対する関心はしだいに薄らぐかたむきを示した。すなわち、明治二年七月には、前に述べた公議所をやめて集議院を設けたが、これはもはや立法についての議決機関ではなくて、ただ多くの人々の意見を聞くための諮問《しもん》機関にすぎなかった。しかも、明治四年には、集議院も廃止され、それに代わって、立法の諮問機関として左院がおかれた。しかし、左院の議員は政府によって任命されたのであるから、代議制度としての性質は集議院よりもいっそう少ないものであったといわなければならない。

そもそも明治維新は、主として薩長土肥《さっちょうどひ》四藩の下級武士によって推進されたので、明治新政府は初めから藩閥的性格を帯びていた。ことに薩長的色彩が濃厚であった。そこで、この藩閥政治に対して政治の民主化を求める主張が強く唱えられはじめた。中でも、板垣退助《いたがきたいすけ》は明治四年の廃藩置県にあたって、これほどの重大な問題を政府の少数の人々だけで決めたのは専制的である、といって非難し、そういう傾向を防ぐために民選議院を設ける必要があることを主張したといわれる。板垣退助は、外交上の意見の不一致から、副島種臣《そえじまたねおみ》や江藤新平《えとうしんぺい》などとともに政府の参議の職から退いたが、これらの人々は、明治七年の一月に民選議院設立建白書というものを政府に出して、その主張の実現に向かってのりだした。これは、士族および豪家の農商らに選挙権を与え、その公選による議会を作ろうとする主張であって、ひろい国民代表制度の確立を目ざしたものとはいいえないが、この建白書が新聞に発表されると、世の中でも賛否両方の議論がたたかわされ、議会の開設を要求する声はだんだんと大きくなっていった。

このころになると、欧米の民主主義や議会制度に対する理解もすすみ、自由民権を唱え、立憲政治を主張する書物がつぎつぎに公にされるようになってきた。すでに加《か》藤弘之《とうひろゆき》の「立憲政体略」は明治元年に、同じく「真政大意」は明治三年に出版され、前にも述べた福沢諭吉の「学問のすすめ」のごときは、人間の自由と平等とを平易に説いた新思想の書として、数年の間に数十万冊の発行部数を重ね、自由民権の考え方をひろく国民の心に植えつけた。それと同時に、ジョン＝スチュアート＝ミルの「自由論」および「代議政治論」や、モンテスキューの「法の精神」や、ジャン＝ジャック＝ルソーの「社会契約論」など、民主主義の原理を説いた西洋の名著が、明治初年から明治十年前後にわたって翻訳され、自由民権運動の思想的基礎を築くのに役だった。

そこで、板垣退助は、この運動を押しすすめるために政党を組織することを企て、明治七年の四月、郷里の土佐に帰って立志社《りっししゃ》という団体を作り、翌八年の二月には大阪で愛国社《あいこくしゃ》を設立した。その根本方針は、人民の自覚的な運動によって、人民の輿論を基礎とする政治を行おうとするにあった。しかし当時は、一般の政治意識はまだひじょうに低かったけれども、この運動は当時の政治の運営に対する変革を目的とするものであったから、社会の現状に不満をいだく人々はだんだんとこの運動に参加するようになった。そこへ、明治十年の西南《せいなん》戦争が起ったが、この戦争の失敗は、人々に武力によって政府を倒そうとすることの不得策を教え、言論の力によって現状を打破しようとする勢いに更に拍車をかけた。こうした動きが全国にひろまった結果、明治十四年の十月に至り、明治二十三年を期して国会を開く旨を約する詔勅が発せられたのである。

国会開設の目標が定まるとともに、自由民権派による政党の結成はいよいよ具体化し、その同じ月に板垣退助を総理とする「自由党」が誕生した。自由党の掲げた政綱は、「自由ヲ拡充シ権利ヲ保全シ幸福ヲ増進シ社会ノ改良ヲ図ル」こと、および、「善美ナル立憲政体ヲ確立スルコト」であって、これに加わったおもな人々には、後藤象《ごとうしょう》二郎《じろう》・中江篤介《なかえとくすけ》（兆民《ちょうみん》）・大石正己《おおいしまさき》などがあった。一方、自由党の主張が急進にすぎると考え、穏健な漸進主義がよいと信ずる人々は、これに対して、明治十五年三月に大隈重信《おおくましげのぶ》を総理とする「立憲改進党」を作った。立憲改進党に名を連ねた人々には、矢野文雄《やのふみお》・犬養毅《いぬかいつよし》・尾崎行雄《おざきゆきお》などがある。急進論を唱える自由党の面々は、好んでフランス革命を論じ、ルソーの説を引用したのに対して改進党はイギリスの立憲政治を模範とし、イギリスの学説をひきあいに出して、その漸進論を基礎づけた。そうして、自由党が現状に不満な士族や窮乏する農民に、改進党が都市の実業家や地方の地主や一般の知識階級に支持を求めたのも、これら二つの政党の色彩からみて当然であった。

これら二つの政党は、明治初年の民主主義運動を代表するものであったが、中でも自由党は、急進主義を採ったために反対も多く、総理の板垣退助は、明治十五年の四月に岐阜県で、自由党を社会の秩序を乱すものと信じた一青年に襲われて負傷した。

そのときかれが、「板垣死すとも自由は死せず」と叫んだという話は、七十年前の日本の自由主義者の意気を今日にまで語り伝えている。

自由民権論者がしだいに急進主義にかたむくにつれて、藩閥的専制政治を続けようとする政府はいろいろな手段をもってこれに弾圧を加え、あるいは、これを懐柔した。特に自由党に対しては、地方の有力者をして財政上の援助を与えることを拒ましめたので、自由党はやがて資金難に陥り、明治十七年十月には解党のやむなきにいたった。つづいて、立憲改進党も経済界の不況と政府の圧迫とのためにいきなやみの状態となり、政治運動としての力は衰えて、単に形だけをとどめるにすぎないようになった。その間にあって、急進派の人々の中には、もはや言論では効果はないから、直接行動によって政府を倒し、立憲政体をたてるほかはないと叫ぶ者が現われ、福島・高田・群馬・加波山《かばさん》などの各地で、そのような直接行動が起ったり、企てられたりした。このように、日本の自由民権運動は、しばしば流血にいろどられつつ展開されたのであるが、これに加わる者は少数であり、いずれも失敗に終ったばかりでなく、かえって一般の人々に反動的な気持をさえいだかせた。

しかし、明治十九年ごろから経済界の景気が回復しはじめるとともに、国会開設の時期が近づくのとあいまって、一時は悲境に沈んだ自由民権派の運動はふたたび生気を取りもどした。かれらは、その当時やかましかった条約改正の問題をとらえ、外交の建て直しを唱えると同時に、地租の軽減と言論集会の自由とを叫んで政府に迫った。このとき、その運動の中心となったのは、後藤象二郎であった。かれは、「人民はすべからく小異を捨てて大同につき、団結して強い世論をつくり、これを背景にして議員を議会に送り、それによって民意を表わした政治を実現し、内外の難局を打開しなければならぬ」と説き、旧自由党系の人々および改進党員に呼びかけて、いわゆる大同団結運動を起した。政府は保安条令を作ってこれをおさえようとしたので、人心はますますわきたった。こうした情勢のもとに、明治の日本は、二十二年の憲法発布の日を迎えたのである。

## 二　明治憲法の制定

日本でも西洋の国々に倣って憲法を作ろうという考えは、明治の初めからあった。すなわち、左院で憲法を作ることが考えられたが、それとは別に、明治四年に岩倉具視《いわくらともみ》とともに欧米を視察した木戸孝允《きどたかよし》や大久保利通《おおくぼとしみち》なども、五箇条の御誓文の精神に基づき、憲法を作らなければならないという意見を述べており、中でも木戸は憲法の草案を作ったりしている。左院は明治八年になくなり、その代わりに元老院ができたが、明治九年の九月には、明治天皇は元老院に憲法草案の起草を命ぜられた。そこで、元老院は、主として、一八三〇年のベルギー憲法および一八五一年のプロシア憲法にならって、憲法の草案を作りあげ、明治十三年に天皇のもとにさし出した。しかし、これは、わが国体に沿わぬなどの理由で、けっきょく採用されずに終った。

そのうちに、政治の革新を求める声はますますやかましくなり、前にも述べたように、明治十四年には、明治二十三年を期して国会を開くという詔勅が発せられた。国会を開くということになれば、それに先だって憲法を制定しなければならない。そこで、政府は、参議伊藤博文《いとうひろぶみ》をヨーロッパに派遣して、憲法のことを調べさせることになった。伊藤参議が最も力を入れて研究したのは、プロシアをはじめドイツの国々の憲法であった。なぜならば、そのころのドイツでは君主の権力が強く、議会の力はイギリスやフランスのように強くなかったので、日本が参考にするには、イギリスやフランスの制度よりもドイツの方がよいと思ったからである。つまり、議会の力が強くなって天皇の地位を脅かすようになっては困ると考えたからにほかならない。

明治十六年に日本に帰って来た伊藤博文は、議会開設に備えていろいろな用意を整えた。まず華族制度を定めて、議会開設のとき、民間代表の衆議院に対応して貴族院を設け、その議員をここから出せるようにした。また十八年には内閣制度を確立した。そうして井上毅《いのうえこわし》らにてつだわせて、極秘のうちに明治十九年から草案の起草にとりかかり、明治二十一年の春にこれを完成した。できあがった草案は、新たに設けられた枢密院で更によく研究することになり、いろいろな修正が加えられた。明治天皇はこれを採用し明治二十二年（一八八九年）二月十一日に、「大日本帝国憲法」と名づけて発布された。

この憲法ができたのは、イギリスの議会が一六八九年に国王に「権利章典」を認めさせてから、ちょうど二百年、フランス国民が一七八九年の大革命のさ中に「人権宣言」を発表してから、まる百年たっている。その制定には、日本国民は直接にはたずさわらなかったが、明治初年以来の自由民権運動は、この憲法の成立を促す大きな力となった。明治憲法の内容は、民主主義の標準からみればいろいろと不完全なところもあったが、アジアとしては最初の近代的成文憲法であった。かくて、この憲法は、第一回帝国議会開会の日、すなわち明治二十三年十一月二十九日から施行され、その日から日本はともかくも立憲政治の行われる国となった。

### 三　明治憲法の内容

明治憲法は「欽定《きんてい》憲法」である。欽定憲法というのは、君主の意志によって作られた憲法のことである。明治憲法は、形のうえでは明治天皇が伊藤博文その他の人々に命じて草案を作らせ、枢密院の議を経て裁可されたものである。したがって、その制定には、国民の代表者は少しも参加していない。しかも、その改正は国民が容易に行うことのできないものとされていた。民主主義は「国民の政治」なのだから、ほんと

うに民主的な憲法は、国民の代表者によって作られた「民定憲法」でなければならない。だれの意志によって憲法を作るかということは、国の主権がどこにあるかによって決まる。主権が国民にあるということになれば、憲法は当然に民定憲法として作られる。これに対して、明治憲法が欽定憲法として制定されたのは、その根本に、主権は天皇に存するという考え方があったからである。だから、明治憲法は、日本の国を統治するのは「万世一系ノ天皇」であるという原則を、その第一条に掲げたのである。いいかえれば、日本で行われるのは、民主主義がいうところの「国民の政治」ではないという態度を明らかにした。

　しかし、それでは、明治憲法には民主主義の要素ははいっていないかというと、そうはいえない。この憲法は、「天皇の政治」というたてまえをくずさないかぎりで、なるべく国民の意志を政治の中に取り入れうるようにくふうしてある。立法も行政も司法も、形のうえでは「天皇の政治」の一部分なのであるが、その実際の筋道は、やり方しだいでは、民主的に運用することができるようになっていたのである。

まず、明治憲法によって、日本にもはじめて議会が設けられた。この「帝国議会」は、貴族院と衆議院とから成り、衆議院の議員はすべて国民の中から選挙された。そうして、法律を作ったり、国の予算を決めたりするには、かならず帝国議会の議決を経なければならないものと定められた。かくて、議会の賛成なしには国の政治を行うことは原則としてできないことになった。そのかぎりでは、国民の意志が政治のうえに反映するような制度になっていたといってよい。

次に、行政については、天皇の大権が直接に行われることになっていたが、憲法は行政の当面の責任者として国務大臣という制度を設けた。そうして、天皇の政治に関する行為は、かならず国務大臣の輔弼《ほひつ》によってなされるものと定めた。いいかえると、天皇も、国務大臣の意見に基づかないでは政治を行うことはできないようになっていたし、行政についての責任は国務大臣が負うべきものと定められていた。これは、政治の責任が天皇に及ぶことを避ける意味であったと同時に、天皇の専断によって専制的な政治が行われることを防ぐための同意でもあった。

更に、司法権は、裁判所が、政府からも議会からも干渉されないで、法律の定めに従って、独立に行うことになっていた。したがって、国民は、法律によらないで捕えられたり、処罰されたりすることがないように定められ、言論の自由や信教の自由をむやみに制限すべきではないという保障が、憲法によって与えられた。そういう点では、明治憲法の中にも相当に民主主義の精神が盛られていたということができる。

しかし、その反面また、明治憲法の民主主義は、はなはだ不徹底なものであったことも疑いのない事実である。単に不徹底であったばかりではない。明治憲法の定めた制度には、民主主義の発達をおさえるようなところもかなりに含まれていた。そうして、そういう方面を強めていけば、民主主義とはまったく反対の独裁政治を行うことも不可能ではないようなすきがあった。このことをはっきりさせるために、その中でもおもだった欠点を明らかにしておくことにしよう。

明治憲法の民主主義が不徹底なものであることを示す第一の点は、帝国議会の組織である。議会は両院制で、衆議院の方は国民の選んだ議員によって成りたっていたが、その選挙権にはいろいろな制限があった。ことに、ある金額の直接国税を納める者だけしか選挙権が与えられないという民主的でない制限がなかなか取り除かれなかった。たびたびの選挙法の改正を経て、大正十四年になって、はじめて男子だけの普通選挙が認められることになった。しかし、これは、他の多くの民主国家でもだんだんと改善されてきた点だから、それでもよいとして、問題は貴族院である。貴族院議員のおもなものは華族議員で、これはもとよりきわめて封建的な色彩の強いものであった。そのほかに、勅選議員とよばれるものがあったが、これは政府が任命するので、明らかに国民の代表者ではなかった。少数の金持が互選する多額納税者議員もあった。しかも、このように封建的・金権的な色彩の強い議員によって組織された貴族院は憲法上ほとんど衆議院と同等の力を持っていた。だから、貴族院が反対すれば、法律も制定されず、予算も成立しなかった。したがって、貴族院は、国民の代表者たる衆議院の力が強くなることをことさらにおさえようとする、非民主的な制度であったといわなければならない。

次に、行政の方面では、天皇の統治権は国務大臣の輔弼によって行われ、天皇の発する勅令は、議会にかけて制定される法律にそむくことはできないようになっていたが、「独立命令」という形式を用いれば、法律によらないでも国民にいろいろな義務を命ずることが可能であった。また、議会が開かれていないときでも、さし迫った必要があれば、「緊急勅令」によって法律と同じことを決めることができた。予算をたてるには、議会の議を経なければならないことになってはいたが、やむをえない必要が起れば、議会にかけずに予算を作ることができた。政府の提出した予算を議会が否決しても、そういう場合には、前年度の予算をそのままひき継ぐことになっていたから、たいしたさしさわりは起らなかった。このように、せっかくいちおうは国民を代表する議会があっても、行政権の力が強くて、いろいろと国民の意志によらない政治を行うことができるようになっていた。

ことに、民主主義の立場からみて明治憲法のいちばん大きな欠陥は、陸海軍の行動については、議会も内閣もどうすることもできない点がたくさんあったという点である。いわゆる「統帥権の独立」というのがそれであって、陸軍や海軍はあらかじめ議会や内閣に相談しなくてもいろいろなことができた。軍部は、この特殊な制度を悪用して、だんだんと議会をおさえ、政府を思うとおりに動かすようになっていき、戦争の準備をするという必要を掲げれば、軍備を拡張することも、産業を統制することも、言論を封ずることも、思想を取り締まることも、自由自在であるというようになった。そこで軍閥は、「広義国防」などということばをふりまわして、政治の実権をその手に握り、国民の権利を踏みにじって、無謀な戦争を計画するようになった。明治憲法が制定された当時にはそんなつもりはなかったにしても、後になってそのような結果を招いたことは、なんといっても明治憲法の最大の弱点であったといわなければならない。

## 四　日本における政党政治

明治憲法ができたとき、内閣総理大臣の黒田清隆《くろだきよたか》は、府県知事を集めて、「人はそれぞれ政治上の意見が違うから、同じ意見の人々が集まって政党を作るのはやむをえないが、政府はいつも一定した方針を採り、政党の外に超然として公正な道を歩み、ある一つの政党にかたよったり、与《くみ》したりしてはならない」と説いた。そのころの枢密院議長伊藤博文も同じような考えで、政党政治に反対した。憲法ができ、議会が設けられることになり、政党が組織されても、政府の側の有力な人々は、どこまでも自分たちの力で国を治めていこうと思い、政党に政治上の権力を与えることは危険であると主張した。こういうように、議会の多数党をも無視して政治を行う方針を、人は超然主義とよび、そのような政府を「超然内閣」と名づけた。

明治二十三年七月に、はじめて衆議院議員の総選挙が行われ、その十一月には第一回の帝国議会が開かれたが、そのときの衆議院は反対党の方が絶対に多数であった。そこで、超然主義の立場に立つ山縣有朋《やまがたありとも》を総理大臣とする政府と、これを攻撃する反対党とは、予算の問題をめぐって激しく争ったが、反対党の中に政府の味方をする者が出たので、ようやく第一回議会は終った。しかし、翌年の第二回議会では、政府と反対党との争いはますます激しく、ついに政府は議会を解散してしまった。

こういうようでは、いかに超然主義の政府でも、議会をあやつることはむずかしい。そこで、明治二十五年の総選挙の際には、そのときの政府たる松方《まつかた》内閣は、反対党の議員が当選することを妨げるために、全国各地で選挙に大きな干渉を加え、方々で死人やけが人が出るという騒ぎを演じた。しかし、そういうことをやったにもかかわらず、選挙の結果はやはり反対党の勝利に終ったので、第三回議会では、ついに内閣不信任決議案が提出され、可決された。それでも、松方内閣は辞職しなかったばかりか、かえって議会を停会していすわってしまった。その後の議会においても、反対党は内閣弾劾案をひっさげては政府に迫り、政府は衆議院を解散したり、天皇の詔勅を仰いでいたりして、議会をおさえるのにけんめいであった。

そういう状態が少しずつ改まって、政党を地盤とする政府ができるようになったのは、日清《にっしん》戦争以後のことである。戦争が終って平和が帰ってきたとき、伊藤博文を首班とする内閣は、戦後の国家経営の重大性を名として、在野党の一つである自由党と手を握った。これは、それまでの政府が掲げてきた超然主義を捨てたものとみることができる。これに対して、反政府派の方は、進歩党という政党を作ったが、政府は、そのときどきの模様によって進歩党の助力をも借りた。しかし、政党の方も、自由・進歩両党に分かれていては、いつも政府にあやつられるおそれがあるというので、明治三十一年に合同して一つの大きな政党を作った。憲政党がそれである。そこで、伊藤内閣は総辞職をし、憲政党の大隈重信を総理大臣とし、板垣退助を内務大臣とする内閣ができあがった。この内閣では、陸海軍大臣を除いては、すべての大臣に憲政党員が任ぜられた。だから、この大隈内閣は、日本での最初の政党内閣であるということができる。

### わが国政党政治発達の年譜

| | |
|---|---|
| 明治　七、一 | 板垣退助・副島種臣ら民選議院設立建白書を政府に提出。 |
| 〃　七、四 | 板垣退助土佐において立志社を組織。 |
| 〃　八、二 | 板垣退助大阪において愛国社を組織。 |
| 〃　一四、一〇 | 明治二十三年に国会を開設する旨の詔勅下る。 |
| 〃　一四、一〇 | 板垣退助を総理とする自由党結成。 |
| 〃　一五、三 | 大隈重信を総理とする立憲改進党結成。 |
| 〃　一五、四 | 板垣退助岐阜において襲われる。 |
| 〃　一七、一〇 | 自由党解党。 |
| 〃　一八、一二 | 内閣制度実施。 |
| 〃　二〇、一二 | 保安条令公布。 |

| | |
|---|---|
| 〃　二二、二 | 明治憲法発布。 |
| 〃　二三、七 | 第一回衆議院総選挙。（直接国税年額十五円以上納付のもの） |
| 〃　二三、一一 | 第一回帝国議会召集。 |
| 〃　三一、六 | 自由・進歩の二党合同して憲政党を組織。（二十二日） |
| 〃　三一、六 | 保安条令廃止。（二十五日） |
| 〃　三一、六 | 大隈憲政党内閣成立。（三十日） |
| 〃　三一、一〇 | 憲政党の自由派新たに新憲政党を組織。 |
| 〃　三一、一一 | 憲政党の進歩派新たに憲政本党を組織。 |
| 〃　三三、三 | 衆議院議員選挙法改正。（直接国税年額十円以上納付の者のみ） |
| 〃　三三、九 | 憲政党を解党して伊藤博文政友会を組織。 |
| 〃　三四、五 | 安部磯雄・幸徳秋水ら社会民主党を結成、即日解党。 |
| 大正　五、一〇 | 憲政会結成。政友・憲政両党二大政党として対立。 |
| 〃　七、一〇 | 原政友会内閣成立。わが国最初の典型的政党内閣。 |
| 〃　八、六 | 衆議院議員選挙法改正。（直接国税三円以上の者のみ） |
| 〃　一四、五 | 普通選挙法公布。（二十五歳以上の男子） |

しかし、憲政党は、もともと自由党と進歩党との合同によってできた寄り合い世帯であったために、まもなくまた二つに分かれ、旧自由党系が憲政党を名のり、旧進歩党系の議員は憲政本党を作った。そこへ、以前は超然主義を唱えた伊藤博文も、議会開設以来の経験にかんがみ、政党組織の必要を感じて、明治三十三年に新党を組織し、憲政党をその中に吸収した。それ以来、日本の議会政治を動かす大きな力となった政友会が、すなわちそれである。これに対して、反政友会派は後に合同して憲政会を組織し、政友会と憲政会とが二大政党として対立することになった。

このようにして、日本にもだんだんと政党を中心とする政治が行われるような形勢ができあがってきたし、それを「憲政の常道」として尊重し、ぜひそうしなければならないという考えを持つ人々が、国民の中にも多くなっていった。けれども、一つの政党にかたよった内閣では、中正の政治を行うことはできないという考え方もあり、挙国一致というようなことを名として超然内閣を作ろうとする勢力も、いぜんとして強かった。たとえば、日露戦争のときの桂太郎《かつらたろう》の内閣は、政友会の支持を受け、戦争が済んでからできた内閣でも、伊藤博文に代わって政友会総裁に迎えられた華族出身の西園寺《さいおんじ》公望《きんもち》が総理大臣であった。しかし、これらは、いずれもほんとうの政党内閣ではなかった。

政党の力はこのようにしだいに大きくなりはしたが、政治の実権はいぜん元老とよばれる数人の人の手にあった。かれらは藩閥の代表者であり、軍人・官僚の指導者であった。内閣はそれらの人々の考えによって作られ、交代させられて、政党はこれをおさえる力を持たなかった。しかし、国民の政党に対する関心はしだいに高まり、世論の力は、軍人の寺内《てらうち》内閣のあとをうけて、原敬《はらたかし》を首班とする内閣を出現させた。大正七年に成立したこの内閣は、陸軍・海軍・外務の三大臣を除くすべての閣僚が政友会の党員から選ばれ、総理大臣たる原敬自身は、政友会の総裁であり、しかも、それまでの華族や大将の内閣首班とは違ってまったくの一平民であったという意味で、日本における典型的な政党内閣であり、国民も立憲政治発達のためこの出現を喜んだ。この後、衆議院に多数を占める政党が政権をとる慣例が作られたが、なお貴族院や枢密院は議会政治の発展に一つの障害となっていた。

一方、衆議院議員の選挙権に関する財産上の条件を取り除き、これをできるだけ国民の中にひろげていこうとする普通選挙運動が、おおいに強く主張され、大正十四年に至って、二十五歳以上の男子には原則として選挙権を認めるという選挙法改正案が、憲政会総裁加藤高明《かとうたかあき》を首班とする内閣によって議会に提出され、ついにその成立をみるにいたった。

他方また、働く国民すべての利益を主眼とする政治をしなければならないという社会主義の思想も、早くから輸入され、明治三十四年には、片山潜《かたやません》・安部磯雄《あべいそお》・幸徳秋《こうとくしゅう》水《すい》などによって、社会民主党という日本ではじめての社会主義政党が組織されたが、これは、ただちに政府によって解散させられてしまった。しかし、この種の運動は、その後もいろいろな形をとって現われ、第一次世界大戦による経済好況とともに、物価が一般に高くなり、やがて不景気となって、労働者の生活が脅かされるようになると、労働運動が急にさかんになった。今まで少数の人々の間に限られた社会運動が、労働組合・農民組合の活動と結んで大衆の中に根をおろしていった。普通選挙運動の発展なども、このような傾向と切り離して考えることはできない。そうして、昭和三年に行われた普通選挙法による最初の総選挙には、労働農民党・社会民衆党・日本労農党などの無産党も加わった。この選挙では無産党はわずかに八名の議員を議会に送ったにすぎなかったが、まずまずこのころまでは、日本の政治はしだいに民主主義の方向に向かってその水準を高めつつあったものといってよいであろう。

## 五　政党政治の末路

このようにして、だんだんと発達してきた日本の民主主義の政治が、どうして急に反民主主義の方向に逆転してしまったかということはなかなかむずかしい問題である。すくなくとも、それにはいろいろな原因がからみあって働いていたといわなければならない。その中のおもだった原因を数えあげて、過去の日本の歴史に対する反省を加えると同時に、将来の日本の動きについての戒めとすることにしよう。

第一の原因は、政党政治の発達とともに政党相互の争いが激しくなり、政党の勢力をひろげるためには手段を選ばないというかたむきが現われ、政党の堕落が問題にされるようになってきたということである。

多数決でもって運用される議会政治では数がものをいう。そこで政党は、議会での多数を占めることに必死となり、反対党の内幕をさらけ出したり、議員の奪いあいをやったりする。そのうえ、多数の議員を得るにも、多数の議員を養うにも、多額の費用がいるために、財閥と結託するという弊が生ずる。ひとたび政権を握り、内閣を組織した政党は、次の選挙のときにも有利な地位に立とうとして、地方の官吏などをその党の人々で固め、露骨に選挙の干渉をやる。そういうことが、日本では特にさかんに行われた。そうして、政党が国全体のことや国民のほんとうの幸福を主としないで、自党の利益だけを重んずるような政治をやっているうちに、国民が政党というものをだんだんと信用しなくなってきた。心ある人々は、政党政治の腐敗に眉《まゆ》をひそめたし、政権に野望をいだく連中は、そこを利用して民主主義反対の気勢をあげるようになっていったのである。

第二の原因は、左翼思想がだんだんとひろまってきたために、政府がこれに弾圧を加え、それによって逆に右翼の思想を強めるようになったことである。

前にも述べたように、日本にもかなり前から左翼思想がはいってきて、いろいろな問題をひき起した。国民の意志によって社会主義または社会主義に近い政策を実行することは、けっして民主主義と矛盾するものではない。しかし、暴力革命は社会組織を変革するための唯一の手段であると主張する少数の人々が現われ、経済界の不況や、政党政治の腐敗とあいまって、大正の末期にはそれに動かされる人々が多くなったために、大正十四年にこれを弾圧するための治安維持法が成立し、政府はこれを用いてそれらの人々の運動を厳重に取り締まった。それと同時に、日本の国体を守ろうとする勢いが、その反動としてさかんになり、共産主義はもとより、社会主義も、民主主義も、自由主義も、個人主義も、すべて日本の国体にはむかない思想であるとして、それらを排斥するような傾向に走ってしまった。そこへ、ヨーロッパにも右翼独裁主義の政治動向が興ってきたために、日本の政治思想がそれによって強く動かされたことも、こうした傾向を助長するのにあずかって力があった。

第三に数えなければならないのは、こうした情勢に乗じて、軍部が政治のうえに大きな力を振るうようになってきたことである。

日本には、封建時代を通じて、武士が社会の上層に立って政治を支配してきた長い歴史がある。明治になって、そういう制度は改められたけれども、日本人の心にしみこんだ軍人を重んずる気持は、なかなかに抜けきれなかった。そのうえ、日清戦争や日露戦争に勝ったために、軍人の力はますます強いものとならざるを得なかった。明治十八年に内閣制度ができて以来、内閣総理大臣の地位についた者は三十人を越えるが、その約半数は軍人であったということも、この事情をよく物語っている。そこへもってきて、前に述べたように、明治憲法では、陸海軍の統帥については議会も政府もどうすることもできないようになっていたために、軍人がそこを利用して政治を左右するようになっていった。昭和五年に、海軍の軍備を縮少するロンドン条約が成立したとき、海軍は、このときの政府のやり方は統帥権を侵すものであるとして激しく攻撃し、軍の考えで政治を動かすという風潮の先鞭《せんべん》をつけた。それ以後は、むしろ陸軍の方が政治に対して露骨な行動をとるようになったが政党政治はこのころからすたれて、それとともに民主主義の精神も衰えてしまったのは、なんとしても遺憾なことであったといわなければならない。

日本における民主主義の精神の後退を国民の心に強く印象づけたものは、暴力による直接行動があい次いで起ってきたことである。

言論の自由を基礎として政治運動をくりひろげ、政治上の問題を多数決によって決定するのは、民主主義の運用の根本原則である。しかるに、日本では、議論ではかなわないとみると、すぐに暴力を用いるという悪いくせがあった。すなわち、一部の人間が考えたことを実行に移そうとする場合に、その時代の政治の中心に立っている人を暗殺するという、最も卑怯《ひきょう》な方法がしばしば行われた。政友会の総裁として政党内閣を組織していた原敬も、そういうしかたで暗殺された。憲政会から発展した民政党の総裁として内閣を組織した浜口雄幸《はまぐちおさち》は、ロンドン条約の問題がやかましかった昭和五年に、東京駅で一青年のために狙撃《そげき》されて負傷し、それがもとになって死亡した。しかし、武器を持って戦うことを職分とする軍人が、その武器をみだりに振るって、要路の政治家をつぎつぎに殺すことを始めるにいたっては、もはや民主政治もおしまいである。そのような傍若無人な軍人の直接行動が最初に行われたのは、いわゆる五・一五事件であった。

昭和六年九月、民政党の若槻《わかつき》内閣のときに、満州事変が起った。これは、軍人が武力によってアジア大陸を支配しようとする直接行動のきっかけであったが、凶暴なその刃《やいば》は、同時に国内政治にも向けられて、若槻内閣に次いで政権を担当した政友会総裁犬養毅はその犠牲となった。すなわち、翌昭和七年の五月十五日、政党政治の腐敗を憤る海軍青年将校の一団は、首相官舎を襲って犬養毅を倒した。そのとき、犬養首相の胸元につきつけられた短銃の前にかれが語ったと伝えられる「話せばわかる」ということば、それに対して海軍士官が投げかけたという「問答無用」ということば、そうして、および、それに続いてとどろいた銃声ほど、明治以来ようやく発達しかけてきた民主政治から、暗い陰険な反動政治への転換を、劇的に示したものはあるまい。

議会政治は「話しあい」による政治であるが、独裁政治は「問答無用」の政治である。思えば、五・一五事件のときに響いた短銃の音は、せっかく伸びはじめた民主的な政党政治の末路を告げる弔鐘であり、日本を取り返しのつかない太平洋戦争の暴挙にまでかりたてた、おそるべき凶兆であったといえよう。

このような暴挙は、五・一五事件と前後してしばしば企てられ、あるいは実行された。昭和六年の十月事件、翌七年の三月事件、同年早春に行われた血盟団事件、昭和八年の神兵隊事件などがそれである。これらの事件を通じて、軍の政権獲得の要求はいよいよ露骨となり、過激な右翼思想をいだく人々がこれに加わった。そうして、ついに、昭和十一年の二月二十六日には、陸軍青年将校らの率いる千四百名余りの部隊が直接行動を起し、内大臣斎藤実《さいとうまこと》、大蔵大臣高橋是清《たかはしこれきよ》らがその犠牲となり、内閣総理大臣の岡田啓介《おかだけいすけ》はわずかに死を免れた。これが、いわゆる二・二六事件である。

このような、不祥事は、すべて一部の軍人を中心とする国内政治に不満をいだく人々が、実力に訴えて政治を左右しようとする陰謀の現われである。しかるに、そういう圧力が国内に爆発しはじめると、軍部はそのはけ口を対外問題に求めるというかたむきがあった。その筋書どおりに起ったのが、昭和十二年の日華事変である。これは、「事変」という名まえでよばれてはいたが、実は、日本の軍閥が中国に向かってしかけた戦争である。戦争となれば、事の理由はなんであれ、軍人の意見が政治の中心になってくる。かくて、軍閥は、この機に乗じて日本の政治を動かす力を完全に獲得し、これに従う官僚中の指導的勢力は、ますます独裁的な制度を確立していった。政党はまったく無力となり、民意を代表するはずの議会も、有名無実の存在となった。そうして、勢いのきわまるところ、日華事変はついに太平洋戦争にまで拡大され、日本はまさに滅亡のふちまでかりたてられていった。その滅亡の運命を最後のどたん場でくい止めたものは、昭和二十年七月二十六日に連合国によって発表されたポツダム宣言と、一億玉砕を叫んでたけり狂う主戦論の嵐の中で、かろうじてこれを受諾することを決意した細い一筋の理性の綱とであったことを、日本国民は永久に忘れてはならない。

# 第十三章　新憲法に現われた民主主義

## 一　日本国憲法の成立

太平洋戦争が最後の段階に達し、日本の完全な壊滅が刻々に迫っていたとき、連合国はドイツのポツダムにおいて宣言を発表し、日本のすべての軍隊に無条件降伏を求めると同時に、日本国民の自由に表明した意志によって、平和的傾向を持った責任のある政府ができあがるまで、日本を連合軍の占領下におくという方針を示した。更に、この宣言を受諾するという日本の申し入れに対するアメリカ合衆国の回答も、日本の最終の政治形態は、日本国民の自由に表明する意志によって決定されるべき旨を、重ねて明らかにしたのである。

近代の国家では、政治の根本の形態は憲法によって定められるのを常とする。したがって、戦争後の日本の政治形態をポツダム宣言の示した方針に従って確立するためには、日本国民の意志による憲法が作られなければならない。ところが、これまでの日本の憲法は、天皇の命令に基づいて制定された欽定《きんてい》憲法であった。しかも、前の章で述べたように、明治憲法は、ある点まで民主的な政治を行いうるようにくふうされてはいたけれども、また、民主主義の発達を妨げるさまざまな制度を含んでいた。そこで、終戦後の日本では、まもなく憲法を根本から改めるということが問題になり、いろいろな曲折を経た後に、国民を代表する議会の審議によって新しい憲法が作りあげられた。その新憲法が公布されたのは昭和二十一年十一月三日、それが施行されたのは昭和二十二年の五月三日である。名づけて「日本国憲法」という。

## 二　国民の主権

これまでにもたびたび述べたように、政治上の制度のうえに現われた民主主義には三つのたいせつな原則がある。その一つは、政治は「国民の政治」でなければならないということである。その第二は、政治は「国民による政治」として行われなければならないということである。その第三は、政治は「国民のための政治」を目標としなければならないということである。日本を根本から民主主義の国にするために作られた新憲法は、当然にこれらの三つの原則を基礎としている。このことは、新憲法の前文にある次のことばによって、はっきりと示されている。いわく、「そもそも国政は、国民の厳粛な信託によるものであって、その権威は国民に由来し、その権力は国民の代表者がこれを行使し、その福利は国民がこれを享受する。これは人類普遍の原理であり、この憲法は、かかる原理に基くものである」と。

「人類普遍の原理」というのは、どこの国でも、どんな時代になっても、正しい政治はかならずこの三つの原理によって行われなければならないという意味である。アメリカでは、第一章に述べたリンカーンの有名な民主主義の定義以来、「国民の、国民による、国民のための政治」ということが、ただ一つの正しい政治のあり方とされてきた。日本の新憲法も、これと同じ三原則を掲げて、それを政治の根本の方針と定めた。だから、新憲法に現われた民主主義を正しく理解するためには、日本の政治形態がこれらの原則に従ってどういうように改められたかを知らなければならない。

まず、その第一の原則は、新憲法では、国政の権威は「国民に由来し」ということばでいい表わされている。これは、リンカーンの「国民の政治」ということばと同じく国の政治を行う力の源泉が国民にあることをいう。これを更に別のことばでいうと、国民に主権がある、国民が主権者であるという意味になる。だから、新憲法は、前文の始まりのところで「主権が国民に存することを宣言し」ているのである。

新憲法がとったこの根本の態度を明治憲法のそれと比べてみると、その間にきわめて重大な変革が行われたことが、一目でわかる。なぜならば、明治憲法の上諭には、「国家統治ノ大権ハ朕カ之《コレ》ヲ祖宗ニ承《ウ》ケテ子孫ニ伝フル所ナリ」と書いてある。その意味は、国家を統治する権力は、日本国の始まったとき以来、歴代の天皇が代々受け継いできたもので、これを、更に同じように自分から子孫に伝えるというのである。

では、この権力のそもそもの根源はどこにあるのだろう。つまり、いちばん初めの天皇は、どうしてこういう権力を得たのであろう。これは、建国の神話では、天照大神《あまてらすおおみかみ》が「豊葦原《とよあしはら》の瑞穂《みずほ》の国は、これわが子孫《うみのこ》の王《きみ》たるべき地《くに》なり」と言われたためだと説明されている。いいかえれば、国を治める権力は神勅によって天皇に与えられたので、その源は神の意志にあるというのである。明治憲法はこの考え方をそのまま採用して、この憲法は祖宗の残された教えを明らかにしたものであると述べた。これに反して、新憲法は、この考え方を捨てて、まったく新しい別の立場を採った。国を治める権力の源は、国民の意志にあるのであり、したがって、主権は国民に存するというのである。このように、新憲法は、まず国民主権の原則を第一に確立した。そうして、それと同時に、主権者たる国民には、これまでとはまったく違った重大な責任が課せられることになった。

いまや、新憲法のもとでは、われわれ国民が政治の主人である。新憲法の標語にいわれたように、「われらが治めるわれらの日本」となったのである。これは、日本の歴史始まって以来の大きな変化である。明治憲法では、君臣の別が定まっているということが基本的な観念であり、国民道徳は臣民の道に尽きていた。君は上にあって統治し、民は下にあってこれに仕え、ただ命これつつしまなければならないとされていた。新憲法はこの観念を完全に排除したのである。われら国民は、もはや臣民ではない。自由で平等な国民として、自ら主権者なのである。

それでは、国民の持つ主権とはいかなる力であろうか。主権にはいろいろな力が含まれているが、その中でも根本的な意味を持つものは政治の形態を自分で決める権利である。しかるに、国の政治の形態は憲法に示されているのであるから、主権が国民にある以上、憲法は国民によって制定されなければならない。新憲法の前文が、主権は国民にあることを宣言したすぐあとにひき続いて、日本国民はここに「この憲法を確定する」といっているのは、その意味である。新憲法そのものが国民によって作られたばかりでなく、今後それを改正する場合にも、国会が発案し、国民がこれを承認したうえで、天皇が国民の名で憲法改正を公布するものとしている（第九十六条）。これもまた、明治憲法が天皇の定めた欽定憲法であり、それを改正する場合にも、天皇が発議の権をとり、帝国議会の議に付することとなっていたのとは、根本的に異なっている。

このように、国民が主権者となり、国の政治の根本はすべて国民の意志によって定まることとなったとすれば、天皇の地位は、どうなるのであろうか。新憲法は、その第一条でこの点を明らかにして、「天皇は、日本国の象徴であり日本国民統合の象徴であって、この地位は、主権の存する日本国民の総意に基く」と定めた。これも、明治憲法とは根本から趣を異にする点である。もとより、明治憲法においても、天皇が象徴でなかったわけではない。しかし、単なる象徴であるだけではなかった。それが新しい憲法では、象徴であるだけになった。では、いったい象徴とはどういうことであろうか。

一八四八年のフランス共和国宣言に、「三色旗は、平等・自由・友愛の象徴、秩序の象徴である」ということばがある。フランス国民が仰いで祖国の旗を見るとき、そこに自由・平等・友愛の理想がひるがえっているのを知り、この旗のもとに、フランス国民が一体となっているのを感ずるというのである。新憲法で、天皇は象徴であるというのも、同じような意味である。

新憲法のもとでは、憲法を改正するのも、法律を制定するのも、内閣総理大臣を任命するのも、国民の主権の現われである。しかし、八千万の国民が一堂に会してそういう行為をするということは、明らかに不可能である。そこで、国民が一体となってそういう行為をするのであるということを象徴する意味で、天皇が憲法の改正や法律を公布し、国会の指名に基づいて内閣総理大臣を任命する(第六条・第七条)。天皇の行うこれらの行為は、なんらの政治的権力を伴なわない単なる象徴としての行為にすぎない。実際には、国民が憲法の改正を承認し、国民を代表する国会が法律を制定し、内閣総理大臣も国会が指名するのである。だから、天皇は、単なる象徴であってなんらの政治的権力をも持たない。これも、明治憲法において、天皇が象徴であると同時に政治的権力を持っていたのと、根本から違う点である。

では、新憲法では、だれが政治的権力を持っているのか。いうまでもなく、それはわれわれ国民である。われわれ国民であって、それ以外の何者でもない。

## 三　国会中心主義

新憲法では、主権は国民にある。国民が最高の政治的権力を持っているのである。したがって、その政治的権力を行う者も、また国民であり国民だけでなければならない。これが前にいった民主主義の第二の原則で、リンカーンは、これを「国民による政治」といっている。

しかし、古代ギリシアの都市国家のような小さい国ならばいざ知らず、現在の諸国のように規模の大きい国々では、国民が政治上のすべての問題をいちいち自分で審議決定することは不可能である。そこで、今日の民主国家では、たいていの場合、実際の政治は国民の代表者によって行われる。だから、そのような「代表民主主義」の国では「国民による政治」は、「国民の代表者による政治」として行われるのがならわしである。われわれの新憲法もまた、この方法に従った。新憲法の前文に、「その権力は国民の代表者がこれを行使し」といっているのは、この意味にほかならない。

このような代表民主主義の制度では、自分たちに代わって国家の公務を行う者を選ぶということが、国民にとってのきわめて重要な仕事になる。すなわち、国民の代表者たる公務員を自由に選び、もしもそれらの人々の中に不適任な者があれば、それをやめさせることができるという権利が、国民の主権から導き出されてくるのである。これは、国民に固有の権利であって、なんぴともこれを他人に譲り渡したり、放棄したりすることはできない（第十五条）。公務員を選ぶに必要な資格は、原則として成年であるということだけであって、男女を問わない。しかも、選挙の秘密は厳重に守られる。つまり、満二十歳以上の国民は、だれの監視も受けることなく、自由に、自分の良心に従って、これはと思う人に投票することができる。この秘密で自由な選挙の権利は、国民の主権の最もたいせつな現われの一つである。そう考えると、投票がどんなに重要な意味を持つ事柄であるかが、よくわかるであろう。もしもこの一票をそまつにするようなことがあれば、国民は自分で主権者である地位を危うくしているのであるということを、忘れてはならない。

国民によって選ばれ、国民に代わって政治のことをつかさどる公務員には、いろいろあるが、その中でもいちばん重要なものは、主として「立法」のことにあたるところの国会の議員である。国家の公務には、立法のほかに「行政」と「司法」とがあって、それらをつかさどる人々も、国民の代表者であることに変わりはない。しかし、行政を行う国務大臣や、司法のことにあたる裁判官は、国民が直接に選ぶわけではない。国務大臣のうち、内閣総理大臣は、国会の指名によって決まるし、その他の国務大臣は総理大臣が任命する。裁判官も内閣の任命による。だから、行政や司法にたずさわる公務員は、国民によって間接に選ばれるのである。これに対して、国会の議員は、国民が直接に選ぶところの公務員である。国会議員の選挙が主権者たる国民にとってどんなにたいせつな仕事であるかは、これによってもきわめて明らかであろう。

国会は、衆議院と参議院との両院から成っている（第四十二条）。だから、新憲法によって定められた立法機関は、二院制である。しかし、この二院制は、明治憲法の二院制とはひじょうに違っている。明治憲法で衆議院とならんでいた貴族院の議員は、国民の中のごく一部の特権階級、すなわち、皇族・華族・多額納税者などから選ばれた。これに反してこんどの参議院議員は、衆議院議員とまったく同じように、国民全体の中から選ばれたほんとうの国民の代表者である（第四十三条）。だから、参議院は、衆議院となんら変わらないりっぱに民主的な立法機関であるということができる。

もっとも、参議院は衆議院に比べると、かなり権限が弱い。ごく簡単にいうと、国会が法律案を議決したり、予算を決定したり、国際条約の締結を承認したり、内閣総理大臣を指名したりする場合、もしも両議院の意見が一致しなければ、衆議院の議決が優先することになっている（第五十九・六十・六十一・六十七条）。この点は、イギリスの庶民院と貴族院との関係に似ているのである。

しかし、参議院は、イギリスの貴族院よりは、ずっと民主的にできている。したがって、ある場合には、新憲法も、参議院に衆議院とまったく同等の権限を与えている。たとえば、憲法改正の場合などがそれで、憲法改正案の発議にあたっては、両議院のおのおのの総議員の三分の二以上の賛成が必要だから、参議院議員の三分の一を越える反対があると、その案は提出されえないことになる（第九十六条）。こうみてくると、参議院と衆議院とは互に助けあって国会を形作っているのであって、その重要性においては変わりはないといわなければならない。

このようにして構成されているところの国会は、国権の最高の機関であり、国のただ一つの立法機関である（第四十一条）。国会が国のただ一つの立法機関であるということは、民主主義の立場からみて、ひじょうに重大な意味を持っている。その意味は、表と裏との二つの方面から考えることができるであろう。

第一に、法律は国会の手だけで作られ、それ以外の国家機関の協力を必要としない。明治憲法では、法律の制定は天皇の統治権の現われであって、帝国議会はただそれに「協賛」するにすぎないということになっていた。それに比べると、新憲法の規定は根本的に違った政治理念に立脚していることがわかる。もっとも、国会で議決した法律が実際に行われるようになるためには、国務大臣がそれに署名したり、天皇がこれを公布したりすることが必要である（第七十四条・第七条）。しかし、これは、どちらも、すでに国会の議決によって完全に法律としてできあがったものに対して、更に形式のうえで付け加えられる手続きにすぎない。法律それ自体は、国民を代表する国会が、他のあらゆる国家の機関から独立して制定する。そうして、その法律が、すべての行政や裁判の規準となるのである。

第二に、だから、新憲法のもとでは、国会以外には、国会から、独立して法律を作ることのできる国家機関はありえない。明治憲法には、国会の議を経ないで作られる「緊急勅令」とか「独立命令」などというものがあったが、それらは新憲法ではすべて廃止された。法律は、政治の筋道を定めたり、犯罪を犯した者に刑罰を加えたり、国民に収入に応じて租税を課したりすることを定めるものであるから、国民自身によって選ばれ、したがって、国民を正当に代表する国会だけが、それを制定する権限を持つということは、民主主義にとってきわめてたいせつなことである。もしも国会以外の機関、特に行政権だけをつかさどっているはずの政府が立法権を持てば、国民の自由と幸福とは、政府の独断によって左右されることになる。それは、独裁主義の最も著しい特色の一つである。ヒトラーの独裁政治のそもそもの始まりは、議会から立法権を奪って、それを政府が独占したところにあったことを、われわれはけっして忘れてはならない。

立法権とならんで、国会の行う重要な権限は、内閣総理大臣を指名するということである（第六十七条）。国会の議決によって指名された内閣総理大臣は、自分でいろいろな国務大臣を任命して、内閣を組織する。そうして、その内閣が国の行政権を行うのである（第六十五条）。

このように、国の行政をつかさどる内閣の最高の責任者が国会によって選ばれるということは、日本の民主政治の型を決定する重大な意味を持っている。つまり、内閣は国会の多数によって支持されないでは成立しないし、存続もしえないのである。明治憲法では、行政権は天皇が国務大臣の輔弼《ほひつ》を受けて行うことになっていた。したがって、国務大臣の責任は、国民に対する責任ではなくて、天皇に対する責任であると考えられていた。これに反して、新憲法のもとでは、すべての公務員は国民の「公僕」でなければならない。だから、行政について最も重要な仕事をする内閣は、国民を直接に代表する国会に対して責任を負っているのである（第六十六条）。ただ、国会で「指名」された内閣総理大臣は、天皇によって「任命」されることになっているが、それは、前にもいったとおり、単なる国民の象徴としての形式的な行為であるにすぎない（第六条）。

新憲法によれば、ただに内閣総理大臣が国会によって指名されるだけではなく、内閣総理大臣が国務大臣を任命する場合にも、その半数以上は国会議員の中から選ばなければならないことになっている（第六十八条）。そうして、このようにして成立した内閣も、もしも、衆議院が内閣不信任の決議を行い、または、信任の決議案を否決した場合には、十日以内に衆議院が解散されないかぎり総辞職をしなければならないのである（第六十九条）。更にまた、条約を締結したり、予算を作ったりする場合には、内閣は国会の承認を受けなければならない（第七十三・第八十六条）。したがって、国会の多数意見を基礎としないでは、内閣はとうていその政策をながく実行していくことはできないしくみになっている。その意味で、内閣は国会の下に立つといわなければならないような地位にある。いいかえれば、立法部は行政部よりも優越した地位を占めている。もしもこの関係が逆になって、行政権が立法権よりも強くなる場合には、その政治組織はそれだけ独裁主義に近づいたことになるのである。

これでみてもわかるように、新憲法のもとでは、政治の中心は国会にある。国会は、まさにその意味で「国権の最高機関」なのである（第四十一条）。しかるに、このような国会中心主義の民主政治が最も発達しているのは、イギリスであろう。だから、第二章や第三章で説明したイギリスの制度の歴史とその現在の組織とをここで読み直してみると、現在の日本の政治のしくみがいっそうよく理解されうるであろう。

## 四　違憲立法の審査

立法および行政とならんで行われる国権のもう一つの作用は、司法である。そうして、司法権を行うものが裁判所であることはいうまでもない。ところで、民主主義の国家組織の最も重要な特色の一つは、裁判の作用が行政権から完全に独立しているということである。専制主義の時代には、裁判は国王や領主の干渉のもとに行われた。したがって、公正な裁判が行われないで、権力者の独断によって国民の自由と権利が不当に侵されることが多かった。これは、独裁政治の場合も同様である。それだけに、民主主義は特に「司法権の独立」を重んずる。新憲法も、もとよりその精神を高く掲げ、裁判官は、良心に従って独立に裁判を行うべきものとし、憲法および法律以外のなにものによっても拘束されえない旨を明らかにした(第七十六条)。

裁判所には、憲法によって定められた最高裁判所と、法律によって設けられる下級の裁判所とがある。最高裁判所は、憲法および法律によって司法権を行ういちばん上級の裁判所であるばかりでなく、国会で制定される法律や、政府の発する命令が憲法にかなっているかどうかを決定する最終の権限を持っている(第八十一条)。すなわち、国会が法律を制定しても、最高裁判所の裁判官の多数が、その法律は憲法に違反していると考えた場合には、これを無効とすることができるのである。これを、「違憲立法審査権」という。

これは、今までは主としてアメリカ合衆国で行われていた制度であった。しかし合衆国でも、この制度は慣習によって作られているのであって、憲法の中にそのことが明記されているわけではない。日本の新憲法は、これをはじめて成文の規定の中に取り入れたのである。

代表民主主義の制度では、国民を代表する議会が法律を作り、その法律が行政の指針となり、裁判の規準となる。しかし、議会といえども、人間の集まりなのであるから、そこで制定した法律が常にかならず正しいとはかぎらない。法律は憲法の趣旨にかなったものでなければならないのであるが、なんらかの事情で、憲法の規定に違反するような法律の制定されることがないとはいえない。新憲法は、そういう場合を考慮して、最高裁判所に法令が違憲であるかどうかを決定する権限を与えたのである。これは、憲法の精神を守るために万全を期するための制度であって、そのかぎりにおいては、司法権の方が立法権よりも上の立場に立っているともいうことができる。

新憲法は、最高裁判所にこのような重い使命を負わせているのであるが、それならば、最高裁判所の判断ならばかならず正しいといいうるであろうか。最高裁判所とて人間の集まりなのであるから、その裁判官が常に適任者であり、その判決がいつも正しいというわけにはいくまい。裁判官によい人を得るための方法としては、それを国民が選挙するということも考えられうる。現在、アメリカなどでは、裁判官を国民が選挙する場合もある。しかし、日本の新憲法はその制度を採らなかった。最高裁判所の長たる裁判官は、内閣が指名して天皇が任命することになっているし、最高裁判所のそれ以外の裁判官は内閣がこれを任命するのである（第六条・第七十九条）。そこで、そのようにして選ばれた裁判官が、はたして適任者であるかどうかを、更に審査するしくみが望ましい。それでは、それを審査する者はだれか。ほかでもない。それは、国民である。だから、新憲法は、最高裁判所の裁判官については国民が十年ごとに審査して、国民の多数が不適任の投票をした裁判官はやめなければならないものとした（第七十九条）。ここにも、国民がすべての上に位する主権者であるという事実が、はっきりと現われている。

## 五　国民の基本的権利

これで、「国民の政治」ということと、国民の代表者の手で「国民による政治」を行うしくみとは、ほぼ明らかになった。しかし、民主主義には、最後にもう一つのたいせつな原則がある。その第三の原則は、リンカーンのいわゆる「国民のための政治」である。新憲法の前文によれば、国民のもたらす福利は、「国民がこれを享受する」のである。新憲法は、この民主主義の大きな目標をどういうようにして実現しようとしているのであろうか。われわれは、すすんでその点を明らかにしていかなければならない。

ところで、その点を考える前に、念を押しておく必要があるのは、「国民のための政治」は「国民の政治」「国民による政治」と離れてあるものではないということである。なぜならば、国民のために政治をするということは、すくなくとも表向きは、たいていの政府が口にすることで、民主政治だけに限ったことではない。しかしただ口に言っているということと、ほんとうにそうだということとは違う。いったい、ただひとりの人、あるいは少数の人々だけが政治の権力を握っている場合、その人が政治は国民全体の福利のためにするものだといっても、ほんとうにそうなるだろうか。歴史はそうではないことを証明した。独裁者や少数の特権階級が権力を独占していたのでは、国民全体が福利を享受するような政治はけっして行われない。だから民主政治は、「国民のための政治」でなければならないからこそ、同時に「国民の政治」「国民による政治」でなければならないのである。いいかえれば、この第三の原則は、他の二つの原則によって裏うちされてはじめて生きてくるものであるというのが、民主主義の確乎《かっこ》不動の信念なのである。

さて民主政治は、国民の福利を保障することを眼目とするものではあるが、しかし、国民の幸福や利益は、労せずして国民に与えられるべきものではなく、国民自らの努力によって築きあげられてゆくのでなければならない。「天は自ら助くるものを助く」という。民主主義の重んずるのは、自立の精神であり、自助の態度である。すべての国民は、自らの力によって立ち、自らの手で自己の幸福を追求する権利を有する。民

主主義の保障するものは、このような権利であり、このような自由である。ゆえに、民主主義が「国民の福利のための政治」を行うということは、かくのごとき意味での国民の基本的権利を平等に保護し、他人の自由を侵さない限度において各人の人間としての自由を確立するということにほかならない。

それでは、民主主義を実現するためにどうしても欠くことのできない自由には、どんなものがあるであろうか。ルーズベルト大統領は一九四一年の年頭の議会教書の中で四つの基本的な自由として言論の自由、信教の自由、恐怖からの自由および欠乏からの自由を掲げた。このうち、恐怖からの自由と欠乏からの自由の二つは、同年八月に発表された有名な「大西洋憲章」の中にもおごそかに宣言されている。われわれの新憲法は、はたしてこれらの自由を保障しているかどうか。それを検討してみよう。

まず、第一の言論の自由については、新憲法の第十九条に、「思想及び良心の自由は、これを侵してはならない」という規定がある。日本では、太平洋戦争の始まるずっと前から、国民の思想ばかりでなく、その良心までも、権力の手で強制されてきた。しかし、国民自身が正しいと考えることを信じ、それを自由に発表することが許されないならば、政治がどんなに脱線しても、それを正しい軌道の上に引きもどすことはできない。過去の日本では、言論の圧迫がはなはだしく、国民は政府によって統制された宣伝を無批判に受け取るようにしいられていた。だから、民主主義の行われるための根本の前提は、思想と良心の自由である。したがって、それを発表する言論の自由でなければならない。

次に、第二の信教の自由についてみると、新憲法第二十条は、「信教の自由は、何人に対してもこれを保障する。いかなる宗教団体も、国から特権を受け、又は政治上の権力を行使してはならない。何人も、宗教上の行為、祝典、儀式又は行事に参加することを強制されない。国及びその機関は、宗教教育その他いかなる宗教的活動もしてはならない」と規定して、その精神を明らかにしている。宗教が人間の精神を動かし、その行動のうえに影響を与える力は大きい。したがって、もしも宗教が国家の権力者によって利用されるならば、——ちょうど、戦争中にわが国の為政者たちが国民の心に極端な国家主義の神国思想を植えつけた場合のように、——その結果はおそるべき破局をふたたびもたらすであろう。宗教は個人が自由に選びうるものであり、純粋な宗教心から信仰されなければならない。政策的な見地から、ある宗教を特別に保護したり、それを国民に強制したり、それとは違った信仰を圧迫したりするようなことがあれば、個人の尊厳を基礎とする社会生活は脅かされ、高貴な人間精神の自由は著しく阻害されてしまうであろう。

それでは、第三の恐怖からの自由とはどんなものであろうか。それを理解するには、独裁主義や軍国主義の時代に国民の生活がどんなに恐怖にさらされていたかを思い浮かべればよい。

昔、封建政治が行われていた時代には、武士が些細《ささい》なことから町人を殺しても、それが「切り捨て御免」としてとおり、町人はそれを訴え出る余地もなかった。どんな非道な裁判や拷問が行われても、国民は「泣き寝入り」をするよりほかはなかった。しかし、それはけっして単なる昔だけの話ではない。今日の時代においても、まだ世界の国々は戦争の恐怖から除かれているとはいえないし、国内政治においても、政治を批判した者をむやみに捕縛したり、罪のないところに罪を作ったりするようなことが、行われないとはかぎらない。恐怖からの自由とは、このように脅かされない平和な世界、そのような無法な人権じゅうりんの行われる危険のない政治を意味するのである。新憲法が第九条で戦争の放棄を誓い、第十七条で、公務員の不法行為によって損害を受けた場合には、だれもがその賠償を求めることができるといい、第十八条で、なんぴともけっして奴隷的な拘束を受けることはないと保障し、第三十六条で、公務員による拷問や残虐な刑罰は絶対にこれを禁ずると宣言し、その他の数多い規定を設けて、人身の自由を保障しているのは、この趣旨を徹底させるためにほかならない。

第四番めに掲げられるものは、欠乏からの自由である。経済上の民主主義では、適度の自由競争は経済発達の条件として重んぜられる。しかし、自由競争の結果として、国民の間にはなはだしい貧富のへだたりが生ずることは、極力避けられなければならない。どんなに経済的に不利な立場に陥った人々といえども、人間として人間らしい生活を維持することができるようにするのは、民主主義のたいせつな目標である。新憲法の第二十五条が、「すべて国民は、健康で文化的な最低限度の生活を営む権利を有する」といい、国家が社会福祉の増進のために努力すべきことを示しているのは、そのためである。しかも、国民の生活を欠乏から守るためには、一方では、国民のすべてが勤労に従事しなければならないし、他方では、勤労しうるのに勤労する場所がないようなことが起らないようにしなければならない。そこで、第二十七条は、「すべて国民は、勤労の権利を有し、義務を負ふ」と規定する。そうして、更に、第二十八条をもって、労働者の立場を保護するために、勤労者の団結権と団体交渉権とを保障している。新憲法は、これらの規定によって経済民主主義の平和な実現を期し、欠乏からの自由という目標への基礎を築いていこうとしているのである。

これらの四つの自由は、「国民のための政治」が行われるための根本を形作っているのであるが、新憲法は、これらの自由を確保すると同時に、更にそれから導き出されるいろいろな自由を保障し、国民の基本的人権が永久に侵すべからざるものであることを明らかにしている(第十一条)。しかも、このような基本的な自由と権利とは、手をこまぬいている国民の前にしぜんに与えられるものではなくて、国民の不断の努力によってのみ保持されることができる。それは、自由ではあるが、濫用されてよいものではなく、権利ではあるが、常に公共の福祉のためにこれを利用する責任を伴なっている(第十二条)。このようにして、「国民のための政治」を、国民自らの意志により、国民のたゆまぬ努力と責任とを通じて一歩一歩と実現していこうとしているところにこそ、新憲法を一貫する民主主義の高い理想があるといわなければならない。

# 日本国憲法（抄録）

## 前　文

日本国民は、正当に選挙された国会における代表者を通じて行動し、われらとわれらの子孫のために、諸国民との協和による成果と、わが国全土にわたつて自由のもたらす恵沢を確保し、政府の行為によつて再び戦争の惨禍が起ることのないやうにすることを決意し、ここに主権が国民に存することを宣言し、この憲法を確定する。そもそも国政は、国民の厳粛な信託によるものであつて、その権威は国民に由来し、その権力は国民の代表者がこれを行使し、その福利は国民がこれを享受する。これは人類普遍の原理であり、この憲法は、かかる原理に基くものである。われらは、これに反する一切の憲法、法令及び詔勅を排除する。

日本国民は、恒久の平和を念願し、人間相互の関係を支配する崇高な理想を深く自覚するのであつて、平和を愛する諸国民の公正と信義に信頼して、われらの安全と生存を保持しようと決意した。われらは、平和を維持し、専制と隷従、圧迫と偏狭を地上から永遠に除去しようと努めてゐる国際社会において、名誉ある地位を占めたいと思ふ。われらは、全世界の国民が、ひとしく恐怖と欠乏から免かれ、平和のうちに生存する権利を有することを確認する。

われらは、いづれの国家も、自国のことのみに専念して他国を無視してはならないのであつて、政治道徳の法則は、普遍的なものであり、この法則に従ふことは、自国の主権を維持し、他国と対等関係に立たうとする各国の責務であると信ずる。

日本国民は、国家の名誉にかけ、全力をあげてこの崇高な理想と目的を達成することを誓ふ。

第一条　天皇は、日本国の象徴であり日本国民統合の象徴であつて、この地位は、主権の存する日本国民の総意に基く。

第四条　天皇は、この憲法の定める国事に関する行為のみを行ひ、国政に関する権能を有しない。

第六条　天皇は、国会の指名に基いて、内閣総理大臣を任命する。

天皇は、内閣の指名に基いて、最高裁判所の長たる裁判官を任命する。

第七条　天皇は、内閣の助言と承認により、国民のために、左の国事に関する行為を行ふ。

一　憲法改正、法律、政令及び条約を公布すること。

第十一条　国民は、すべての基本的人権の享有を妨げられない。この憲法が国民に保障する基本的人権は、侵すことのできない永久の権利として、現在及び将来の国民に与へられる。

第十二条　この憲法が国民に保障する自由及び権利は、国民の不断の努力によつて、これを保持しなければならない。又、国民は、これを濫用してはならないのであつて、常に公共の福祉のためにこれを利用する責任を負ふ。

第十五条　公務員を選定し、及びこれを罷免することは、国民固有の権利である。

すべて、公務員は、全体の奉仕者であつて、一部の奉仕者ではない。

公務員の選挙については、成年者による普通選挙を保障する。

すべて選挙における投票の秘密は、これを侵してはならない。選挙人は、その選挙に関し公的にも私的にも責任を問はれない。

第十七条　何人も、公務員の不法行為により、損害を受けたときは、法律の定めるところにより、国又は公共団体に、その賠償を求めることができる。

第十八条　何人も、いかなる奴隷的拘束も受けない。又、犯罪に因る処罰の場合を除いては、その意に反する苦役に服させられない。

第十九条　思想及び良心の自由は、これを侵してはならない。

第二十条　信教の自由は、何人に対してもこれを保障する。いかなる宗教団体も、国から特権を受け、又は政治上の権力を行使してはならない。
第二十五条　すべて国民は、健康で文化的な最低限度の生活を営む権利を有する。
国は、すべての生活部面について、社会福祉、社会保障及び公衆衛生の向上及び増進に努めなければならない。
第二十六条　すべて国民は、法律の定めるところにより、その能力に応じて、ひとしく教育を受ける権利を有する。
すべて国民は、法律の定めるところにより、その保護する子女に普通教育を受けさせる義務を負ふ。義務教育は、これを無償とする。
第二十七条　すべて国民は、勤労の権利を有し、義務を負ふ。
第二十八条　勤労者の団結する権利及び団体交渉その他の団体行動をする権利は、これを保障する。
第三十六条　公務員による拷問及び残虐な刑罰は、絶対にこれを禁ずる。
第四十一条　国会は、国権の最高機関であつて、国の唯一の立法機関である。
第四十二条　国会は、衆議院及び参議院の両議院でこれを構成する。
第四十三条　両議院は、全国民を代表する選挙された議員でこれを組織する。
第五十九条　法律案は、この憲法に特別の定のある場合を除いては、両議院で可決したとき法律となる。

衆議院で可決し、参議院でこれと異なつた議決をした法律案は、衆議院で出席議員の三分の二以上の多数で再び可決したときは、法律となる。

第六十条　予算は、さきに衆議院に提出しなければならない。

予算について、参議院で衆議院と異なつた議決をした場合に、法律の定めるところにより、両議院の協議会を開いても意見が一致しないとき、又は参議院が、衆議院の可決した予算を受け取つた後、国会休会中の期間を除いて三十日以内に、議決しないときは、衆議院の議決を国会の議決とする。

第六十一条　条約の締結に必要な国会の承認については、前条第二項の規定を準用する。

第六十五条　行政権は、内閣に属する。

第六十六条　内閣は、法律の定めるところにより、その首長たる内閣総理大臣及びその他の国務大臣でこれを組織する。

内閣総理大臣その他の国務大臣は、文民でなければならない。

内閣は、行政権の行使について、国会に対し連帯して責任を負ふ。

第六十七条　内閣総理大臣は、国会議員の中から国会の議決で、これを指名する。

この指名は、他のすべての案件に先だつて、これを行ふ。

第六十八条　内閣総理大臣は、国務大臣を任命する。但し、その過半数は、国会議員の中から選ばれなければならない。
第六十九条　内閣は、衆議院で不信任の決議案を可決し、又は信任の決議案を否決したときは、十日以内に衆議院が解散されない限り、総辞職をしなければならない。
第七十三条　内閣は、他の一般行政事務の外、左の事務を行ふ。
三　条約を締結すること。但し、事前に、時宜によつては事後に、国会の承認を経ることを必要とする。
五　予算を作成して国会に提出すること。
第七十四条　法律及び政令には、すべて主任の国務大臣が署名し、内閣総理大臣が連署することを必要とする。
第七十六条　すべて司法権は最高裁判所及び法律の定めるところにより設置する下級裁判所に属する。
第七十九条　最高裁判所は、その長たる裁判官及び法律の定める員数のその他の裁判官でこれを構成し、その長たる裁判官以外の裁判官は、内閣でこれを任命する。
最高裁判所の裁判官の任命は、その任命後初めて行はれる衆議院議員総選挙の際国民の審査に付し、その後十年を経過した後初めて行はれる衆議院議院総選挙の際更に審査に付し、その後も同様とする。

第八十六条　内閣は、毎会計年度の予算を作成し、国会に提出して、その審議を受け議決を経なければならない。

第九十六条　この憲法の改正は、各議院の総議員の三分の二以上の賛成で、国会が、これを発議し、国民に提案してその承認を経なければならない。この承認には、特別の国民投票又は国会の定める選挙の際行はれる投票において、その過半数の賛成を必要とする。

憲法改正について前項の承認を経たときは、天皇は、国民の名で、この憲法と一体を成すものとして、直ちにこれを公布する。

# 第十四章　民主主義の学び方

## 一　民主主義を学ぶ方法

ものごとを学ぶためのいちばんよい、いちばん確かな方法は、学ぶべき事柄を実行してみることである。たとえば、野菜の作り方を学ぶにも、本を読み、人の話を聞いただけでは、ほんとうのことはわからない。しかし、自分で家庭菜園をやってみて、種をまき、肥料をやり、害虫とたたかっていると、その間に野菜作りのこつがのみこめるようになる。畳の上でいくら泳ぎ方を教えられても、けっして泳げるようにはならない。泳ぎ方を学ぶ唯一の方法は、実際に泳いでみることである。つまり、実際にやってみることによって学ぶのが、教育の根本の原理なのである。

民主主義の場合もそれと同じである。民主主義のことは、いろいろと本に書いてある。しかし、民主主義は、本で読んだだけでは、ほんとうにはわからない。民主主義は、単なる観念や理論ではなくて、社会に共存しているすべての人々の考え方や、行動や、生活そのものの中に存在しているのである。だから、民主主義を学ぶには、民主主義的な生活を実行してみるのがいちばんよい。自分でやってみれば、民主主義のよさがわかる。誤った民主主義とはどんなもので、そこからどんな弊害が生ずるかも、身をもって体験できる。そういう弊害を取り除くために、自分たちでくふうし、自分たちで努力していけば、ほんとうの民主主義がどのようにして実現されていくものであるかを会得できる。民主主義を確実に身につける最上の道は、民主主義の実践以外にはない。

もちろん、民主主義をほんとうに自分のものにすることは、けっしてなまやさしいことではない。近代ヨーロッパやアメリカでも、正しい民主主義が成長してくるまでには、何百年という長い年月がかかった。それを学びとるには、もとよりひとかたならない努力と経験とが必要であるに相違ない。

しかし、「道は近きにあり」である。民主主義を学ぶ道は、われわれの手近なところにいくらでもある。それを頭で理解するのではなく、実際にやってみることによって学ぼうとする気持さえあれば、およそ共同生活の営まれているところには、どこにでも民主主義を身につけるための手がかりが見いだされる。中でも、学校は、青少年の時代から身をもって民主主義を学ぶための最もよい場所である。

それでは、学校で民主主義を学ぶにはどうしたらよいか。それには、まず、今までの日本の学校教育にはどういう欠陥があったかを反省し、更にすすんで新しい民主主義の教育のあり方を考えていくこととしよう。

## 二　学校教育の刷新

明治以来、わが国の科学や文化はいちおうはひじょうな勢いで発達した。しかし、その大部分は、西洋文化の借りものであったために、ほんとうに国民生活の血となり肉となるまでにはいたらないうらみがあった。そのおもな原因は、教育の欠陥にあったということができる。

なるほど、教育も、明治このかた年を追ってさかんになり、小学校から大学にいたるまで、教育のための設備もたくさん設けられた。けれども、それらの学校でも、ほんとうに自分でものを考え、自分でりっぱな自分自身を作りあげるような教育は、なおざりにされがちであった。したがって、日本人には、自分たち自らの責任と、すべての他人との協力によって、明かるい住みよい世の中を築きあげていくという気風が欠けていた。日本をりっぱな民主国家として建設していくためには、そのような教育のしかたを根本から改めなければならない。

これまでの日本の教育は、一口でいえば、「上から教えこむ」教育であり、「詰めこみ教育」であった。先生が教壇から生徒に授業をする。生徒はそれを一生けんめいで暗記して試験を受ける。生徒の立場は概して受け身であって、自分で真理を学びとるという態度にならない。生徒が学校で勉強するのは、よい点を取るためであり、よい成績で卒業するためであって、ほんとうに学問を自分のものにするためではなかった。よい成績で卒業するのは、その方が就職につごうがよいからであり、大学で学ぼうというのも、主としてそれが立身出世のために便利だからであった。そのような受け身の教育や、手段としての勉強では、身についた学問はできない。それどころか、多くの人々は、試験が済んだり、学校を出たりすると、それまで勉強したことの大半は忘

れてしまうというふうでさえあった。

そのうえに、もっと悪いことには、これまでの日本の教育には、政府のさしずによって動かされるところが多かった。だから、自由な考え方で、自主独往の人物を作るための教育をしようとする学校や先生があっても、そういう教育方針を実現することはきわめて困難であった。しかも政府はこのような教育を通じて、特に誤った歴史教育を通じて生徒に日本を神国であると思いこませようとし、はては、学校に軍事教練を取り入れることを強制した。「長いものには巻かれろ」という封建思想は、教育者の中にも残っていたし、政府の権力は反対を許さないほどに強いものであったために、日本の教育は「上からの権威」によって思うとおりに左右されるようになり、たまたま強く学問の自由を守ろうとした学者は、つぎつぎに大学の教壇から追われてしまった。このようにして、政治によってゆがめられた教育を通じて、太平洋戦争を頂点とする日本の悲劇が着々として用意されていったのである。

がんらい、そのときどきの政策が教育を支配することは、大きなまちがいのもとである。政府は、教育の発達をできるだけ援助すべきではあるが、教育の方針を政策によって動かすようなことをしてはならない。教育の目的は、真理と正義を愛し、自己の法的、社会的および政治的の任務を責任をもって実行していくような、りっぱな社会人を作るにある。そのような自主的精神に富んだ国民によって形作られた社会は、人々の協力によってだんだんと明かるい、住みよいものとなっていくであろう。そういう国民が、国の問題を自分自身の問題として、他の人々と力を合わせてそれを解決するように努力すれば、しぜんとほんとうの民主政治が行われるであろう。制度だけが民主主義的に完備しても、それを運用する人が民主主義の精神を自分のものにしていないようでは、よい結果はけっして生まれてこない。教育の重要さは、まさにそこにある。

ことに、政府が、教育機関を通じて国民の道徳思想をまで一つの型にはめようとするのは、最もよくないことである。今までの日本では、忠君愛国というような「縦の道徳」だけが重んぜられ、あらゆる機会にそれが国民の心に吹きこまれてきた。そのために、日本人には、何よりもたいせつな公民道徳が著しく欠けていた。

公民道徳の根本は、人間がお互に人間として信頼しあうことであり、自分自身が世の中の信頼に値するように人格をみがくことである。それは、自分の受け持っている立場から、いうべきことは堂々と主張すると同時に、自分のしなければならないことを、常に誠実に実行する心構えである。社会共同の生活を営むすべての個人は、それぞれその受け持つ仕事を誠意をもってやりとげていく責任がある。人々が、おのおのその責任を重んじ、そのうえでお互に信頼しあい、協力しあうのでなければ、民主主義の理想はとうてい実現できない。その意味で、われわれは、日本人をこれまで支配してきた「縦の道徳」の代わりに、責任と信頼とによって人々を結ぶ「横の道徳」を確立していかなければならない。

ところで、このような民主的な「横の道徳」の原理を実際に身につけるのに、いちばん適しているのは、学校での生活である。学校では、先生の指導のもとに、同年配の青少年が共同生活を営んでいる。したがって、学校の中でみんなが共同の目的のために仕事を分担し、自治的にいろいろな活動をやっていけば、おのずからにして今いうような「横の道徳」を体得することができる。みんなで委員を選挙したり、自分が委員になって学校や学級を代表したり、クラスの会合でいろいろな問題について自由に討論したり、討論した結果を多数決で決めたりしている間に、民主主義というものはどういうように行われるものであるかが、しぜんにわかってくる。

学校は、けっしてただ知識だけを習うところではない。今述べたようにして、生徒が学校にいる間に、社会人としての正しい生き方を学ぶことは、教場での学習とならんで、きわめてたいせつな民主主義の教育の目的なのである。

## 三　教育の機会均等と新教育の方針

これまでの日本の教育制度では、国民のすべてが教育について平等の機会を持つということにはなっていなかった。

従来の学校制度だと、最初の六箇年の小学校だけが義務教育で、男女を問わず平等の教育が行われたが、それから先の学校にはいろいろな差別があった。まず、中学校と高等女学校とが分かれていて、女学校の方がかなり程度が低くなっていた。そして、中学校は、同じ中等教育でも、そこだけでひととおりの職業教育を行う実業学校に比べると、上級学校に進む場合にずっと有利であった。このことは、高等学校と実業専門学校とを比べた場合にも同様であって、大学にはいる道は、主として高等学校の出身者のために開かれていた。また、女子のための専門学校は、ごく少数しかなかったし、大学令による女子だけの大学は一つも設けられていなかった。このように、学校の違いや性別によって教育を受ける機会が均等でなかったことは、それぞれの学校の学生・生徒や卒業生の間におのずから差別観念を与え、男女の間にも差別思想を植えつける結果になったのである。

そこで、新憲法は、このような差別教育を根本から改めるために、第二十六条に、教育における機会均等の原理を高く掲げた。「すべて国民は、法律の定めるところにより、その能力に応じて、ひとしく教育を受ける権利を有する」というのがそれである。この原則に基づいて、新たに六・三・三・四制の学校制度が設けられることになった。六年の小学校と三年の中学校とが義務教育となり、それに続く三年の高等学校には、普通教育を主とするものと、実業教育に力をそそぐものとがあるけれども、四年制度の大学に進むためにはその間になんらの差別もない。もちろん、男女の間の差別も、まったく取り除かれた。このように、学校制度が単純化され、教育を受ける機会が平等化されたことは、教育における民主主義の実現への画期的な出来事であるといわなければならない。

しかしながら、この新しい学校制度においても、大学まで進んで勉強するためには、相当の学資がいる。経済的に恵まれない家庭の青少年は、大学へ行って勉強がしたくても、思うにまかせないことが多い。このように経済事情の違いによって、ある者は大学へ行くことができ、ある者は上級の学校に学ぶべき熱意と才能とがあるにもかかわらずそれができないのでは、せっかくの機会均等もじゅうぶんに実現されないことになる。このような事情にかんがみて設けられているのが奨学の制度である。

奨学の制度は、能力があるにもかかわらず、学資がなくて困っている者に学資を出して、教育の機会均等を保証しようとするものである。これまでも、奨学の制度として国が設けたものに日本育英会があり、民間においても、いろいろな教育に熱意を有する団体や個人で、学資を与えたり貸したりして教育の普及徹底に力を尽くしてきた者が少なくなかった。けれどもそれらは、まだまだ本当に教育の機会均等を保証するに足りるものとはいえず、今後いっそう、学資の支給を受ける学生生徒の数を増加したり、金額を増したりして、機会均等がじゅうぶんに実現されるようにしなければならない。

このほか新学制とともに、夜間学校や通信教育もおおいに拡充されて、義務教育を終って社会に出た勤労青年が、余暇を利用してひろく勉強ができるようになった。また、社会教育や文化施設を向上させるために、全国各地の町村に公民館が設けられ、おとなも子どもも、男も女も、産業人も教育者も、みんながお互に導きあって、自分たちの教養を高めうるようにくふうされている。各大学がさかんに公開講座を開き、大学の持つすぐれた学問や文化を一般社会人にひろめるように努めつつあるのも、喜ばしいことである。

しかし、教育の改革は、単に学校の制度を改めることだけにとどまってはならない。学校制度が改められると同時に、そこで行われる教育の内容も、新しい民主主義の根本方針に従って、新たに建て直されなければならない。それでは新教育の方針は、どういう点にあるのであろうか。

民主主義の根本原理は、人間の尊重である。この精神に従って、まず要求されるのは、生徒の個性を重んじ、それを正しく伸ばしていくことでなければならない。今までのように、政府が教育の方針を細かく定め、それをそのとおりに教えることを学校に強要していたのでは、学校教育はどうしても画一的となり、型にはまった人間だけが作られる結果になる。だから、新しい教育の方針では、この点をすっかり改めて、生徒の勉強に自主性と自発性とを与えるように努めることとなった。

すなわち、先生は生徒に対して理解ある指導を与え、生徒の興味を刺激して、その個性と才能とをじゅうぶんに発揮させるようにする。たとえば、絵のじょうずな生徒には絵をかかせ、理科に興味を持つ者には、すすんで動植物の研究や、物理化学の実験などをさせる。したがって、生徒の方も、先生が教えてくれるのを待って、それだけを覚えるといった受け身の態度をやめて、自分からすすんで知識を求めていくようにならなければならない。そうすれば、生徒にとって、勉強はいやな苦しいことではなく、楽しみつつ学ぶことができるようになる。自発的に学んだ知識は、一生の間身について離れることがないであろう。

新教育は、生徒の個性を重んじ、その自発性をとうとぶとともに、先生の教え方にもじゅうぶんに自主性を認める。今までのような画一的な教育では、先生も一つの型にはまった教え方をすることを余儀なくされた。これに反して、これからは、先生が自分で教育のしかたをくふうし、自ら教材を集め、郷土の地理や歴史、あるいは、時々の社会の問題や経済問題のような生きた教材を織りまぜて、生徒の知識欲を満足させるように指導していくことができる。新教育は、それだけに先生にも重い責任を負わせているわけであるが、責任は重くなっても、自主的な教育には、先生が自分自身をうちこむことができるから、教えることの楽しみもそれだけ大きくなるはずである。教える方も、学ぶ方も、伸び伸びと楽しく課業を進めていくのでなければ、ほんとうの教育の効果はあがらない。

民主国家の国民は、いろいろな事柄を学ばなければならないが、その中でも特にたいせつなのは、われわれの住んでいる社会そのものをよく知ることである。将来、世の中に出て、社会の福祉のために活動し、明かるく住みよい世界を作っていくべき任務をになっている青少年は、社会というものがどんなしくみになっているか、個人は社会の中にあってどういう役割を果たさなければならないかを、あらかじめよくわきまえておかなければならない。いくら学校で知識を学んでも、その知識がよい社会を築きあげるために実際に役にたつのでなければ教育の意味はない。そこで、新しい教育制度では、学科の内容についてもいろいろな点を改めて、新たに「社会科」というものを設け、それに大きな力をそそぐことになった。

人間の組織している社会には、地理的な条件があり、歴史的な背景がある。そこでは、経済の活動が営まれ、法律の制度が存在し、政治が行われている。そうして、人と人との間柄は、法や道徳によって律せられている。それをそれぞれ切り離して、地理は地理、歴史は歴史、修身は修身というふうに別々に学んだのでは、生きた社会の姿をつかむことは不可能ではないにしても、すこぶるむずかしい。だから、社会科では、地理や歴史や公民や修身を密接に結びつけて、社会生活の実態を研究し、社会人としての正しい生活のあり方を科学的に学び、それを実践して、よき社会人としての訓練を積むようにくふうされている。

個人個人がそれぞれの才能に応じて、生産に従事したり、商業を営んだり、医者になったり、技術家になったり、思い思いの仕事をやりながら、それが互に持ちつ持たれつの関係に結び合わされて、一つのまとまった社会生活が形作られている。それが全体としてりっぱな社会になるためには、個人個人の個性と人格とが尊重されなければならないと同時に、すべての個人が社会に対する自分の責任を自覚し社会のいろいろな問題を科学的に、そして民主的に解決していかなければならない。そうして、社会科のいちばんたいせつな目的は、ひとりひとりの生徒にりっぱな社会とはどのようなものであるかをはっきりと理解させることであり、更にすすんで、生徒の中にそのようなりっぱな社会を築きあげようとする意欲と決心とに目ざめさせることである。

## 四 「民主主義の教育」の実践

野球を知るには、野球のルールを学ばなければならない。けれども、いくら野球のルールを研究し、職業野球のじょうずな試合を熱心に見物しても、それでじょうずに野球ができるようにはならない。じょうずに野球ができるようになるために絶対に必要なことは、自分で野球をやってみることである。それと同じように、学校の教室でいくら社会制度や社会問題のことを学んでも、実際の制度や問題を観察し、実地のうえでそれにたずさわってみないかぎり、社会のほんとうのあり方はわからない。ギリシアのソクラテスという学者は、知行合一ということを説いた。いかに知識を学んでも、それが実際生活のうえに行いとなって現われないようでは、生きた学問とはいいえない。前に述べたように、学んだところを実践することは、最もすぐれた学び方である。社会の学問もまた、実際の社会生活にあてはめて実行してみなければ、身についた教養とはならない。

それでは、せっかく学校で社会科を学んだ生徒も、学校を卒業して世の中に出なければ、生きた社会の実際を知ることはできないのであろうか。いや、けっしてそうではない。なぜならば、学校というところは、それ自身がすでに一つの社会なのである。人数も限られており、組織もわりあいに単純ではあるが、学校が生きたおおぜいの人々によって形作られた社会であることには変わりはない。だから、社会生活のほんとうのあり方や、社会における個人の責任などを実際に学ぶためには、まず学校という社会の中で、それを実践してみるのがいちばんの近道である。たとえば、級友が、お互に自分の意見をはっきりと述べ、他の意見をよく聞いて、先生の指導のもとに、多数の意見で、クラスのいろいろな問題を処理する方法を定める。そうして、各自が受け持った仕事は責任をもって果たしていく。このようにして、学級の運営がりっぱに行われ、各自がよき一員として実を示すならば、それがとりもなおさず、社会生活に対する理解となり、社会の一員としてのとうとい経験となっていく。

学校は、先生と生徒とを主として形作られた社会である。だから、学校という社会の民主主義的な成り立ちを知るには、先生と生徒との関係、および生徒相互の間の自主的な協力の関係について考えていけばよい。ここでは、まず、先生と生徒との関係を取りあげてみよう。生徒同士の協力の関係は、それからあとで、校友会や学校外での生徒の活動について考察することにしよう。

これまでの日本の学校では、先生と生徒との間に概して大きなへだたりがありすぎた。先生は、単に先生であるというだけで、なにか生徒とは別の人種であるかのように思われ、ただ敬いおそれられるというかたむきがあった。生徒は、先生の言うとおりに勉強し、そのいいつけを守るという受け身の立場に立つだけで、先生や他の生徒といっしょになって学校生活を改善していくというような積極的な気風は、あまりみられなかった。もちろん、例外もあったには相違ないが、「三尺下がって師の影を踏まず」という東洋風の師弟の道徳律が支配していて、先生と生徒との間の人間としての親しみと理解とを妨げていたことは、否定できない。しかられたり、悪い点をつけられたりするのがこわさに、表向きだけは先生の前でかしこまっているが、陰では先生の悪口を言い、ひどいあだ名をつけておもしろがるというようなふうがあった。

しかし、人間の平等と人格の尊厳という民主主義のたてまえからいうならば、先生も生徒も同じく人格の持ち主としてまったく対等であり、その間に本質的な上下の差別はない。社会生活の一員として、人間らしい生活を営む権利を持ち、それぞれの個性を伸ばし、自分の受け持つ責任をまっとうしていくべき立場に立つ点では、師弟の間になんのへだてもない。そのように、先生と生徒とが、同じ人間としての立場に立ってこそ、お互の間に深い親しみがわき、信頼と愛情とが通うようになる。先生と生徒とが人間としての信頼と愛情とによって結ばれてこそ、日々の学校生活を明かるい楽しいものに築きあげていくことができる。それがまた、ひいては、広い社会生活の正しいあり方とも一致するのである。

それと同時に、先生は先生であり、生徒は生徒であって、その間に受け持つ役割の違いがあるということもまた、真実である。生徒は、これからだんだんと知識を学び、いろいろな教養を身につけ、りっぱな社会人としての人格を作りあげていかなければならない。それには、家庭では父母の、学校では先生の指導と助力とが必要である。先生は、学問のうえではもとより生徒の先輩であるし、社会人としても生徒よりもはるかに多くの経験を積んでいる。したがって、先生がりっぱな人格を持ち、すぐれた実力を備え、しかも、生徒の性質と要求をよく理解し、生徒の人格を尊重して誠意と愛情とをもってこれを導くならば、生徒もしぜんに先生になつき、先生に対して尊敬と信頼とをいだくようになるに相違ない。そうすれば学校の中にも、型にはまった命令や強制によらない、人間性のしぜんにかなった礼儀と秩序とが行われるようになるに違いない。

人間の社会には秩序がなければならない。封建社会には、生まれながらの身分による上下の階級の差別があって、それによって、支配者の思いどおりになる支配・服従の秩序が保たれていた。民主主義の社会には、もとよりそのような身分や門地による人間の差別はまったく存在しない。それは、人間の本質的な平等を、一般に認めあうことによって作りあげられた共同生活なのである。しかし、民主主義の社会にも、各個人の能力や人格や経験の高下、大小に応じた秩序がなければならない。すぐれた才能と、深い経験と強い責任感とを持つ人が、みんなから推されて重い任務を受け持ち、おおぜいの人々を指導する立場に立つのは、当然なことである。学校では、そういう意味で、先生が生徒を指導するのである。学校生活を貫ぬくものは、上からの強制による秩序でもなく、わがままかってを許す無秩序でもなく、先生と生徒との間の人間としての責任と尊敬とを基礎とする民主的な秩序でなければならない。

しかし、ものごとの真理は容易に発見できないものだし、人格の完成ということも、どこまでいっても限りはない。したがって、先生だからといってなんでも知っているわけではないし、修養をする必要もないほど完全な人格者であるはずもない。もしも、なんでも知っているような顔をする先生があったとすれば、それはけっしてほんとうの教育者ではないであろう。先生は、むしろ、知らないことは知らないといって、生徒とともに真理をつきとめようとする共同研究者の立場に立たなければならない。先生が自分の知っていることだけを生徒に切り売りするよりも、生徒といっしょになってものごとを研究していこうとする方が、教育の効果はずっとあがる。先生は、文字どおり生徒より先に生まれ、生徒よりながい間学問をしてきたのだから、先生の方が多くの知識を持っているのはあたりまえである。したがって、先生が知識の量で生徒を敬服させようと思うのは、大きなまちがいである。それよりも、真理に対する燃えるような熱意が、おのずから先生に対する生徒の尊敬と信頼との的となるのでなければならない。そういう先生を持てば、生徒もそれに感化されて、自分たちも自分たちの力で真理を見いだしていこうと努めるであろう。かくて、先生と生徒との真剣な協力による、はつらつとした楽しい授業が行われるようになるであろう。

## 五　校　友　会

新しい教育制度では、生徒の自発性がおおいに重んぜられる。ところで、生徒が創意とくふうとを凝らして、自分たちの学校をよいものにするために努力することは、正規の授業についても望ましいし、また必要でもあるが、生徒の積極的活動が最もかっぱつに行われるのは、先生と生徒とで作りあげている校友会である。校友会は、自治的な組織を持った学園の団体であって、そこでの生徒の活動は、民主主義の原理を実践するうえからいって、きわめて重要な意味を持っている。

校友会には、スポーツや、文化活動や、厚生事業などを行うために、協議会や委員会のようないろいろな組織が設けられる。そういう組織には、先生や先輩もたとえば顧問のようなかたちで加わるであろう。しかし、生徒の自治の精神を生かすために、その活動は生徒が主体とならなければならない。ただ、生徒だけでは、経験が浅くて、いきすぎをしたり、まちがった方向に向かったりすることがあるから、そういう場合には、先生や先輩が適当な注意や助言を与えるであろう。そういうようにして、正しく円満に行われる校友会の活動を通じて、次の時代を背負う青少年たちは、民主主義的な社会生活に必要な経験や教養を、自分たちの力で自分たちのものとしていくことができるのである。

校友会の代表者や委員は、生徒の中から選ばれる。その場合に、代表者が上級生ばかりから出たり、男子だけに限られたりすることがないように、みんなで心がけなければならない。それには、代表者の数を何人にするか。選挙の方法をどうするか。候補者をあらかじめ推薦する方がよいか。あらかじめ推薦をしないで、投票の結果にまかせる方がよいか。投票は単記か連記か、記名か無記名か、というようなことが、重要な問題となる。それを実際にやってみると、いろいろな選挙の方法の利害得失がよくわかってくる。そして、市町村の議会や国会の選挙についても、同一の原理があり、同様の問題があることを、他人から教えられないで、学校時代の自分たちの経験によって学ぶことができる。

校友会その他の生徒の団体の代表者を選ぶ場合には、学校全体がそれに大きな関心を持たなければならない。もしも生徒の多くが選挙に無関心だと、一部の人々だけが立候補したり、運動をしたりして、校友会の実権を握ってしまうことになりやすい。この人を出したいと思うような献身的な人は出ないで、自分たちの考えだけを強引に貫ぬこうとするボス型の生徒が選ばれるおそれもある。

委員になると、勉強の時間を校友会の仕事に費したりしなければならないから、ずいぶん迷惑なこともあるであろう。しかし、いったん選ばれた以上は、すすんでその任務をひき受け、学校全体のための仕事を誠意と責任とをもって行わなければならない。また、一般の生徒は、自分たちの選んだ代表者を支持し、委員会で決めた規則を守り、その方針に協力していかなければならない。民主主義の社会秩序は、そのような責任と協力とによってのみ、りっぱに維持されうるのである。

校友会の仕事の中でも、若人《わこうど》の血をわかせるものは、スポーツであろう。スポーツは、体位を向上させ、健全な精神を養うばかりでなく、大きな社会的訓練になる。ルールに対する尊重と服従、審判の神聖、チームワークのための協同の精神、個人の強い責任観念、フェアープレイに対して敵味方を問わず拍手を送る気持など、よきスポーツのもたらす精神的な収穫はきわめて多い。しかし、あまりに選手本位になりすぎて、一般の生徒の運動が妨げられたり、選手がむりな練習をしてからだをこわすようなことになったりしないように、じゅうぶんに注意しなければならない。

スポーツとならんで、校友会の行う文化活動は学園の生活を潤いのあるものとする。学校新聞を発行したり、討論会を催したりすることによって生徒は自由に意見を発表し、学校全体の世論を作りあげてゆくことができる。また、それが他人の意見を正しく理解し、世論に対して批判を加える機会ともなる。その他、自然科学や社会科学の研究会を催したり、映画・音楽・絵画などの鑑賞会を開いたり、宗教のグループを作ったりすることによって、真理への愛、美へのあこがれ、純真な信仰などを養うこともできる。正規の課業がたいせつなことはいうまでもないが、このような課外の文化活動によって生徒自らが修得する教養は、学校を出て広い社会の人となってからも、長くとうとい心のかてとして残るであろう。

校友会は、生徒相互の厚生施設の面でも、なすべき多くの仕事を持っている。学用品・日用品・書籍などを販売し、不要品の交換などを行うのもよいであろう。余暇を利用すれば、簡単な学用品や日用品を共同で製作することもできよう。少ない学用品を公平に分配するにはどうすればよいかを考えるのも、経済上の正しい配分の法則について学ぶ機会となろう。校舎を補修し、校庭を美化することも、みんなの責任と協力とによってやれば、建設の喜びをおのずから味わうことができる。生徒の発意によって身体検査や体力検査を行えば、衛生問題に対する関心も深められる。寄宿舎がある場合には、住宅問題や共同炊事なども身近に体験されえよう。こうした体験が、やがてもっと大規模な社会問題を解決する力となるのである。

## 六　校外活動

生徒は、学校の一員であると同時に、その地方の社会の構成員でもある。だから、生徒は、自分の属する地域社会での問題についても、けっして無関心ではありえない。生徒は年も若いし、経験も少ないが、しかし、それだけ若々しい熱意と、純真な気持とを持っている。それが先生の適切な指導のもとに、団結の力を発揮して事にあたるならば、校外活動においても、またみるべき仕事をなしとげていくことができるであろう。

たとえば、その地域の地理や気象や産業や交通などを研究し、改善すべき点を考えるとともに、生徒の手でできることは実行に移して、社会のためにできるだけの貢献をなすべきである。農繁期のてつだい、学校農園の拡張、道路の修繕、標識の設置など、手ごろな建設的な仕事がいろいろとあるに相違ない。

学校の生徒の校外活動は、アメリカ合衆国などでは、さかんに行われている。中でも、全国的な組織をもって、りっぱな仕事をやっている代表的な例は、F・F・Aの活動である。F・F・Aは、Future Farmers of America の略語であって、全国の高等学校で正課として農業を学んでいる生徒の団体である。F・F・Aの単位は、各地方ごとに生徒を主体として組織された協会であって、農業を担任する高等学校の先生が、その相談役となり生徒との間の密接な連絡を図っている。州には州内部のすべての協会をまとめた州連合協会があり、合衆国には全国連合協会があって、全国連合協会の会議で協会の年次計画をたて、州連合協会にその計画の実施を勧める。州連合協会は、それに基づいて、その州に適した計画を作り、各地域の協会は、更に州の計画にその地方の特殊事業を加味した独自の計画をたて、相談役である先生の助言のもとに、自分たちの農場での作業方針を決める。それだけの大きな組織が、議会や政府の助力などを待たないで、主として生徒たちの自発的な力で運営されていくのである。

F・F・Aでは、たえず新しい耕作法や農場経営のやり方を研究し、それを実行に移している。協会は、基金を積みたてて、会員に牛や豚を買う金を貸したり、肥料・農器具などを共同で購入したり、卵・にわとり・種・農作物の共同販売を行う。そうして、会員相互が励ましあい、助けあい、お互の知識を交換して、農業の改良に努力する。また、展覧会や市場を開いて、会員が苦心して育てた家畜・家禽《かきん》・農作物を出品し、すぐれた作品は表賞して、農業に対する励みともし、一つの楽しい行事ともしている。それがまた、地方の農業にもよい刺激を与え、その発達を促す結果ともなっているのである。

このように、年の若い生徒たちであっても、それが大きな自治的の組織を持てば、地方の繁栄に役だち、国の経済や文化の向上のためにすぐれた貢献をすることができる。民主主義は本で読み、話で聞いただけでは、ほんとうにはわからない。民主主義の社会活動を学ぶいちばんよい方法は自分でそれをやってみることである。全国的な規模を持つ生徒の組織を、今すぐ日本で作ることはむずかしいかもしれないが、小さなところから始めて、だんだんとひろげてゆけば、団結と協力の力がいかに大きなものであるかを、自分でためしてみることができるであろう。

いずれにせよ、たいせつなのは、民主主義の共同生活を学校の中で、また学校の外で、実際にやってみて、ほんとうの民主主義の精神を身につけることである。今日の青少年も、満二十歳になれば選挙権を与えられ、最も重要な国の政治に参与することになる。医者になって人の生命をあずかり、技術家になって精密な機械を運転するには、学校を出てからもじゅうぶんな修業を積む必要があり、またそれだけの余裕もある。しかし、民主主義だけは、満二十歳になるまでに、その精神をほんとうに身につけておかなければならない。毎年新たに選挙権を得る数百万の若い人々が、民主政治の正しい運用をわきまえているかどうかは、国の政治のうえに善悪ともに大きな影響を及ぼすに相違ない。

学校時代の民主主義の実践がいかにたいせつであるかは、そのことを考えただけでもよくわかる。現在学校に通っている青少年のすべてが、今のうちに正しい民主主義を学びうるか否かは、二十年、三十年の後の日本の運命を左右する。日本が平和な美しい国として再建され、世界の文化に貢献しうるようになるかならぬかのかぎは、そこにある。毎日毎日の学校生活、それを自由な明かるい人間尊重の精神と、各自の責任を自覚した人々の間の協力と秩序とをもって貫ぬいていこうではないか。

若い熱意と純眞な氣持で
りっぱな社会を作る
民主社会
辰

# 第十五章　日本婦人の新しい権利と責任

## 一　婦人参政権運動

すべての人間を人間として尊重し、あらゆる人々に等しくその個性を生かす機会を認める民主主義の立場からみて、男女の間の差別待遇が正しくないものであることは、いうまでもない。しかし、男子に対する女子の従属的地位の不当さが自覚され、男女は平等の取り扱いを受けなければならないということが唱えられはじめたのは、西洋でもかなり近ごろのことである。封建社会の重いとびらを押し開き、ヨーロッパ大陸に民主主義の光を導き入れたあのフランス革命の年に、人間平等の思想に目ざめたフランスの婦人の一団が、男女は政治上同権であるべきことを主張して立ち上がったが、国内にはその主張を理解する者がきわめて少なく、せっかくの運動も失敗に終った。しかし、その影響は、かえって、海峡をへだてたイギリスに現われたのである。

そのころでは、他の国に比べて自由であるといわれていたイギリスにおいてさえ、男女の間には、なおいろいろと不平等な点があった。議会に自分たちの代表者を送る選挙権が、女子にはまだ認められていなかったばかりでなく、その社会的地位は男子に比べて著しく低かった。女子は、一般に男子よりも能力が劣っていると思われていたし、家庭にあって家事のきりもりをし、子供を育てることだけが、いちばん適した天職だと考えられていた。したがって、教育の機会も女子には平等に与えられず、社会的活動の範囲もひじょうに限られていた。いや、家庭の中でも、夫の権利が強くて、妻は従属的な地位に甘んぜざるを得ない状態であった。

これに対して、婦人の解放と、その地位の向上とを強く主張したのは、第十九世紀のイギリスの代表的な哲学者であり、経済学者であった、ジョン＝スチュアート＝ミルである。ミルは、一八六九年に「婦人の従属」という本を著わして、このような状態が正義に反し、社会の利益をも妨げるものであることを説いた。

ミルによると、もしも女子の方が男子よりも能力が劣っているとしても、それは、女子の能力を伸ばす適当な機会が与えられていなかったためにほかならない。もしも、女子にも男子と同じ機会が与えられるならば、女子の鋭い直観力や理解力はおおいに発達し、その細かくいきとどく神経が、いろいろな社会的な仕事にも活用されるようになるであろう。ゆえに、婦人を政治的に解放し、女子に社会的な自由を与えることは、単に、女子自身の幸福のために必要であるばかりでなく、社会全体の福祉を増進するうえからいっても、すみやかに実現されなければならないというのが、ミルの主張の要旨である。

ミルのこの著書は、イギリス国内の婦人運動に大きな力を与えたばかりでなく、広く世界の人々によって愛読され、人類の半数を占める女子の自覚を高めると同時に、その社会的地位に対する男子の反省を促した。イギリスでは、そのころから婦人自身の力による政治運動がさかんとなり、約五十年の長きにわたるなみなみならぬ努力の結果、一九一八年になって、ついに婦人参政権の実現をみるにいたった。

イギリスと違って、最初から封建的な伝統のないアメリカでは、婦人の政治運動はそれよりも早くから始められた。合衆国の独立のころに、アメリカの婦人たちが、どのような考えを持っていたかは、次に述べる一つの例からも、じゅうぶんに察することができよう。

ジョン＝アダムスという人がフィラデルフィアにあって、独立宣言書の起草に協力していたとき、ボストンにいたかれの妻のアビゲール＝アダムスは、夫にあてた手紙の中に、「私は、あなたが独立の宣言をなさったという知らせをせつに待っています。それと同時にあなたがたが制定なさろうとする新しい法律の中で、婦人たちのことを忘れないように、そうして、あなたがたの先祖よりも婦人に対して寛大であり、好意的であるようにしてください。今までのような無制限の権力を夫の手に与えないでください。男というものは、だれでもが、できれば暴君でありたいと思うものであることを忘れてはいけません。もしも、婦人に対して特別の注意と配慮とを払おうとしないならば、私たちはそれに対して反抗しようと決意しております。そうして、私たちは、私たちが発言権を持たず、代表者をも送りえないで作られた法律には、従おうとしないでしょう。男子が本性上暴君であるということは、すでにじゅうぶんに認められた真実であって、それについて議論の余地はありません」と書いて、女子にも男子と同等の法律上の権利が与えられなければならないということを、合衆国建設の先駆者たちに訴えたのである。

建国の初めからこのような信念を持っていたアメリカの婦人たちは、一八四八年にニューヨーク州のセネカ＝フォールズで大会を開き、合衆国の独立宣言にならって「婦人宣言」を発表した。彼女たちは、その宣言によって、婦人参政権の獲得を主張すると同時に、法律上・教育上および社会上の男女同権を要求したのである。その正々堂々たる主張は、しだいに広く世論を動かし、ワイオミング州では早くも一八九一年に女子に対して選挙権が与えられた。そののち、アメリカには、つづいて婦人参政権を実施する州が多くなっていったが、それでさえ憲法の修正によって、合衆国全体に女子の政治的権利が認められるようになったのは、一九二〇年、アビゲール＝アダムスが、フィラデルフィアにいる夫に手紙を書いてから、百四十四年たったのちのことである。

さて、ジョン＝スチュアート＝ミルの婦人解放論が、一八六九年に公表されて以来、その影響は、今日では、イギリスやアメリカばかりにとどまらず、世界じゅうの多くの国々が、婦人参政権を民主主義の基本原理の一つとして認めるようになり、四十三箇国の女子が参政権を享有している。そして、国際連合の成立とともに、男女の同権は、諸国家の平等とならんで、人類全体の社会生活の根本のあり方として、おごそかに宣明されるにいたった。すなわち、国際連合憲章の前文は、「われわれの生涯の間に二度まで、人類の上に言語に絶する不幸をもたらした戦争の惨禍から、後世の人々を救い、人間の基本的権利、個人の尊厳と価値、男女の同権および大小を問わず国家の平等の権利に対する信念を、ふたたび確認することを決意し」それらの目的のために、「ここに、国際連合の名をもってよばるべき国際機構を設立する」といっている。

日本でも、明治の初め、先覚者たちによって男女の平等が唱えられ、婦人にも少数ながら、政党に参加して活動する者もあったが、明治二十二年、女子の政治演説、政党への加入は法律によって禁止された。そののち、これに対する反対運動もあったが、成功するにいたらなかった。明治四十四年には、青鞜《せいとう》派という婦人の団体ができ、雑誌を発行し、女子の地位を是正する必要を説いて、世の注意をひいた。大正八年になって、青鞜派の一部に他の有志の婦人が加わり、新婦人協会という団体を組織して、政治に対する女子の発言権を求めた。その運動の効果が現われて、大正十一年の治安警察法の改正により、女子も政治演説会に出席し、また、その発起人となることができるようになった。これは、日本で、女子自身の力によって、わずかではあるが政治上の権利を獲得した唯一の例であるといってよい。

そののち、大正十四年には男子の普通選挙権が実現し、婦人参政権の運動もそれとともにさかんになりかけたが、まもなく満州事変が始まって、ようやく生長しはじめた日本の民主主義は、まったく踏みにじられてしまった。かくて、明治以来の自由主義の先覚者たちが、その必要を洞察した男女平等の参政権の実現は、日本の敗戦によって民主主義の勢力が全面的に伸びるまで、時機を待たなければならなかった。すなわち、昭和二十年の十一月には、まず、衆議院議員選挙法が改正されて、一挙にして婦人の参政権が認められ、つづいて新憲法は、その第十四条によって、すべての国民が法の下に平等であることを宣言し、政治上・経済上・社会上の関係において、男女両性の間になんらの差別もないことを明らかにしたのである。したがって、今日では、女子の政治活動にはなんらの法的制限もなくなり、国会をはじめ、各方面に女子の代表者が選ばれ、その活動の範囲はおいおいに広くなりつつある。

## 二　婦人と政治

婦人が、単に婦人であるというだけの理由で、政治上の権利もなく、責任も果たせないような状態が、長い間そのままに棄てておかれたということは、思えば不合理きわまる話である。

日本でも、たとえば医者のような職業には、前から女子で進出した人が少なくなく、医学博士の学位を受け、りっぱに病院を経営している人たちもあった。その病院でも、薬剤士や会計係や自動車の運転手などが男であれば、それらの人々は総選挙のときには投票場に出かけて行く。それなのに、院長だけは、女子であるがゆえに選挙権を持たない。そんなおかしなことがあろうか。今では、そのような不合理なことは、すべて改められた。選挙の日になれば、院長も薬剤士も会計主任も看護婦も、いっしょに投票に出かける。それが、「主権の存する国民」の、男女によってへだてのない真のあるべき姿なのだ。

政治に参与して、自分たちの意見で自分たちの代表者を選ぶということは、民主国家の国民の名誉であり、誇りであり、最も大きな権利である。しかし、すべての権利には、義務があり、責任が伴なう。女子が男子とまったく同様にこの光栄ある権利を得た以上、責任をもってそれを行使することは、女子の大きな義務である。特に日本の婦人は、長い間、男子に従属する地位におかれていた。そのために、政治などということは男子のするもので、女子には関係がないように思っている人が少なくなかった。さいわいに、今までのところでは、女子の棄権率はそれほど大きくはないが、しかし、その投票成績はもっともっと向上せしめなければならない。

投票に対する責任を身近に感ずるためには、選挙とわれわれの日常生活とが、いかに密接な関係に結びついているかを、考えてみるにしくはない。子供たちがよい、そうしてじゅうぶんな教育を受けることができるようになるかどうか、われわれの住む周囲が健康で便利な環境となっていくかどうか、というようなこと、あるいは、食料の価格、住居の整備、農民に配給される肥料、労働者の受ける賃金など、すべてそれらの事柄は、われわれの投ずる一票の中に、どれだけの賢明さが反映しているかによって、直接に、そうして深く左右される。よい投票とよい生活との間のこのような結びつきが、はっき

りと理解されないかぎり、男子も女子も、候補者の識見や政策のよしあしをはっきりと見定めて、投票するようにならないかぎり、投票した人々や、社会全体のうえに、投票のよい効果が、じゅうぶんに現われるようになってはこない。

だから、投票にあたって棄権をすることは、最も無責任な態度である。しかしされぱといって、選挙の場合に、だれを選ぶべきかをよくも考えないで、ただ投票しさえすればよいというわけではないことは、いうまでもない。自分にはなんの意見もなく、ただ夫に言われたとおりに投票してみたり、選挙場まで行って、くじでも引くようにいいかげんに候補者の名まえを書いたりするようなことでは、民主政治はけっしてほんとうには発達しない。国民の半数を占める女子が、その選挙権を正しく行使するかしないかは、国の政治の動きに、よしあしともに大きな影響を与える。選挙権を持つすべての女子が「目ざめた有権者」になることこそ、明かるく正しい日本の民主政治を築きあげる礎であるといわなければならない。

一般に、国民が「目ざめた有権者」となるためには、どういう点に注意する必要があるかは、第六章で述べた。日本の婦人の場合には、特に政治への関心が遅れているから、ラジオや新聞・雑誌の政治に関する報道や議論を注意して聞き、また読んで、政治の動きに対する理解を深めるように心がけたい。婦人の文化団体も、一般の教養とともに政治の常識を養うことに力を注ぐことが望ましい。日本の婦人は、男だけの政治がどんなに悲惨な結果を招きうるかを、身にしみて体験したはずである、無謀な戦争のために、夫やむすこを失い、家を焼かれ、あらゆる幸福を奪い取られたのは、ついこの間のことではなかったか。物価が上がるのも、配給がうまくいかないのも、政治のやり方に関係するところがきわめて大きい。それを思っただけでも、政治を男任せにしておいてはならないことが、はっきりとわかるはずである。

今や、婦人参政権が実現して、女子の代議士も男子とならんで議政壇上に活躍する世の中になった。しかし、女子の活動すべき政治の舞台は、けっして国会や地方の議会だけには限られない。国会でよい法律を作っても、行政のうえにそれが円滑に、有効に運用されないようでは、役に立たない。だから、これからの日本婦人は、行政の方面にもだんだんと進出して、女子特有の細かい心づかいを実際の政治のうえに活用していくことが必要である。

しかし、女子の社会的・政治的な活動がいかに必要であっても、今日の日本の家庭生活のように主婦の仕事が繁雑では、外へ出て働くということは、きわめて困難である。したがって、職業婦人の数はずいぶん多くなってきてはいるけれども、その大部分は結婚前の一、二年を、ほんの腰かけ的に職場で働いているという状態であるにすぎない。それでは、ひろく女子が男子と同じように社会的に重要な仕事を受け持つようになることは、いつまでたっても望まれない。だから、ミルの言うように、女子の持つよさが社会全体の福祉のためにおおいに活用されるようになるためには、日本人の衣食住の生活を簡易化し、家庭の主婦としての立場と、社会に出て責任のある仕事を受け持つということが、両立しうるようにしなければならない。ところで、衣食住の根本からの改革は、けっして家政学の研究だけで解決しうる問題ではない。都会にアパート式の住宅を多く建てるにしても、農家の台所を電化して、農村婦人の労働を軽減するにしても、三度三度火をたいて主食を用意するというような、世界の文明国のどこにも行われていない繁雑不便な食事のしかたを改めるにしても、国全体の政治や経済という大きな点から考えていかなければ、実行できないことが多い。その意味からも、日本の婦人は、もっともっと政治に対して関心を持ち、政治への発言を積極的に行うべきである。

国会の活動および行政の仕事とならんで、民主主義の制度のうえで重要な役割を演ずるものは、裁判所による司法の作用である。裁判所は、法律によって人々の間の争いをさばくのであるが、この方面でもいろいろな新しい任務が女子の進出を待っている。ことに、こんど家庭裁判所ができて、家庭内のいざこざが起った場合、今までの裁判所のような堅苦しい、いかめしいやり方ではなく、てがるに、そうして、なるべく円満にそれを解決するように努力することとなった。この仕事などは、司法の方面でも、なかんずく婦人の努力と進出とを必要とする分野である。しかし、それには、日本の婦人が一般にもっと高い教養を身につけ、法律のことにも明かるくならなければならないことは、いうまでもない。

## 三　これからの女子教育

女子が国の政治や社会公共のことにたずさわり、男子とならんでおおいに活動し、その責務を完全に果たすようになるためには、その教育水準を男子のそれと変わらない程度にまで引き上げなければならない。それも、単に教育制度のうえで男女の差別をなくするというだけでなく、実際にも女子が男子に伍《ご》して、すすんで高い教育を受けるようになることが必要である。

日本の歴史を振り返ってみると、ずっと古く、平安朝の時代には、婦人が文化の方面でおおいに活躍し、紫式部《むらさきしきぶ》や清少納言《せいしょうなごん》のように、りっぱな文学上の業績を残した女性も現われた。これは、日本の女子もけっして男子に劣るものではなく、機会が与えられれば、その才能を発揮するものであることを示している。

しかし、このような機会に恵まれた者は、当時もきわめてまれな例外にすぎなかったが、そののちは、儒教の影響、武家の家長制度等のために、女子教育は軽んぜられ、その地位は、ますます低められるにいたった。徳川時代に、女子の守るべき教えを説いた「女大学」という本には、「婦人は別に主君なし、夫を主人と思い、敬い慎みて仕うべし。総じて婦人の道は人に従うにあり、夫に対する顔色、詞《ことば》づかい、いんぎんにへりくだり、和順なるべし」などと書いてある。明君と称せられた白河《しらかわ》楽翁でさえ、「修身訓」の中で、「女はすべて文盲なるをよしとす。女の才あるは、おおいに害をなす」と、説いている。もって一般をおしはかることができよう。

　明治になってからは、福沢諭吉、森有札、土居光華のような先覚者が現われて、女大学式の思想に対してきびしい批判を加えた。そうして、全国に初等教育が行われ、女子も男子とともに義務教育を受けることになった。中等程度の女学校も数多く設けられ、女子専門学校もおおいに発達して、太平洋戦争の始まるころには、女学校の数は約一千四百、女子専門学校は五十を越えるにいたった。

　しかし、全体としてみれば、小学校を卒業する女子のうち、女学校に入学するものは二十三パーセントにすぎず、女学校の卒業生のうち、わずかに九パーセントが専門学校に進むというありさまであった。しかも、女子教育の内容は依然として封建性を脱せず、家庭婦人としての生活に重きをおいて、家事科に多くの時間をふり向け、その他の学科は男子の学校に比べて著しく程度の低いものであった。

　終戦後、新しい時代の訪れとともに、このような男女の教育上の差別がまったく廃止されたことは、前の章で述べたとおりである。しかし教育の機会均等が制度のうえで確立されても、女子が能力の点で男子に及ばないという卑屈な気持をいだき、父兄

にも女子の高等教育を不必要なことのように思うくせが残っているならば、女子の社会的地位の向上は望まれがたい。もしも現在、女子の能力が男子のそれに劣っているとするならば、それは今までの差別教育の結果であるにすぎない。男子とともに高い教育を受けた女子の中には、これまででも男子をしのぐほどの成績をあげた例は、けっして少なくないのである。諺《ことわざ》にも、「意志のあるところには道がある」という。だが今までは、女子に学問研究の燃えるような意志があっても、その道は途中までしか通じていなかった。今度はそうでない。女子の前には、りっぱな教育の大道が開かれたのである。それなのに、その道を通る人影は、依然としてまばらであるというようなことであってはなるまい。

世の中には、女子が高い教育を受けることは、その天職たる母性としての任務のじゃまをするというように心配する者もある。しかし、それもまったく理由のないことである。現に女子が高い教育を受けている国々でも、もとより大部分の女子は結婚し、母となり、家庭を営んでいる。夫のよき協力者となり、わが子をりっぱに育てるためにも、女子の教養が高くならなければならないことは、いうまでもない。ことに子女の養育には、女子の力にまつべきところがきわめて大きい。女子のための高等教育の門戸を閉ざしていたことは、女子にとっての不幸であったのみならず、男子の向上をもはばみ、次の時代の向上をおくらし、ひいては日本の社会全体の進歩を阻害してきたのである。

ただ、女子教育の水準が高まれば、それだけ結婚適齢もやや遅れることになるであろう。しかし、女子も男子も、じゅうぶんな教養を積んだうえで結婚してこそ、その家庭をりっぱに、幸福に築きあげていくことができる。今までの日本では、女子の平均の結婚年齢がむしろ低すぎたのである。あまりに早く結婚をして、つぎつぎにおおぜいの子供を産み、子供たちの世話に目のまわるような忙しい生活をしていたのでは、社会のことも、政治の問題も、わからなくなってしまうのは当然である。家庭における男女の平等は、男女が平等の教育を身につけ、妻たり、母たる者が高い教養を持つようにならないでは、ほんとうには実現されえない。

## 四　婦人と家庭生活

メーテルリンクの「青い鳥」の子供たちは、幸福を象徴する青い鳥を求めて方々をめぐり歩いたあげく、ついに、ほかでもないわが家の中にそれを見いだした。民主主義もまた、私たちから離れた遠いところに住んでいる青い鳥ではない。民主主義は、私たちの心の中にある。お互に人間を人間として等しく尊重する気持さえあれば、どんなところにも民主主義を見いだすことができる。中でも、私たちの家庭生活は、夫婦・親子のような、最も親しい人々によって形作られた、最も身近な社会である。その家庭の中に民主主義をまず実現しえた人々は、チルチルやミチルのように、幸福の青い鳥をしっかりとつかまえることができたのだといってよい。

ある工場でしばしば事故が起るので、その原因を調べたところが、工員の家庭に不和や心配事があったために、つい注意がさんまんになって、それが事故のもととなっている場合がいちばん多いことがわかった。工場や事務所や農園に出て、終日忙しく働く人々が、疲れて帰るいこいの場所はわが家である。もしもそのわが家に待っているものが、冷たい空気と、わがままな気持と、けわしいことばでしかないとすれば、人生はオアシスのない沙漠《さばく》のように感じられるであろう。逆に、各人の家庭が愛と理解と平安とに満ちているならば、人々は、ねぐらに急ぐ鳥のように楽しい期待に胸をふくらませて、わが家への道を急ぐであろう。そうして、そこでの明かるいだんらんに一日の疲れを忘れ、あすの勤労への勇気と力とをふるい起すことができるであろう。しかし、家庭というものをそういうようにだけ考えるのは、すでに主として男子の立場からみた家庭観である。

反対にこれを女子、特に家庭を守る主婦の立場からいうならば、家庭は彼女にとっていこいの場所であるよりも、むしろ最もはげしい勤労の場所であることが多い。外に出て働く夫は、家庭に休息を求めて帰るが、妻は、外に出て気分を変える暇もないほどに、家事のために忙しく立ち働かなければならないのが常である。まして、主婦であって、しかも家庭の外に職場をもっている女子は、外でも働くし、家に帰れば、もっと忙しく働かなければならないのである。そのような実情であるのに、どうすれば家庭の中にチルチル・ミチルの青い鳥を見いだすことができるであろうか。

夫と妻とは、こういったぐあいに、いちおうは、かなり違った立場におかれている。ところで、日本の従来の家族制度は、夫と妻との立場の相違と、そこからでてくる矛盾とを、妻より夫を一段も二段も高い地位にあるものとすることによって、解決しようとした。夫は妻の「主人」であり、外で働いて家計のための収入を得てくるのだから、家庭に帰れば妻にかしずかれて、妻よりもうまいものを食べ、妻が台所で働いている間は茶の間にねそべり、朝はすっかり食事の用意ができてから妻に起されても、それが当然であると考えられていた。妻は夫に仕えるのが本来の任務なのだから、どんなにつらくても夫のために身を粉にして立ち働き、夫がどんなわがままを言っても、甘んじてそれに従わなければならないものとされていた。そういうようにして、長い間、夫婦の中の封建的な秩序が保たれてきた。

けれども、妻もまた夫と同じ人間である。そのような屈従の関係に長いことおかれていれば、どうしても不満が起る。普通の家庭では、主婦は、台所の仕事・子供の世話・せんたくやそうじ・季節の変わりめごとに衣類の用意、着物のしたてやつくろいなどで、一刻もからだを休める暇はない。その意味では、主婦の勤労は、どんな職業婦人も及ばないほどに、忙しくてつらいものだといってよい。それをじっと歯をくいしばってがまんしているのは、夫や子供に対する愛情と責任感とによるのである。それだけに、妻にとって、夫のやさしい理解ほど、せつに求められるものはあるまい。それなのに、夫が妻の立場を理解せず、封建的な秩序をかさにきて、わがままをつのらせたり、妻への感謝を怠ったりすれば、人間としての妻の感情が反抗的となるのは、きわめてしぜんであるといわなければならない。封建的な秩序の保たれていたはずの従来の日本の家庭に、かえって荒い波風の立つ場合が多かった大きな原因はそこにある。そうして、それは、家庭の安息を最も必要とする夫にとっても、最も大きな不幸なのである。

だから、家庭の平和を「封建的」な秩序でもって保とうとするのが、そもそも初めからむりなのである。家庭の平安は、特に夫と妻との間の互の理解と尊敬とに立脚した、「人間的な」秩序でなければならないのである。もしも夫が妻の立場を人間的に深く理解し、同情するならば、疲れて外から帰った場合にも、家事のやりくりに自分より以上に心身を労している妻のことを思って、少しでもそれに助力し、協力しないではいられないであろう。夫がそういう態度であれば、妻もまた、一日の労苦をじゅうぶんにむくいられて、心からの笑顔をもって夫を迎えるであろう。それは夫にとっても、冷たい空気やけわしい感情に包まれた肉体的な安息よりも、はるかに貴重な、はるかに喜ばしい、心の安息であるに相違ない。チルチル・ミチルの青い鳥は、そこにいる。それが、家庭における民主主義のもたらす平安と幸福とにほかならない。

新憲法は、第二十四条に、「婚姻は、両性の合意のみに基いて成立し、夫婦が同等の権利を有することを基本として、相互の協力により、維持されなければならない」という原則を掲げ、「両性の本質的平等」を宣言した。それに基づいて、民法もおおいに改正され、妻の法律上の立場は夫とまったく平等となり、財産の相続についても、妻の利益が保護せられ、かつ、子供は男女の別なく原則として均分の相続権を持つこととなった。

しかし、夫婦の同権、男女の平等は、けっして単なる法律上の制度だけの問題ではない。その根本は、人々の心の持ち方であり、生活の立て方である。法律上の制度は、骨組みのようなものである。その骨組みに肉をつけ、暖かい血を通わせるものは、家庭生活を営むすべての人々の心構えである。特に、家庭の中心をなす夫婦の関係を人間尊重の原理によって新たに建て直すことは、男性の義務であると同時に、日本婦人の大きな責任でもあるといわなければならない。

円満で幸福な家庭生活が築きあげられるためには、夫婦の場合と同じように、親子および兄弟・姉妹の間にも、お互の人間としての理解と尊重の精神が通いあわなければならない。日本の従来の家庭では、この点についても、人間としての平等の精神の代わりに、封建的な上下の秩序が支配していた。親、ことに父親は、親なるがゆえに疑うことを許さぬ権威をもって子供に臨む傾きがあったし、長男は、長男なるがゆえに弟たちや姉妹に対して、別もののように大事にされるのが常であった。そういう秩序は、秩序ではあったにせよ、個人の尊厳を重んずる本質的に平等な人間の関係としては、不自然であり、いろいろなむりを伴なった。

もとより、人間の共同生活の単位としての家庭には、秩序がなければならない。しかし、その秩序は、世の中の経験を積んだ者が、正しい道理によって若い者を導き、年少者や幼少の者は、しぜんの尊敬と信頼とをもってこれに従うことにより保たれる秩序でなければならない。父親が、理否にかかわらず子供に服従をしい、長男は、どんなに愚かでも、わがままでも、弟妹たちに対していばりちらすというような秩序は理解を妨げ、愛情を踏みにじり、家庭を不和と反目とに導く。子供の人格を尊重する親、親のすぐれた知性と愛情とに信頼する子供、互に長所を尊敬し、欠点をいましめあう兄弟・姉妹、そういう人々によって形作られた家庭は、常に進歩し、たえず向上する。そうして、そのような家族関係の中心にあって、細かくいきとどく心づかいをもってみんなの立場を公平に重んじていく主婦の任務は、きわめて重く、かつ尊い。

これまでの日本では、昔の大家族制度の慣習がいまだに残っていて、老父母と若夫婦とその子供、それにまだ別の世帯をなさない夫の弟や妹などが、いっしょの家に住むような場合が少なくなかった。そのために、家庭の関係はひじょうに複雑となり、姑《しゅうと》と嫁との間にむずかしいはらんが起ることが多かった。これからの家庭は、原則として夫婦・親子だけの小家族となっていくことがしぜんであり、かつ望ましい。

しかし、現在のように住宅難が深刻な時代には、かなりおおぜいの人々が一軒の家に住まなければならない場合も多い。また、農村などでは、農業経営の必要上、小家族単位に分かれて暮らすことを許さない事情もある。その際にも、個人個人の立場をお互に尊重しあって、無用な感情の対立を生ぜしめないことが何よりたいせつである。更に、小家族の制度を実行するようになっても、夫を失ったあとの妻は、子供の中のだれかひとりの家庭で老後を暮らすこととなるであろう。そういう場合にも、親子の間でお互に人間としての立場を尊重することが、愛情と平和と幸福とを長続きさせる根本の条件であることに変わりはない。

新憲法の実施に伴なう民法の改正によって、法律上、家の制度の規定がなくなり、戸主という地位や、戸主権を継承する家督相続に関する規定も廃止された。これは、ちょっとみると、民法が今までの長い日本の伝統たる家族制度をやめてしまったように、思われるかもしれない。しかし、民法の改正によって廃止されたのは、単なる戸籍面だけの「家」であって、夫婦や親子が秩序のある共同生活を営んでいる家族は、もとより廃止もされないし、また、けっしてくずれさるべきものではない。ただ、生きた家族生活をむりに法律で規律することは、いろいろ弊害が生ずるし、戸主権の制度や、それを原則として、長子に継承させる家督相続は、民主主義の精神と合わないから、それらを取り除くこととしたまでなのである。そのようにして、法律が、みだりに干渉することをさしひかえたあとに、新しい民主的な家族生活の秩序を築きあげていくことは、日本国民全体の任務であるが、その中でも、女子は、愛情と理解と道徳とによって結ばれた明かるい家庭を、建設するにはどうすればよいかを、深く考えていく必要があろう。

新しい民法によって、妻は子とともに、常に夫の財産に対する相続権を持つこととなった。しかし、夫の財産の一部分を相続しても、それで夫の死後の生計が保障される場合は、むしろまれであろう。だからこそ、女子は結婚後不幸にして、夫に死に別れるような場合もありうることを考えて、自ら収入の道を講ずる必要があるし、それに備えうるだけの教育を身につけておかなければならない。また、長子相続の制度が廃止されたから、母は今までのように、長男の世話になるとはかぎらないわけであるが、それだけに、夫のない老後をどうして暮らすかは、重大な問題である。そのような場合にも、子供たちが小さかったときから、母は愛情と理解とをもって、これを導き、子供たちも、いつまでも母への愛情と感謝とを持ち続けるような家族であれば、成長した後の兄弟・姉妹が協力して、母の老後に、なんの心配もないように配慮するであろう。それもこれも、家族の関係が民主的な人間相互の尊重と協力とによって、築きあげられていくか、いかぬかによって左右される。これによっても、家庭生活における民主主義の実現が、特に婦人にとって、たいせつな意味を持つものであることがわかる。

## 五　婦人と労働

男子にとっても女子にとっても、働くことは、権利であると同時に、喜ばしい義務でもなければならない。人なみの健康と能力とを持つ者が、何もすることなしにのらくらと日を暮らすことは、安楽ではなくて、苦痛でさえある。箸《はし》と茶碗《ちゃわん》以外には重い物を持たず、何をするにもよびりんを押して人にさせ、自分はいたずらに細く白い指の美しさを誇るような生活は、人間としてむしろ恥ずべき態度である。生産的な仕事のために、働きうるすべての人々が働き、そのような勤労の尊さを人々がお互に認めあうことは、民主主義の社会を築きあげるための根本の前提である。

これまでの日本でも、いわゆる特権階級に属する以外の女子の大部分は、家事や家業に忙しく、手を休める暇もない勤労の生涯を送ってきた。しかしその勤労は、おおむね、むくいられるところのきわめて少ない奉仕であった。けれども健全に生長した人間の生活のなかで、勤労は重要なものであるべきだから勤労に対しては、それにふさわしい適正な報酬が与えられなければならない。それでなければ、勤労は楽しい義務にはならない。家庭の仕事に忙殺されていた主婦が、外から帰って来た夫から無理解なこごとを浴びせかけられ、台所へ行ってそっと前掛けで涙をふくというような屈従は、一掃されなければならない。夫婦の間では、勤労にむくゆるに賃金をもってするのは不適当であるが、夫の収入や財産には、妻の協力があずかっておおいに力があるのであるから、精神的な感謝とともに、支出に対する妻の発言が重んぜらるべきである。

従来は、女子の勤労は主として家庭内の仕事に限られていた。夫が自分の妻のことを「家内」というのは、この状態を一言にしてよく言い表わしている。もっとも、農村などでは、女子も激しい屋外労働に従事するが、外で耕作や収穫のために働いた農家の女性は、家に帰れば、更に家庭婦人として一人まえの勤労をしなければならない。都会では、工場や官庁や会社などで働く女性がだんだんと多くなってはきたが、その職業は男子に比べてなお著しくせまく、かつ俸給もずっと少ないのが常であった。働く女性の方も、嫁入り前の二、三年を腰かけ的に勤めて、多少の家計の手つだいか、こづかい取りになればよい、というくらいの考えを持っていた。そのようにして、男女の間の社会的な地位の差別は、世の中から当然のこととして取り扱われていた。

これに対して、新しい時代は、勤労についてもかくのごとき男女の差別観を取り除こうとしているのである。「労働基準法」という法律の中に、「使用者は労働者が女子であることを理由として、賃金について、男子と差別的取り扱いをしてはならない」という規定を掲げたのは、その表われである。単に賃金のうえだけではない。その他のすべての勤労条件についても、両性の間の差別を撤廃し、勤労女性の地位の向上をはかるのが、労働に関する民主主義の原則の一つであることは、いうまでもない。

しかし、男女の同権・両性の平等が法律の原則として掲げられても、それによって職場での女子の賃金が、ただちに男子と同じ額に引き上げられるという意味ではない。同じ男子であっても、工場にはいったばかりの見習工と十年もたった熟練工とが、同じ待遇を受けるべきものでないことは当然である。だから同じ能力をもって同じ仕事をしている女子が、男子と同じ待遇を受けなければならないのはもとよりであるが、能力において劣り、経験も男子に比して浅いのに、実質上の無差別待遇を要求しても、それはむりであるといわなければならない。したがって、法律上の男女の同権を実質のうえにも実現し、同じ仕事に対しては同じ報酬をという原則が、男子たると女子たるとを問わずに行われるようにしていくためには、女子が男子に負けないだけの熟練を積み、能力の向上を計ることが何よりもたいせつである。それと同時に、男女の間にはおのずから適性の相違があるから、女子の特質を生かしうる職場に進出するように心がけるべきである。

前にもいったように、女子の能力が男子よりも低いように思われていたのは、主として教育の不平等やその他の理由によって、女子の才能を伸ばす適当な機会が与えられていなかったためである。これからは、その方面の障壁も取り除かれたから、女子の教養や能力が男子と同じ水準に達する日も近いであろう。

しかし、いかに教育や待遇の差別が制度上なくなっても、女子が依然として嫁入り前の腰かけ就職を原則としていては、その社会的に低い地位は容易に向上するはずがない。だから前にも述べたように、女子が男子とともに社会の各方面でおおいに活動しうるようになるためには、婦人の家庭生活と家庭外の勤労との両立を図ることが必要である。それには、台所の電化や服装の簡易化や住居の改善によって主婦の仕事を簡単にすると同時に、託児所のような施設をおおいに充実して、母性といえども安んじて勤労に従事しうるようにしていくことが望ましい。

女子が男子と同じように各種の職場に働く以上、労働婦人が労働組合に参加し、男子とともに団体交渉によって地位の向上を計る権利を有することは、いうまでもない。今日では、労働組合に参加する女子の数は、著しく多くなってきた。しかし、一般的にいえば、組合の中での女子の発言はきわめて控えめであり、役員などに選ばれる場合も少ない。これなども、日本婦人の遠慮がちな性格と、そのようなことに不慣れで自信がないことや労働者としての自覚がたりないことに起因するものと思われる。

だが、今日はまだ日本の民主化の第一段階である。日本婦人が今までの不合理な伝統のからを破って、人間としての自覚を高め、能力をみがき、教養を積んでいくならば、単に労働組合ばかりでなく、社会生活や政治活動のあらゆる部面において大きな力を持つようになるであろう。婦人は妻として夫と平等であり、母として父と平等であり、女子の学生として男子の学生と平等であり、更に、勤労女性として、労働組合員として、主権の存する国民の一員として、すべて男子と平等である。しかも、平和を愛して闘争を好まず、虚名を求めないで具体的な福利を重んずる点で、女子は男子の及ばない幾多の長所や美点を持っている。その長所を生かしつつ、男子に伍して政治活動に参与し、過去の誤謬《ごびゅう》によって荒廃に帰した国土の上に、明かるく正しい文化国家を築きあげていくことは、日本婦人の尊厳な権利であると同時に重大な責任であるといわねばならない。

# 第十六章　国際生活における民主主義

## 一　民主主義と世界平和

歴史が始まってからこの方、人類のいかに多くが平和を望んできたことであろう。しかし実際には、人類の歴史は戦争の歴史であるといってもよいくらいに、たえず血なまぐさい出来事によってつづられてきた。第二十世紀になってまもなく第一次世界大戦が起り、何百万という尊い人命が犠牲となり、各国は経済上の莫大《ばくだい》な損失をこうむり、取り返しのつかない文化の破壊が行われた。ようやくにして戦争がすんだとき、世界じゅうの人々は、二度とふたたび戦争をしてはならないということを、肝に銘じて悟った。それにもかかわらず、それからわずか三十年にして第二次世界大戦が起り、全人類の生活のうえに第一次大戦よりもはるかに大きな惨害をもたらすにいたったのである。

どうしてこのようなことがくり返されるのだろう。人類の大多数が平和を念願しているのにどうして平和は長続きせず、層一層と大規模な戦争の破壊が行われるのだろう。戦争の規模がますます大きくなっていくばかりではない。戦争の手段もまただんだんと発達して、第二次大戦の末期には、これまでの人間が夢想だにしなかったようなおそるべき新兵器が出現するにいたった。こんなありさまでとめどもなくすすんでいったら、ついにはあらゆる文明は打ちこわされ、人類は絶滅同様の状態に陥ることがないとはいえまい。どうしたら、このように悲惨な戦争を防ぐことができるか。どうすれば、永久の平和の基礎を地上に確立することができるか。今こそ、人類は、あらゆる知能をしぼり、すべての努力を傾けて、この大問題を解決しなければならない。

今からおよそ百五十年のむかし、ドイツの哲学者カントは「永久平和のために」という本を著わして、戦争を防ぐにはどうしたらよいかについてのくふうをこらした。この「永久平和のために」という表題はもともとは、オランダのある旅館に飾られていた古い楯《たて》の上に書いてあったことばである。その楯には教会の墓地の絵が描かれてあった。つまり、それは、元来は国際平和の意味での永久平和ではなくて、墓地に眠る人々の霊よ安かれという祈りのことばだったのである。カントは、このことばを取ってその有名な著書の表題としたのである。人類がこのまま戦争ばかりしていたら、最後には、地球上が永遠に冷たい広大無辺の墓場と化してしまうかもしれない。そうなってはじめて、その地球上に永久の平和が訪れたとしても、それはあとの祭である。もしも人間に理性があるならば、そのような悲惨な運命を選ぶ代わりに、永久に平和な全人類の共同生活の理想を実現しなければならない。それにはどうするか。カントはこの問に対して何と答えたか。

この問に対するカントの答にはいろいろあるが、その中でも重要な点が二つある。一つは、すべての国家が民主主義の制度を持つことである。他の一つは、それらの国々が互に協定を結んで、平和を保障するための国際連盟を組織することである。

さすがに大哲学者の考えたことだけあって、これらの二つの答のうち、第二の着想は、第一次大戦のあとでできた現実の国際連盟の思想的なさきがけとなった。その国際連盟が第二次大戦の試練を経て、更に今日の国際連合にまで発展したのである。しかし、国際連合のことは、あとで考察することとしよう。そして、ここではまず、なぜ各国が民主主義の制度を持つことが、世界平和を確保するために必要であるかを考えてみることとしよう。それにしても、このような先見の明のある平和の哲学者を生んだドイツが、のちに独裁主義の政治を実行し、国際連盟の約束を踏みにじって、第二次大戦の口火を切る暴挙をあえてするにいたったことは、まことに皮肉であるといわなければならない。

すべての国々が民主主義になりきることは、なぜ世界平和の最もたいせつな条件となるか。

この問に対する答は、きわめて簡単である。なぜならば、民主主義は「国民の政治」だからである。どこの国民だって、どんなに好戦的といわれる国の国民だって、ひとりひとりが冷静に考えるならば、その大部分は戦争をしたいなどと思うはずはない。戦争が起れば、多数の国民は兵隊になって戦場におもむき、死の危険にさらされる。そればかりでなく、近代戦では、国内にあっても爆撃を受け、女・子供もその犠牲となる。家や財産を焼かれる。莫大な戦費を負担し、経済生活は大きな打撃をこうむる。むかし、中国の詩人は、「一将功成《いっしょうこうな》って、万骨枯《ばんこつか》る」と詠じた。勝いくさの場合でさえそうである。まして、負けいくさとなれば、その惨状はたとえるものもない。そんな戦争を好むのは、戦争によって野心を満足させようとする一部の政治家や、軍閥や、戦時経済によって大もうけをしようと企てる財閥だけである。だから、国民の多数の意志が政治を動かすしくみになっていれば、戦争の起るおそれは非常に少なくなる。世界じゅうのすべての国々がほんとうの民主主義の組織を持てば、世界平和の基礎は確立される。

これに反して、専制主義の国では、政治の実権を握っている少数の者が戦争をしたいと思えば、国民の大多数が心から反対していても、戦争が起るおそれがある。第二次世界大戦の始まったころ、ベルリンで、空襲警報がなって地下濠《ごう》に待避したある日本人は、暗い濠の中で市民たちが、「戦争を始めたヒトラーを死刑にせよ」と叫んでいるのをしばしば聞いたという。しかし、明かるい地上でそんなことを言えば、たちまち縛られてしまうから、だれも黙っている。それに、政府は自分の国が正しくてあ

いてが悪いのだと国民に思いこませるために、あらゆる巧妙な宣伝をするから、国民もだんだんとその気になる。いったん戦争になってしまえば、国民には愛国心もあり、敵愾心《てきがいしん》もあるから、はっきり負けと決まるまでは、もうやめるわけにはゆかなくなる。だから、外国と戦うことを計画する者は、まず国内の組織を専制主義に切り換え、議会を無力にし、行政権とともに立法権をも政府の手に握って、思うままの政治をするのである。

## 二　国際民主主義と国際連合

民主主義は、平和な人間共同生活の原理である。なぜならば、民主主義の根底にあるものは、人間尊重の精神である。人々が自分を尊重すると同時に互に他人を尊重しあうならば、そこにはかならず平和がある。

しかも、この精神の及ぶ範囲には、決まった限界はありえない。家庭の中にこの精神があれば、その家庭は平和である。工場の経営者も、そこで働く労働者も、すべて民主主義の精神で団結すれば、その工場には平和がある。それは、一国の内部でもそうであるのと同様に、言語や人種や文化を異にする異民族の間や、国籍の違う別々の国民の間においてもそうである。民主主義の地平線は、野をこえ、山をこえ、海をこえ、国境をこえて、世界じゅうにひろがっている。それは、時間と空間を超越する。日本についていえば、戦争に負けたから民主主義が真理となったのではない。新憲法の前文にうたわれているように、民主主義はまさに「人類普遍の原理」である。そうして、それは同時に、人類普遍の平和の原理である。

人間がお互に人間として尊重しあうという民主主義の精神は、単に個人と個人との間に通うばかりでなく、また、国家と国家との間にもあてはまる。

人は、たれしも自分の国を愛し、その国が栄えることを願うであろう。しかし、世界には、自分の国以外に多数の国々がある。それらの国々の国民は、いずれも自分の国を愛し、その国が栄えることを願っているに相違ない。だから、地球上のすべての国々は、それぞれその国の立場を重んずると同時に、他の国々の立場を尊重しなければならない。世界には、大きい国もあり、小さい国もあるが、それらは独立の主権国家として尊重せらるべきである点では、まったく平等である。そうして、それらの国々が互に尊重しあい、協力しあうことによって、はじめて、世界の平和と人類全体の繁栄とが保障される。それは、平等な多数の個人がお互に尊重し、協力しあうことによって成り立つ民主主義の社会と、まったく同じ原理を基礎としている。ゆえに、これを国際民主主義と名づけることができるであろう。

第二次世界大戦も大詰めに近づいた一九四五年の四月から六月にかけて、連合国側に加わってドイツや日本と戦った総数五十の国々の代表がサンフランシスコに集まって会議を開き、そこで作られた「国際連合憲章」に基づいて、同じ年の十月二十四日に「国際連合」が成立した。この新しい国際平和機構は、あたかも、今述べたような意味での国際民主主義の精神を実現しようとしているのである。

すなわち、国際連合は、国際平和の維持を主たる目的とし、あわせて経済的・社会的な国際協力を増進しようとする国際組織である。したがって、それは、加盟国の主権を否定する超国家的な機構ではなくて、多数の主権国家の自由な協定によってできた国際的な組合組織であり、それらすべての国々の主権の平等を認めている。このように、多数の主権国家相互の協定に基づいて成立した国際平和および国際協力の組織である点では、国際連合は、第一次世界大戦のあとで結成された「国際連盟」とその根本の性格を同じゅうするものであるといってよい。

けれども、民主主義の社会では、ただ単に構成員の間の平等の原則が確立されているだけでなく、平和を破壊する行為があった場合に、これに対して法の尊重を強制するための機関が備わっておらなければならない。国内社会の場合には、権力の行使に当たる政府や裁判所があって、社会秩序の維持に当たっている。しかるに、国際連盟には、総会や理事会のような会議体があり、また、常設国際司法裁判所が設けられて、国と国との間の争いが起った場合にそれを処理することにはなっていたが、それらもじゅうぶんな効果をあげることはできなかった。というのは、国際連盟では、公然と侵略行為をする国があっても、これに対して有効な制裁を加えることがはなはだ困難だったからである。国際連盟が国際平和機構たるの役割において、けっきょく失敗に終ってしまったのは、各国が真剣にそれを支持しなかったことが大きな理由であるが、機構のうえにもこのような弱点を持っていたからである。

これに対して、今度できた国際連合は、国際連盟に比べると、「安全保障」という点ではるかに強力な制度を備えている。国際連合にも国際連盟の場合と同じような

「総会」があるが、国際紛争を処理し、国際秩序の維持を主としてつかさどるのは、「安全保障理事会」である。この理事会は、十一箇国の代表によって組織されている。そのうち、アメリカ合衆国、イギリス、ソヴィエート連邦、フランス、中華民国の五箇国は常任理事国である。国際連盟では、総会と理事会とはほぼ同様の地位を占め、そこで決めたことも、連盟諸国家に対する単なる勧告としての意味しか持たなかった。これに対して、国際連合の安全保障理事会は、最初から総会に優越する地位に立ち、しかも、そこでの決議は、国際連合に加盟しているすべての国に対して拘束力を持つ。いいかえれば、加盟国は安全保障理事会の決議を受諾し、これを履行する義務を負うのである。だから、もしも平和を破壊するようなことが起り、安全保障理事会がこれに武力制裁を加える必要があると決めた場合には、加盟国は共同してその武力行動に協力しなければならない。この点をみただけでも、国際連合が国際連盟に比べてはるかに有効な国際平和機構であることがわかる。

それればかりでなく、国際連合は、会議の決定を行う方法として、広く多数決原理を採用している。総会は、過半数または三分の二、経済社会理事会と信託統治理事会はいずれも過半数の多数決制を採用している。また、安全保障理事会についても、十一分の七の多数決によっている。ところが、国際連盟では、総会でも、理事会でも、決定は原則として全会一致を必要とした。したがって、ただ一国の反対があっても、決定を下すことは不可能とならざるを得なかった。これに反して、国際連合の機関の決定は、前述のように多数決によって下される。たとえば安全保障理事会では総数十一の理事国のうち七つ以上の理事国の賛成があれば、決議が成立する。これは、総数の約三分の二の多数である。普通の場合のように過半数によらないのは、事が重大な関係問題であるために、決議の慎重を期したからである。しかし、事が重大だからといって全会一致を要件としては、小田原評定に日を暮らして結論に到達することがむずかしい。なぜならば、事が重大であればあるほど、利害の対立が著しくなり、全理事国の意見の一致を見るみこみがなくなるからである。だから、国際連合が原則として、多数決によるものとしたことは、全会一致を必要とした国際連盟のやり方に比して、相当の進歩を意味するといってさしつかえない。このように、国際連合は国際平和機構として国際連盟に比し、かなり改善された組織を持っている。それだからといって、国際連合がいつでも多数決原理に従っているというわけでもなく、また、どうしてもその原理に順応しなければならないというのでもないという事実を忘れてはならない。今述べたように、安全保障理事会では、十一箇国のうち七箇国以上の賛成があれば決議を行いうることになっている。しかし、それには一つの重大な条件がついている。それは、その表決の中には、五つの常任理事国全部の賛成投票が含まれていなければならないという条件である。この条件があるために、せっかく理事国の大多数がある提案に賛成しても、アメリカ合衆国・イギリス・ソヴィエート連邦・フランス・中華民国の中のどれか一国がこれに反対投票し、または棄権した場合にはその決議は不成立になってしまう。これが、今日の国際政治のうえで最も問題となっているところの「大国の拒否権」である。つまり、国際連合は、安全保障理事会の決議について、原則として民主主義的な多数決原理を採用したにもかかわらず、五つの常任理事国に関する限り、全員一致を必要としているのである。この拒否権があるため、安全保障理事会がその機能をじゅうぶんに発揮しえないことはまことに遺憾である。民主主義は、多数決によって運用される。国際民主主義に立脚する国際連合もまた、多数決によって運営されなければならない。しかるに国際連合は、原則として多数決原理を採用しているにもかかわらず、大国の拒否権を認めたために、龍《りゅう》を描いて目を入れるのを忘れた形となった。これでは、国際社会の世論がどうであっても、それに反対するただ一つの常任理事国の意志の方が勝つ結果になる。

そこで、最近、安全保障理事会に平和維持の責任を一任するかわりに、国際紛争を国際連合総会で処理しようとする傾向が生じてきたことは、注目に値する。総会は、全加盟国の代表者から成り、しかも、各加盟国は平等に一個の投票権を有する。その点で総会の構成は、国際連合憲章の宣明する主権平等の原則を忠実に具現している。それればかりでなく、総会には拒否権がなく、重要な問題についての議事は三分の二の多数で採決されるから、そこでは完全な多数決原理が支配しているといってよい。もっとも、総会は国際間の諸問題について討議し、加盟国や安全保障理事会に勧告する機関であるから安全保障理事会のように、そこでの決議によって加盟国を拘束するという法律上の力は持たない。しかし、世界の大多数の国々が平等の立場で代表されている総会には、世界の世論が強く、かつ公平に反映される。したがって、いかなる国も総会の決議を無視することはできないし、少数の強国が専断をほしいままにすることも抑制され、おのずからに公正な解決がもたらされることが期待される。ここに、公開された世界の良心ともいわれる国際連合総会の重要な機能が存する。

元来、安全保障理事会において五大国の拒否権が認められたのは、国際連合の掲げる主権平等の原則が、国際社会では強い実力が物をいうという政治の現実と妥協した結果にほかならない。

これに対して、今述べたように、完全な多数決原理によって運用される総会が、実際上国際紛争の解決に重要な役割を演ずるようになれば、拒否権の発動はそれだけ避けられうる結果となる。のみならず、もっと根本的に拒否権そのものを制限しようとする強い意見もあって、新たな加盟国の推薦や紛争の平和的解決のための勧告を行う場合には、安全保障理事会の決定においても拒否権を取り除くという案が研究されている。いずれにせよ、何とかして拒否権の行使を制限しようというのが、現在の一般的な傾向であり、そうなればなるほど、国際連合の活動は民主的となるものとみてよい。

国際紛争を解決するということは、国際連合に課せられた最も重大な任務である。しかし、戦争を防止し、世界平和を維持するという目的は、単なる紛争の解決に努めることだけによってはじゅうぶんには達成されがたい。すでに表沙汰《ざた》になってしまった国際紛争は、世界平和という健康体をむしばむ病気のようなものである。健康を維持するために、かかった病気を治療することがたいせつであるのは、いうまでもない。しかしそれとならんで、いや、むしろそれよりももっと根本的にたいせつなのは、身体の諸機関のかっぱつな活動をうながして、病気にかからないくふうをすることである。国際社会の場合にも、国際紛争を解決することとともに、国際間のかっぱつな協力の関係を促進し、それによって紛争を未然に防ぐことが、きわめて重要であるといわなければならない。国際連合は、そうした努力の重要性を深く認めて、人類の生活水準を高め、失業を防止し、経済的社会的な進歩発達をはかり、これらの諸問題を国際的に解決していくと同時に、文化的および教育的な国際協力を促進することを、その大きな目的として取り上げている。

人間の基本的な権利と自由とを尊重する精神には、国内社会と国際社会とによって異なるべきはずはない。この精神が世界にひろくいきわたり、経済的および社会的に人間の権利や自由をおびやかすもろもろの障害が取り除かれ、人類全体として教育、保健の水準が向上していけば、戦争というような最も不幸な事態をかもし出す原因もしだいになくなるであろう。そういう方面での国際協力を促進する仕事を担当している国際連合の機関は、経済社会理事会である。

経済社会理事会は、総会によって選出された十八の加盟国の代表者によって構成される。そこでは、国際的な経済・社会・文化・教育・保健の問題についての委員会が設けられて、これらの問題を研究し、それに基づいて総会や加盟国に対する勧告が行われる。また、この理事会は、その権限に属する事柄について国際条約の草案を作ったり、国際会議を召集したりすることができる。更に、この理事会は経済・社会・文化・教育の諸分野における幾多の国際的な協力の組織、たとえば、国際労働機関・ユネスコ・世界保健機関・国際通貨基金・国際復興開発銀行等を国際連合と結びつけ、これらの外郭団体を通じてきわめてひろい範囲にわたる活動を行っている。しかも、経済社会理事会には常任理事国もなく、したがって拒否権もないから、その運営はきわめて民主的に行われうる。それらの点からみて、この理事会を中心とする国際連合の国際協力のための努力には、おおいに期待すべきものがあるといってよいであろう。

## 三　世界国家の問題

国際連合が以上に述べたような理想の実現に向かって努力しているとき、他方には、更に根本にまでさかのぼって、今日世界に存在する多数の国家がその主権を放棄し、人類全体をただ一つの政治社会に統一すべきであるということを主張する人々がある。今までのように、多くの国々がそれぞれ主権国家として対立し、おのおのその利益を固執しているようであっては、人類を脅かす戦争の危険はいつまでたってもなくならない。だから、この際、思いきってすべての国家のわくをはずし、世界共通の単一政府を立て、世界国家または世界連邦を作る以外には、永遠の平和の基礎を確立する道はないというのが、その主張の要旨である。

このような世界国家の思想は、理論としてはひじょうに古い歴史を持っている。すでに、ギリシア時代の終りごろには、ストア学派の哲学者たちがはっきりと世界国家の理想を説いた。中世イタリアの有名な詩人ダンテもまた、人類が多数の国々に分かれて生活していることは、すべての悪と争いとの源であるから、その状態を改めて、単一の世界王国を作るべきであると論じた。前に述べたカントも、永久平和のための最もよい方法は、すべての国家が国家たることをやめて、ただ一つの万民国家に結合するにあることを認めている。ただ、カントは、現存する国家がすすんでその主権を放棄することは、事実上の問題としてはありえないと考え、それに代わる次善の策として、国際連盟の組織を提唱したにすぎない。

戦争の規模がますます大きくなり、その及ぼす惨害がはかり知れないほどに増大しつつある今日、人々が世界国家の問題に大きな関心をいだくのは、きわめて当然なことである。第一次世界大戦が終ったあとでも、イギリスの著名な評論家であるH＝G＝ウエルスが、永久平和維持のための唯一の方法として世界政府を設けることを主張した。第二次世界大戦の末期には、アメリカでエメリー＝リイヴスが「平和の解剖学」という本を著わし、世界連邦を作れという案を提唱して、多くの人々の注意をひ

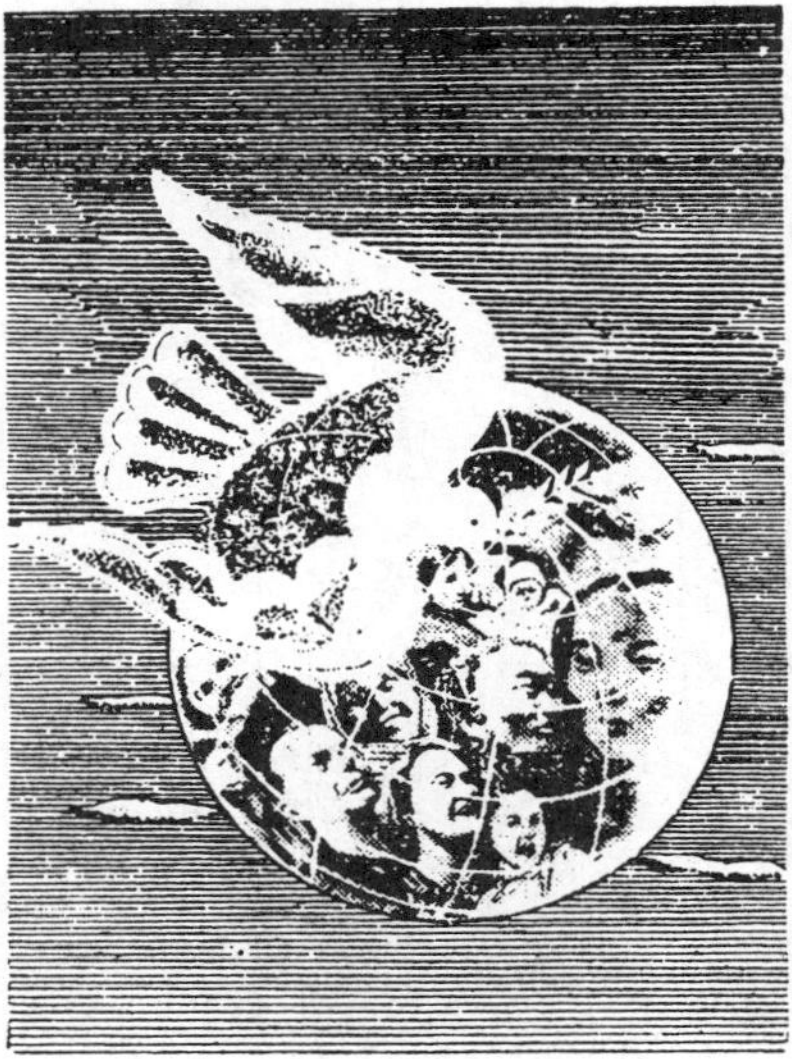

いている。リイヴスによると、ヨーロッパでは、フランスとドイツとが長年和解しがたい戦いを続けてきたが、フランス人もドイツ人も、同じ合衆国の国民となれば互に仲よく協力しあっている。今日のように経済が世界的規模を持つようになった時代に、政治の方面で多くの民族国家が互に垣を高くして対立しているのは、時代錯誤であるといわざるを得ないというのである。その他、物理学上の相対性原理で名高いアインシュタイン博士をはじめとする学者たちが、世界国家の必要を力説していることも、世人の記憶に新しい。

たしかに、今日の世界は、百年前の世界よりもはるかに狭くなってきている。国際交換経済の発達は、人類全体の持ちつ持たれつの関係をますます深めつつある。交通機関は飛躍的に進歩し、思想や文化は国境を越えて相互に交流し、世界はだんだんと一つになろうとしている。こういう時代になってくれば、各国がそれぞれ無制限の主権を主張しあうということは、すでに無意味である。国際連合は、加盟諸国家の主権平等の原則を認めてはいるが、そこにいう主権とは、もはや、何ものの前にも従うことをがえんじない国家意志の絶対性ではない。すべての国家は国際法に従い、相互の協約を重んじ、あいたずさえて平和の維持に協力すべき義務を負うているのである。すべての民族が共同の世界市民権を持ち、政治的にも経済的にも文化的にも一体となって協力しあうようになるというのは、最も望ましいことであるに相違ない。

しかし、現実の問題としては、この希望の実現の前には、容易に乗り越えることのできない難関が横たわっている。しかし、地球上のすべての国々がほんとうの民主主義に徹底し、お互の間に円満な協力の関係を維持していくように努力するならば、ことさらに世界国家を作らないで、今までどおりの国際社会のままですすむとしても、世界の平和は確保され、人類全体の福祉を一歩一歩と高めていくことができるであろう。その意味で、形の上での世界国家の建設よりも、真の民主主義の精神を全世界にひろめる方が、世界平和のための先決問題であるというべきであろう。

## 四　ユネスコ

世界の国々は、これまでも平和を維持するために、いろいろと努力してきた。あるいは平和のための協定を結んだり、あるいは経済的協力のための条約を取りかわしたり、あるいは軍備縮少のための会議を開いたりした。しかし、それらの努力にもかかわらず、しばらくの平和が続いたあとで、やがてまた戦争の破壊がくり返された。このように、戦争が絶えないところをもってみると、永久平和ということは、けっきょくは永遠の夢であるにすぎないのであろうか。

そうであってはならないし、そうあらしめてはならない。人類は、あくまでもこの地上に永久の平和を打ち立てるために、更にあらゆる努力を重ねていかなければならない。

しかし、これまで試みられた平和のための努力は、あまりにも政治的な方面にだけ傾きすぎていたきらいがある。平和の基礎を確立するためには、もとより政治上の問題を解決しなければならないが、それだけではまだ根本の点が欠けている。それは、人間の心の中に平和の礎《いしずえ》を築くということである。第二次世界大戦の末期に現われた原子爆弾は、今までの人類が考え及ばなかったような破壊力を持つ、恐るべき新兵器である。けれども、人間がそれを破壊のための武器としてではなく、人類の福祉のために利用しようと思うならば、その同じ原子力は平和と繁栄とのためにどれほど大きな働きをするかわからない。だから、政治上の問題として原子力の管理を考えることも、もちろんたいせつではあるが、それよりももっとたいせつなのは、すべての人間がぜひとも平和を守り通そうとする気持になることである。人間の精神の奥底に平和のかぎを求めることは、今まで比較的におろそかにされていただけに、これから最も力を注ぐべき仕事であるということができるであろう。

第一章で述べたように、民主主義の根本は、政治の制度であるよりも、むしろすべての人々の心の持ち方である。したがって、民主主義のほんとうの住み家は、人間の心の中にある。民主主義こそ最も確かな平和の基礎なのであるから、世界平和を確立するためには、世界に住むすべての人々の心の中に民主主義の精神を育て上げていかなければならない。それには、何よりもまず、民主主義的な教育を世界にひろめていかなければならない。民主主義的な教育がひろまれば、人々は真理によって結びつき、よりよく理解しあうであろう。科学によって探究される真理には、国境はない。シェークスピアの文学やベートヴェンの音楽は、どんな人種の心をも打ち、どんな民族によっても深く愛される。そこに、言語や慣習の違いを越えた、世界単一の心の結びつきができあがる。教育や科学や文化を通じてこそ、世界平和の真の礎が築き上げられるのである。

第二次大戦が起って、ヨーロッパの諸国がドイツ軍によって占領され、各地の貴重な文化が破壊されつつあったとき、ロンドンに亡命していた各国の文部大臣が集まって、戦争によって荒廃した教育や文化の制度をいかにして復興するかについて議した。その第一回の会議は一九四二年の十月に開かれ、最初は教育文化制度の復興についての技術的な問題が主として取り上げられたが、会議がすすむにつれて、アメリカ合衆国をはじめとする他の連合国もこれに加わり、教育や文化に関する新しい、恒久的な国際協力機関を設置しようという計画にまで発展していった。

一方、これと平行して進行しつつあった国際連合の計画は、初めのうちは教育や文化の問題には触れるところがなかったが、一九四五年のサンフランシスコ会議では、前に述べたように、文化問題の解決も国際連合の目的として取り上げられ、国際連合を背景とする文化的国際協力の機関の設立が必要とされるにいたった。このような事情の下に、同じ年の十一月にロンドンで開かれた会議により、四十四箇国の参加を得て、「ユネスコ」が成立した。ユネスコは教育・科学および文化を通じて国際平和に貢献することを目的とする国際協力の組織である。ユネスコの本部は、フランスが過去数世紀にわたって、文化の発達に貢献した歴史にかんがみ、芸術のかおりの高いパリに置かれることとなった。

ユネスコは、ユーナイテッド＝ネーションス＝エデュケーショナル＝サイエンティフィック＝アンド＝カルチュラル＝オーガニゼーションの略称であって、訳すると、国際連合教育科学文化機関ということになる。ユネスコが、どういう理想をかかげ、どういう目的のために努力しようとしているかは、「ユネスコ憲章」の前文を読めばよくわかる。そこには次の通りに書いてある。

「この憲章の当事国の政府は、その国民に代わって、次のように宣言する。

戦争は、人間の心の中で始まるものである。だから、平和の防壁は人間の心の中に築かれなければならない。お互の慣習や生活を知らないことは、人類の歴史を通じて、世界の諸国民の間の猜疑《さいぎ》と不信との共通の原因となった。諸国民の間の慣習や生活の相違は、このような猜疑と不信とを通じて、あまりにもしばしば戦争を勃発《ぼっぱつ》させた。

恐るべき大戦争はいまや終ったが、この戦争は、人間の尊厳と平等と相互の尊重に関する民主主義の原則を否定し、その代わりに、無知と偏見とに乗じて、人間や人種が不平等であるという原理を宣伝したために起った。

文化をどこまでもひろめ、正義と自由と平和とに向かって人類を教育することは、人間の尊厳性を保つために欠くことのできない意味を持つ。それは、すべての国々の国民が、互に助けあい、関心を持ちあう精神をもって、ともどもにふみ行わなければならない神聖な義務である。

各国の政府の間の単なる政治的および経済的な取り決めだけによってもたらされた平和は、世界の諸国民がいつまでも一致して真剣に支持しうる平和とはならないであろう。だから、平和が失敗に終らないためには、それを全人類の知的および道義的な連帯関係の上に築き上げなければならない。

これらの理由によって、この憲章の当事国は、すべての人々に教育に関する完全で平等な機会を与え、何ものによっても拘束されずに客観的な真理を探究し、思想および知識を自由に交換し、かつ、各国民の間の意志の疏通《そつう》を計るための方法を向上発展させると同時に、各国民が互に理解しあい、お互の生活をいっそう真実に完全に認識するようになるために、これらの方法を用いることに同意し、かつ、それを決意した。

その結果として、これらの諸政府は、国際連合がそのために設立され、国際連合憲章がそれを宣言しているところの、国際平和および人類共通の福祉という目的を、世界諸国民の教育的・科学的および文化的関係を通じて促進するために、ここに国際連合教育科学文化機関を設立する」

ユネスコは、このような高い理想をかかげて設置された。人間はパンがなくては生きてゆけない。しかし、また、人間はけっしてパンだけを食べて生きているものではない。人間はパンとともに心の糧《かて》を求める。しかも、パンは食べれば減るが、精神の糧は食べても減らない。それどころか、教育や学問や文化が世界に行きわたり、人類共同の心の財宝となればなるほど、それらの人々の間の精神的な協力がかっぱつとなり、いっそう高い文化が築き上げられていく。そういう精神的な協力の関係を促進することによって、人間と人間との理解をさまたげる社会の諸問題を解決していこうというのが、ユネスコ運動の根本のねらいである。ユネスコは、設立以来まだ日が浅いが、こうした精神的文化運動であるだけに政治的利害の対立によってわずらわされることがすくなく、各国民の心からの支持を受けてすでにかっぱつな活動を開始した。その将来の発展は、国際関係における新たな領域を開拓するものとして、世界じゅうの識者の大きな期待の的となっている。

## 五　日本の前途

今日の世界は、このように動き、このように悩み、このような理想に向かって努力しつつある。しかも、世界人類に大きな悩みと、苦痛と、衝撃とを与えた第二次大戦については、ドイツとならんで日本が最も大きな責任を負わなければならない。その日本国民が、大きな苦しみを味わいつつあるのは、当然すぎるほど当然なことである。

しかし、日本の将来には、けっして希望がないわけではない。むしろ、日本の前途には、大きな光明が輝いているとさえいうことができよう。戦争中のようなうぬぼれはもとより根本のあやまりであるが、日本人の知識や才能の水準はけっして低いものではない。ただ、これまではそれをまちがった方向に用いていたために、今見るような悲運を招いた。もしも日本人が、まったく新たな気持になって民主主義をわがものとし、その持っている力のありたけを尽くして平和な目的のために努め、人類のために貢献していくならば、民主主義的な世界もまた、日本を暖かく迎え入れてくれるであろう。経済も興り、都市も再建され、学問や芸術も発達し、戦争後の日本国民の理想たる文化国家の建設という大きな仕事も、だんだんと実現していくであろう。

自ら起した戦争によって、自らの運命を破局におとしいれた日本は、ふたたびそのあやまちをくり返さないために、堅く「戦争の放棄」を決意した。新憲法の第九条が、「日本国民は、正義と秩序を基調とする国際平和を誠実に希求し、国権の発動たる戦争と、武力による威嚇又は武力の行使は、国際紛争を解決する手段としては、永久にこれを放棄する」と宣言し、「前項の目的を達するため、陸海空軍その他の戦力は、これを保持しない。国の交戦権は、これを認めない」と規定しているのは、その決意の表明である。平和をもって国是とする国々は多いが、憲法によってその精神をこれほどまでに徹底して明らかにしたのは、日本がはじめてであるといってよい。

もちろん、今まで述べてきたように、将来の世界にも戦争の危険はないとはいえない。そうだとすると、もしも、不幸にして新しい戦争が起り、外国の攻撃を受けたような場合、武力をなげうった日本は、どうして国土を守ることができるであろうか。日本国民は、愛する祖国が攻撃されるのを手をつかねて見ているほかはないのであろうか。国民の中には、いさぎよく、戦争を放棄はしたものの、心の中ではそのような不安をいだいている人々が少なくないであろう。しかしながら、ますます大きくなりつつある戦争の規模を考えたならば、なまなかな武力を備えたところで、国を守るために何の役にも立たないことがわかる。軍部は、わが国の陸軍や海軍は無敵だといって誇っていたが、太平洋戦争のふたをあけてみた結果は、ほとんど連戦連敗に終ってしまった。まして、敗戦後の日本がわずかばかりの武力を持ったとしても、万一不幸にして今後戦争が起ったときには、そのような軍備は、単なる気やすめとしての意味をさえ持ちえないであろう。だから、日本としては、あくまでも世界を維持していこうと決意している国々の協力に信頼し、全力をあげて経済の再興と文化の建設とに努めていくにしくはない。

今日の日本国民の心の中にわだかまっているもう一つの不安は、この狭い国土にこれだけの人口をかかえて、これからさき日本がはたして自活していけるかどうかということである。

これも、もとより理由のない不安ではない。しかし、これからの経済は、ますます世界的な規模にひろがっていくから、少数の例外を除いては、多くの国々はその国の経済だけでは自活が困難であると同時に、国際的に有無をあい通ずることによって、人類全体としてはじゅうぶんに不安のない生活を成り立たせていけるのである。世界国家はできないでも、世界経済は、だんだんと全人類の福祉を増進させていくであろう。わが国は、国が狭いばかりでなく、資源にも乏しいけれども、きわめて精巧な技術を持っている。この技術と勤勉とを生かし、それに加うるに科学の力を活用するならば、おいおいに復活する海外貿易とあいまって、日本国民の経済生活の前途にも、また、明かるい希望が輝いてくるであろう。経済生活さえ安定し、向上してくれば、秀麗な富士がそびえ、春はらんまんとしてさくらの咲く日本には、学問や芸術の実が豊かにみのる日がくるであろう。日本国民は、このような文化国家建設への不屈の意志を持って、ひたすらに民主主義的な国際協力の道につき進んでいかなければならない。

# 第十七章　民主主義のもたらすもの

## 一　民主主義は何をもたらすか

われわれはこれまで、民主主義とはどんなものであるかを、あらゆる方面から考察してきた。あとはただ、民主主義をわれわれの社会生活の中に生かしていくだけである。なぜならば、本で学んだ民主主義は、それだけではまだほんとうの民主主義にはならない。民主主義は、われわれの実践生活を通じて一歩一歩と築き上げられていくべきものなのである。

しかし、国民が心をあわせて民主主義的な生活を実行していくためには、民主主義は国民の将来に対して何を約束するか、民主主義のもたらすものはなんであるかを、はっきりとつかんでおくことが必要である。その点がはっきりしないと、民主主義を実行してみようという決意も鈍る。みんなの足並みがそろわない。それでは、民主主義の建設もうまくいかないであろう。ことに、日本には、しっかりした民主主義の伝統がない。まだまだ日本人の心の中には、民主主義というと、何かしら「外から与えられたもの」という感じが抜けきれない。そういう他律的な気持で、半信半疑でですすんでいったのでは、できるはずの祖国の再建も、失敗に終ることがないとはいえない。民主主義は、国民が民主主義によって生活するのがいちばんよいということをじゅうぶんに納得し、自分たちの力を信じ、もり上がる意気ごみで互に協力するのでなければ、ほんとうには栄えない。

だから、われわれが次のような疑問をいだくことは、きわめてしぜんなのである。どうして日本国民は民主主義の政治と民主主義の社会とを必要とするのか。民主主義の制度は、それ以外の制度によっては得られないどんなものを、われわれに与えてくれるのであろうか。民主主義は、それを実行する国民に、安全と幸福と繁栄とをもたらすというが、その証拠はどこにあるのか。民主主義の制度は国民を欠乏と恐怖とから解放してくれるというが、それは実際にはどういうふうにして行われるか。ここに述べられているようなことは、たしかに民主主義の理想ではあろう。しかし、どんな政治でも、すくなくともうわべは美しい理想を掲げる。その中で、なぜ民主主義が理想を実現するのにいちばん適しているのか。どうして独裁主義であってはならないのか。どうして民主主義でなければいけないのか。

これらは、いずれも、きわめて当然な疑問である。なぜならば、一つのことをやってみようとする場合、それをやってみて、はたしてうまくいくかどうかを疑うのは、あたりまえのことだからである。疑うことを禁じて、少数者の指令の下に国民を引きずっていこうとするのは、独裁主義である。また、疑ってみる気力も自覚もなく、ただ黙って、示された制度の下についていくのは、封建主義的な屈従にほかならない。だから、われわれ国民は、だれしもそういう疑問を心の中に持っているものとして、民主主義の立場からそれに答えてみることにしよう。

## 二　民主主義の原動力

民主主義の原動力は、国民の自分自身にたよっていこうとする精神である。自らの力で自らの運命を切りひらき、自らの幸福を築き上げていこうとする、不屈の努力である。自らの力を信じえない者は、何か人間以外のものの力にたよって、局面の展開を期待しようとする。戦争で負けそうになってきたとき、神風が吹くと期待するのも、それである。人間の力ではどうにもならない必然的な法則があって、それによって歴史の変革がなしとげられると信じ、それ以外のものの考え方を排斥するのも、そのような態度の一つであるといってよい。しかし、人間の社会は人間が作っているのである。人間の歴史は、長い世代を通じての、人間の努力と営みとによって築き上げられてきた。人間の作った社会の欠陥は、人間の力で是正できないはずはない。人間の築き上げてきた歴史は、人間の意志と努力とによって更に向上し、発展していくに違いない。このような人間の力に対する信頼こそ、民主主義の建設の根本の要素なのである。

しかも、民主主義における人間への信頼は、英雄や超人や非凡人に対してささげる信頼であるよりも、むしろ、ここに住み、そこに働いている「普通人」に対する信頼である。英雄をあがめ、がいせん将軍を王座にまつりあげるということは、すべての専政君主制の始まりであったといってよい。ヒトラーの非凡な力を信じ、ムッソリーニのことばに随喜の涙を流す態度は、文化のすすんだ二十世紀の世の中に、独裁主義を可能ならしめる基礎となった。

もちろん、民主主義の下でも、りっぱな人物を選んで、それを国民の代表者とし、その人々の決定に従うということは、必要でもあるし、たいせつでもある。けれども、民主主義の国民は、自分たちの選んだ人々に、無条件の信頼をささげるということはない。りっぱな人物だと思って選んでも、その人々の行動がまちがっていると信ずる場合には、これに対して公正な世論の批判を加え、それをたえず是正していくのは、民主国家の国民の自由であり、権利であり、責任である。そこに国民の主権がある。その根底には、国民の、自分自身に対する信頼がなければならぬ。自分自身に対する信頼を失った国民は、かならず他力本願の独裁主義に走る。民主主義は国民自らが築く。民主主義のもたらすものは、国民自らの努力のもたらすものにほかならない。

およそ人間は、生きていくことを求める。生きている以上、だれしも、できるだけ生きがいのある生活をしていきたいと願望している。死にたいと思う人もないわけではないが、それは、生きがいのある生活をしていくみこみがなくなったためである。したがって、自殺をする人でも、生きがいのある生活を求めていたといってさしつかえない。生存と幸福と繁栄とを求める意欲は、あらゆる人間生活の原動力なのである。

このことは、個人についていえるばかりでなく、多数の個人によって組織された団体にもあてはまる。一つの家族に属する兄弟姉妹は、かれらの家族たちがいつまでも健康で、楽しい生活をつづけていくことを願う。なぜならば、かれらはその家族の一員であり、その家族はかれらの家族だからである。同様に、野球のチームを組織している少年たち、バレーボールのチームを作っている少女たちは、自分たちのチームが強くなって、試合に勝つことを欲する。なぜならば、それが自分たちのチームだからである。農業協同組合に属している農民たちは、それが自分たちの組合であるという簡単な理由から、その組合が存続し、発展していくことを念願する。そうして、組合員が単にそれを念願するだけでなく、また、組合の運営を少数の役員のみにまかせきっておくという態度にとどまることもなく、みんなですすんで組合の発展のために協力するならば、いろいろな困難はあるにしても、組合員の念願はだんだんと実現されていくであろう。しかも、それが同時に、組合員各個人の福利を増進させることとなるであろう。家族が繁栄し、チームの成績が向上するのも、それとまったく同じ原理によるのであって、それ以外に社会生活を進歩させる秘訣《ひけつ》はありえない。

これは、きわめて簡単な、わかりきった事柄である。それなのに、多くの人々はすべての人間が生きがいのある生活をすることを求め、かつ、自分たちの属する団体の向上と発展とを強く念願するものであるというきわめて簡単な事実こそ、民主主義によって何がもたらされるかを最も確かに約束するゆえんであることに、気がつかない。

民主主義の下では、社会または、国家を形作っているおおぜいの個人は、人間がだれしも持っているこのような要求や念願を、政治を通じて自分たちの力で実現していこうとする。民主主義は、国民のものであって、国王のものでもなく、独裁者のものでもない。民主主義の政治は、国民に属する。だから、よしんば国民が自分たちの利益だけを考えて、他のなにごとをも考えなかったとしても、国民の行う政治は国民各自の福利を増進することになるはずなのである。もちろん、国民の間には、いろいろな利害の対立があるであろう。しかし、それにしても、民主政治は、国民の多数の意見を基礎として行われるから、国民の政治は、すくなくと国民の多数の利益と合致するようになっていくはずである。まして、国民が、自分たちひとりひとりの利益は、社会全体の利益とはなれてあるものではないことを知り、常に個人の利益と公共の福祉との調和をおもんぱかって行動するならば、「国民の政治」「国民による政治」はかならず、「国民のための政治」になるというのが、民主主義の根底をなす確信なのである。

これに対して、民主主義に疑いを持つ人々は次のように言うであろう。

民主主義は「国民の政治」であるというけれども、それは実は「財産を持った国民」の政治である。国民の中の階級の対立はきわめて根強いものであって、金持たちはかれらの地位を守るためにあらゆる手段を講ずる。したがって、議会政治といっても、それをそのままに放任しておけば、うわべは経済民主化の政策をかかげている政党でも、裏では成金の提供する金で動くということになってしまう。そこで、階級の間の争いはますます激しくなって、そのような正しくないことの行われる民主主義そのものを否定しようとする動きが強くなっていく。それなのに、民主主義がひろまっていきさえすれば、かならず国民すべての福祉と繁栄とがもたらされると説くのは、すこぶる甘い考え方ではないか、と。

なるほど、民主主義の憲法を作っても、議会政治を確立しても、独裁主義に走ったり、金権政治が行われたりする危険は、なくならない。そのことは、これまでにもたびたび述べてきたとおりである。けれども、それは、国民が少数で政治を引きずっていこうとする人々のせん動に乗せられたり、選挙のときに投票することだけが民主主義だと思って、あとは政治を人任せにしておいたりした結果なのであって、けっして民主主義そのものの罪ではない。今日の多くの民主国家では、政治に参与する権利は、年齢の点を除いては、ほとんど無制限に拡大されている。もしもその権利を持っているすべての国民が、政治のかじを取る者は国民であることをはっきりと自覚し、代表者を選ぶときにも、真に自分たちの利益を守ってくれるような人を選挙し、国会や政府の活動に対しても、常に公正な国政の運用が行われるように、批判とべんたつとを加えていくならば、その結果が「国民のための政治」となって現われえない理由がどこにあるであろうか。国王が権力を持っていれば、国王と、それをとりまく特権階級とにとってつごうのよい政治が行われる。金持によってあやつられ、その思うままに動く政府は、金持の利益になるような政治をする。それはあたりまえのことである。そうであるとすれば、政治が「国民の政治」であり、国民が利害得失をよく考えて、政治の方向を決めていくならば、その結果が国民大衆の利益と合致するということも、それと同様にあたりまえのことでなければならないではないか。

ただ、その場合、おおぜいの国民が、自分たちには政治のことはわからないと思って、投げやりの態度でいれば、話はもちろん別である。国民がそういう態度だと、かならず策謀家や狂信主義者が現われて、事実を曲げた宣伝をしたり、必要以上の危機意識を鼓吹したりして、一方的な判断によって無分別な国民を引っぱっていこうとする。そうして、わけもわからずに行う投票の多数を地盤として、権力をその手ににぎる。その結果は、きっと独裁主義になる。

これに反して、せっかく自分たちの手に与えられた政治の決定権を、ふたたび独裁者に奪い取られてはならないと思う国民は、政治の方向を自分たちで決めていくことによって、自分たちにとって生きがいのある社会を築き上げようと努めるであろう。民主主義は、国民の中のどこにもここにもいる「普通人」が、それだけのことをする力を持っているという信頼のうえに立脚している。いいかえると、民主主義は、自分たちの意志と努力とをもってよい世の中を作りだしていこうとする、一般人の自頼心によって発達する。つまり、民主主義は、国民が、自らのためを思って自ら努力するという、きわめて簡単な、きわめてしぜんな法則によって、国民のために最もよいものをもたらすに相違ないのである。

## 三　民主主義のなしうること

われわれは、第二章で、旧時代の専制主義から、主権を持つ国民の政治への進化の跡をかえりみた。昔の専制時代の国王は、自分だけの手に権力をいつまでも独占していたいと思ったにもかかわらず、貴族たちにその権力をある点まで分かち与えることを余儀なからしめられた。また、封建時代の専制者たちは、その意に反して、富裕な商人や大地主の力と発言権とを認めざるを得ないようになった。そうして、数世紀にわたる長い年代を経て、だんだんとそれ以外の人々や階級が権力の分けまえにあずかり、政治の責任をになうようになってきた。熟練した職人や、小さな農業経営者や、小作人や、工場や農場に働く労働者や、そうして最後には、国民の約半数を占める女子が投票権を獲得し、公の仕事にたずさわるにいたった。

このようにして、長い経過をたどって、政治は国民の政治となってきたのである。すなわち、国民によって運用され、国民に奉仕し、国民の利益を主眼とする政治になってきたのである。このような政治の形態は、国民が、政治は国民のものであることをはっきりと意識しているかぎり、また、国民が、政治の第一の目的は国民各自の権利を保護し、国民のひとりひとりに自分自身をじゅうぶんに伸ばす機会を与え、ひろくその生活を豊かならしめるにあることを深く自覚しているかぎり、いつまでもつづいていくであろう。

かくて、民主主義は、安寧と幸福と繁栄との最も確実な基礎となる。この基礎のうえに、国民が営々としてたゆまない努力によって築き上げていく成果が、民主主義のもたらすものなのである。政治が国民のうえに君臨する尊大な主人ではなく、国民のために奉仕する忠僕であるということは、民主主義によってのみ保障される。国民生活をできるだけ幸福に、豊かに安全にするための政治は、政治的権力が国民の手の中にあるかぎり、から手形に終る心配はない。

もちろん、一つの国家の国民が実際にどこまで豊かになれるかは、その国の広さや、資源や、その他の自然条件によって左右される。多くの国々は、原料が不足し、天然資源が貧弱であるために、長い間苦しんできたし、今でも苦しんでいる。たとえば、アジア全体として食糧が不足し、世界全体として住宅難に悩まされているのは、今日の実情である。しかし、どんな政府でも、いかにほんとうに民主主義的にできあがった政府でも、土地のないところに土地を生み、鉱脈のない山を鉱山に変化させることはできない。民主主義は、国民に、できうる範囲内で最もよい生活のあり方をもたらすことを約束する。しかし、それは、無から有を生み出すわけにはいかない。

日本のように、国土が狭く、資源はひじょうに限られ、そのわりに人口があまりにも多すぎる国では、特にこの点を最初からはっきりと勘定にいれておく必要がある。民主主義は、戦災の廃墟《はいきょ》の上に日ならずしておとぎの国を築き上げる魔法やてじなではないのである。だから、民主主義はできるかぎりの安寧と幸福と繁栄とをもたらすといったからといって、そのような状態がまもなく到来すると期待し、それが思うようにいかないのを見て、民主主義の理想をあきらめてしまうというような態度は、はなはだしい短慮であり、また、きわめて危険である。自ら招いて歴史上みぞうの敗戦のうきめをみた日本国民が、当分の間、苦難に満ちた険しい道を歩んでいかなければならないのは当然であり、そこに一時的な混乱や、容易に取り除きえない運命の不公平が生ずることも、やむをえない。しかし、それに絶望し、それをのろう気持にとらわれていると、そこを利用して、不平を助長し、混乱を増大させつつ、急激に社会機構を変革させようとする政治の動きが現われてくる。

　しかし、民主主義が戦災の廃墟の上に日ならずしておとぎの国を築き上げる魔法ではないのと同様に、民主主義以外にも、てのひらをかえすように歴史の歩みを転換させて、不合理なことの多い世の中から、きれいさっぱり不平不満の原因をなくしてしまうてじなは、ありえないのである。荒廃した国土の上に、平和に栄える祖国を再建するにはどうしたらいちばんよいかを国民みんなで考え、お互にそれについて自由に論議をかわし、その中で多数の支持する方針を試みつつ、その方針をだんだんと改善して、その方向に向かって国民の真剣な努力を傾注していく以外に、確かで安全な道はない。そうして、それが民主主義であり、民主主義以外の何ものでもない。

　日本が天然資源に乏しいこと、敗戦によってはなはだしく荒廃した状態に陥ってしまったことは、なんともしかたのない事実である。しかしそれだからといって、日本の前途について絶望したり、単なる他力本願の気持をいだいたりする必要はない。ヨーロッパの例をとってみても、スイスのごときは山ばかりの小国で、取り立てていうほどの資源は何もない。しかも、スイス人は、その勤勉と技術とによって、精密工業、中でも時計の生産において世界に誇る成果をあげている。デンマークも、九州にほぼ等しい面積しかない小さな国で、しかも、一八六四年のドイツおよびオーストリアとの戦争にやぶれ、いちばんよく肥えた土地であるシュレスウィッヒ、ホルシュタインの二州を失った。それにもかかわらず、ダルガスという先覚者の着想と努力とを生かして、ユトランド半島の荒地の開発と植林とに成功し、世界有数の農業国および畜産国として、みごとな祖国再建をなしとげた。その際、デンマーク独特の国民高等学校による農民教育が、農業や畜産の技術をすみやかに普及向上させ、農業協同組合の高度の発達をうながし、デンマークを物心両面におけるヨーロッパの楽土たらしめるのにおおいに力があったことを、忘れてはならない。

およそ、悲観と絶望との中からは、何も生まれてはこない。困難な現実を直視しつつ、それをいかに打開するかをくふうし、努力することによってのみ、創造と建設とが行われる。そうして、国民こぞっての努力に、筋道と組織とを与えるものが、民主主義なのである。

もちろん、日本の再建は、日本国民だけの力ではできない。それには、外国の好意ある援助も必要だし、特に貿易の振興に力を注がなければならない。今日の世界では、国と国との間の持ちつ持たれつの協力の関係が、ますます必要となってきている。その関係を組織的に秩序づけていこうとする努力が、前の章に述べた国際民主主義となって現われているのである。日本は、一日もはやく国際社会の正常な一員としての地位を回復することを、せつに念願している。しかし、それには、まず日本国民が自分自身の力で立ち上がることが先決問題である。「天は自ら助くるものを助く」という。自分で自分の陥っている苦境を克服しようとする気概のない者は、天からも人からも見離されるであろう。日本は天然資源に乏しく、人口過剰に大きな悩みを持ってはいるが、日本人にはまた、きわめてすぐれた技術がある。この技術を生かすと同時に、日進月歩の科学を産業面に高度に活用していくならば、輸出をさかんにすることによって国民経済の水準を向上させることは、けっして不可能ではない。その場合にもまた、自頼の精神こそ、日本国民の将来のために民主主義が何をもたらすかを決める第一のかぎなのである。

## 四　協　同　の　力

民主主義の社会を動かし、その活動の能率を高めていくものは、人間の力である。

しかし、それは、人間の力といっても、単なる個人の力ではなく、また、単なる個人の力の総計でもない。リンカーンは言った。「政治の正しい目的は、国民全体のためにぜひともなされなければならないことでありながら、国民のばらばらの努力やひとりひとりの能力ではすることができず、あるいは、やってもうまくはいかないような事柄を、やりとげていくにある」と。民主主義は、無から有を作りあげることはできない。しかし、一見不可能のようなことを可能ならしめる力を持っている。それは、協同の力であり、組織の力である。

民主主義的な協同の力を発揮して、どうすることもできないと思われていた自然の災害を克服し、みごとに繁栄と福祉とを築き上げた一つの実例をあげよう。

北アメリカの東部に近い山の中を、テネシー川というミシシッピの支流が流れている。数世紀にわたって、この川は、自然のままにかってな道を通って流れていた。そうして、ある季節がくると、決まったように大水が猛威をたくましゅうした。数百万トンのよく肥えた土がそのために洗い去られた。町や村は破壊され、何年かの間には数千の人々が溺死《できし》したり、家を奪われたりした。自然の災害は起るままに放任され、人間はただ手をつかねて、どうすることもできずに、ときを決めて訪れる天災と荒廃とを見つめているだけであった。

ところが、やがて、人々の中に次のような考えが浮かんだ。「われわれは、こうして何もしないで、ただ災害の起るがままにまかせておいてよいものであろうか。この暴虐な川をおとなしくさせるくふうはないものだろうか。この荒れ狂う川を手なずけ、それを恐ろしい敵から有益な友に変化させる道はなかろうか。きっと何か手だてがあるに相違ない。われわれは、それをさがし求めなければならない。もしも、そのくふうがつかなければ、われわれはこの谷を見捨てて他の地方に移住するか、さもなくばわれわれの農場が荒地になってしまうのを待つか、どちらかを選ぶほかはない。われわれの生活は餓死に近づくであろうし、われわれの生命が大水に押し流されてしまう危険もある。われわれは生を選ぶか、死を待つか、その決心をしなければならない」

そこでテネシー谷の住民は合衆国政府の援助を受けて、テネシー川の大水をくいとめるという大仕事に取りかかった。もちろんこれに対しては、いろいろと大きな障害があった。中でも、保守的な政治家や、電力会社の代表者たちの中には、極力この計画に反対するものがあった。しかしあらゆる障害や反対にもかかわらず、計画は立てられ、着々として実行に移された。その計画によれば、すべてで二十八のダムを作る予定であるが、そのうち二十六までがすでに完成されている。これらのダムの建造によって、テネシー谷の住民の生活水準は根本から高められ、その生活の安全は確保されたばかりでなく、一般に国の福祉にも大きな寄与をもたらしているのである。

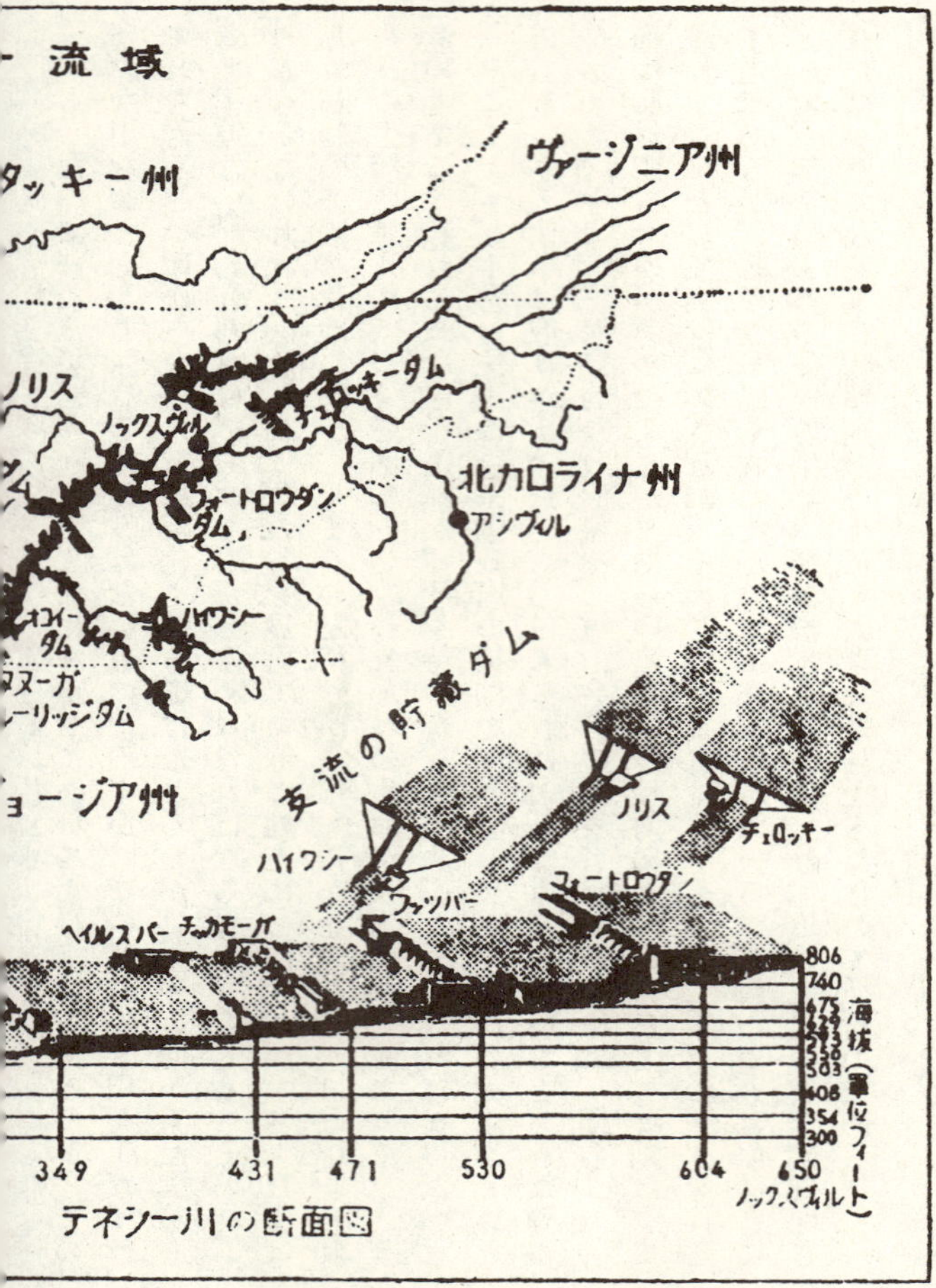

ー流域
タッキー州
ヴァージニア州
ノリス
ノックスヴィル
チェロッキーダム
フォートロウダン
ダム
北カロライナ州
アシヴィル
オコイーダム
ハイワシー
ヌーガ
ーリッジダム
ジョージア州
支流の貯蓄ダム
ハイワシー
ノリス
チェロッキー
フォートロウダン
ワッツバー
ヘイルスバー
チッカモーガ
806
740
675
503
408
354
300
海抜（単位フィート）
349
431
471
530
604
650
ノックスヴィル
テネシー川の断面図

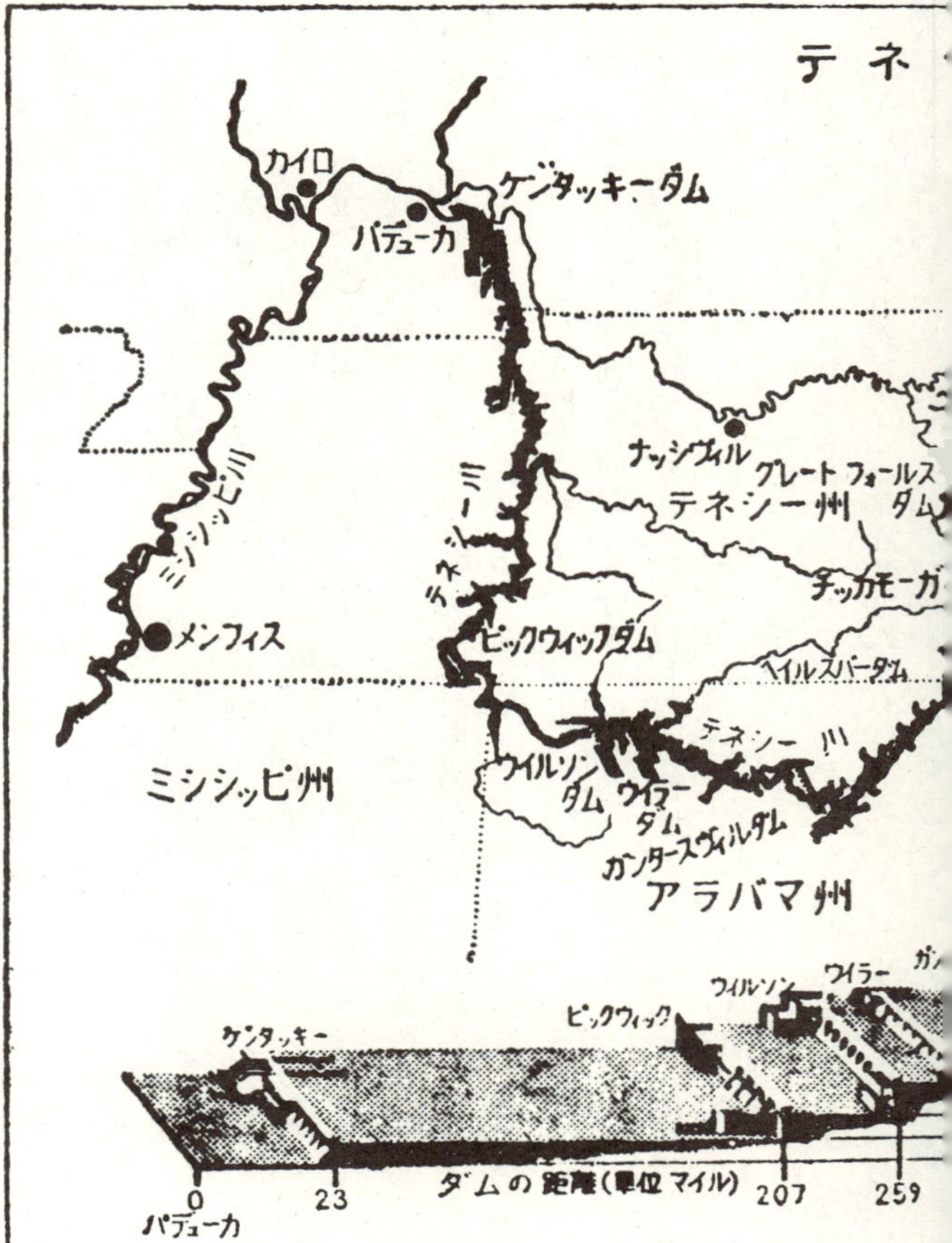
テネ
カイロ
ケンタッキーダム
パデューカ
ナッシヴィル
グレートフォールスダム
テネシー州
チッカモーガ
ミシシッピ川
テネシー川
メンフィス
ピックウィックダム
ヘイルスバーダム
テネシー川
ウィルソンダム
ウィラーダム
ガンターズヴィルダム
アラバマ州
ミシシッピ州
ケンタッキー
ピックウィック
ウィルソン
ウィラー
ダムの距離(単位マイル)
0
パデューカ
23
207
259

これらのダムができたおかげで、年々多大な財産を破壊し、すくなからぬ人命をさえ奪っていたテネシー川の水は、水力発電にふりむけられることになった。電力が、人手をはぶき、能率を高め生産を増加させるのにどれだけ役に立つかは、だれもが知っている。テネシー谷の発電装置は、一年に百五十億キロワット時の電力を供給する。その結果、利用しうる電力がわずか十五年の間に十倍になったために、テネシー谷の農民は、合衆国全体のひとりあたり平均の電力消費量の六割増しの電力を、一割六分だけ安い料金で農業経営やその他の事業に使うことができるようになった。一方、大水となって狂暴な破壊力をたくましくしていた水は、貯水池に満々とたたえられることになったために、一年に水害によってこうむる約八百万ドルの損害を免れうる結果となった。年ごとに洗い去られる心配のなくなった土壌には、電力によって生産された豊富な化学肥料が施された。かくて、その地方の農民は、とうもろこしと小麦では二倍、大麦では約七割五分の増収をあげうるにいたった。かつては、水害のために乾燥することのない湿地帯にマラリアが流行して、住民を苦しめた。その率は、一九三八年には、なお人口の十パーセントであったが、一九四八年には一パーセントに低下している。

このような効用と福利とをもたらした事業は、テネシー谷開発庁の手によって経営されているが、それだけの大事業をやりながら、しかもそれが少しも国庫の負担にはなっていないのである。それどころか、この事業は財政の面においてもひじょうな成功をおさめてさえいる。すなわち、そこでは、電力を合衆国の平均料金よりもずっと安い料金で買っているにもかかわらず、それからあがる収入で国庫から借り入れた総金額のうち二千三百万ドルを返済し、一億三千二百万ドルを事業の改良と拡張とにふりむけ、なおかつ、投下資本の五パーセント以上の利益が生み出されつつある。

しかも、テネシー谷開発庁は、もとより営利会社ではない。それは、人民の所有に属し、人民の役員たちによって経営され、それによって得られた利益は、個人の収入になるのではなくて、すべて人民の生活を豊かにするために用いられているのである。だから、この事業は、資本主義の組織とは違った公企業の経営方針を採用しつつ、それによって経済生活の民主化に成功したすばらしい実例であるということができよう。

日本でも、たとえば利根《とね》川のような川は、しばしば大水を起して流域地方に大きな被害を及ぼしている。これを、上流にダムを作って水をせきとめ、大規模な発電所を設けるならば、ただに大水を防ぎ、かんがい用水を適当に調節しうるばかりでなく、豊富な電力を利用して窒素肥料を作り、各種の工場に動力を供給し、農村生活の電化をも行うことができるであろう。

その場合、そのような仕事を、テネシー谷開発庁のように、最初から公共事業として行うのもよい方法である。しかし、それに要する多大な資本を集めるには、これを会社組織にして、ひろく国民の投資をうながす方がやりやすいこともある。かりに、この種の仕事を会社経営で行ったとしても、それによって多くの利益があがれば、従業員にもじゅうぶんな賃金を支給することができ、失業救済にも大きな役割を演ずることになろう。その会社の株式が財閥によって独占されず、直接に利害関係を持つその地方の住民や、ひろく全国の人々に分散されるならば、利益の配分が一方に片よることも防がれうるであろう。そうして、その事業によって国民生活の福祉が増進するならば、それが公共事業として行われるか、会社の経営にゆだねられるかは、たいした問題ではないといいうる。経済生活の民主化を図るうえからいって、資本主義と社会主義とが、かならずしも普通に考えられるように対立的な意味を持つものでないことは、前に第九章で説いたとおりである。問題は、公共事業がよいか、会社経営がよいかにあるのではなく、どうすればそのような事業をさかんに興すことができるか、国民を代表する政府がかじを取ってこの種の事業を、民主的に経営していくにはどうすればよいか、にあることを知らなければならない。

## 五　討論と実行

民主主義の理想は、人間が人間たるにふさわしい生きがいのある生活を営み、お互の協力によって経済の繁栄と文化の興隆を図り、その豊かなみのりをすべての個人によって平和に分かちあうことができるような世の中を築いていくにある。ある一つの国が、与えられた歴史的な条件の下で、どうすればこの理想の実現に向かって一歩でも近づいていけるかは、何よりもまず、その国の政治によって解決されるべき問題である。その方針は、国により事情によって種々さまざまであるが、いかなる方針を採用する場合にも、それを決定するものは国民の多数の意志でなければならない。国民のための政治は、国民自らの力によって発見されなければならない。国民の意志で決めた政治の方針は、ときにはまちがうことがあるであろう。しかし、政治の決定権が国民の手にあるかぎり、更に国民の意志によって政治の誤りを是正していくことができる。民主主義の理想に一歩一歩と近づいていく道は、それであり、それ以外にはない。

これが、今まであらゆる角度から見てきた、民主主義の根本の態度である。しかし、これに対して、人は不幸にしてなんべんとなく疑いを新たにする。すなわち、そのように、やりそこなってはまたやりなおして、漸進的に理想に近づいていこうとする政治の方針は、なんべんでもやりなおしをしているだけの余裕のある国、余裕のある時代の話である。そんなのんきなことをしている余地のない、せっぱつまった状態では、すみやかにただ一つのいちばんよい方針、または、ただ一つの絶対的な進路を見つけて、国民全部の力をその一筋の道に集中していくほかはないのではないか。それには、あちらになびき、こちらに動く、そのときどきの国民の多数意志で政治の方向を決めていくのではだめなのであって、やはり、少数の賢明な人々に全権をまかせるのがよいのではないか。あるいは、歴史の必然的な法則にしたがって、わき目もふらずに直進することにならざるを得ないのではないか。人は、そのように疑う。そうして、そういう疑いをいだくところに、ふたたびみたび、独裁主義への誘惑が忍びこむ。

ことに、日本の現状は、そういう疑いをいだくのにつごうのよいような材料がたくさんある。敗戦と戦災とは、日本の産業に大打撃を与えた。その結果として、日本の経済ははなはだしい窮乏状態に陥っている。そこからくる社会の不安は、ややもすれば議会政治に対する不信の気持を強め、この本で説明してきたような民主主義では日本は救えないのではないかという疑問をいだかせる。過激な政治の方針を実行しようとする一部の人々は、そこをねらって、ますます社会不安を増大させるような運動を展開し、危機が迫りつつあるという宣伝を行い、自分たちの方針についてくる以外に、日本民族の生きていく道はないと思いこませようとする。そうして、国民を、あらゆる分野での闘争にかり立てていこうとする。

なるほど、今日の日本は、実に苦しい、実にむずかしい立場におかれている。こういう状態では、どのような政治の方針によるべきかについて、国民の間に激しい意見の対立が生ずることも、ある点まではやむをえない。

しかし、その中のどの意見といえども、それだけが絶対に正しく、それ以外の意見はすべて絶対にまちがっているといいきる権利はない。なぜならば、人間の考えることには、どうしても誤りがありうる。それなのに、自分たちの方針だけが絶対に正しいと信ずる人々は、ひとたび政治の実権をにぎってしまえば、国民をその一つの方針で引っぱっていくだけで、それに対する批判や反対を許そうとしない。したがって、その方針がまちがっていた場合にも、その誤りを是正することができなくなってしまうからである。そればかりでなく、一つの立場を絶対のものとし、他の立場を絶対に許すまいとすれば、違った意見と意見との間に、妥協の余地のない闘争が行われることにならざるを得ない。国民の生活が一日もゆるがせにできない困難な状態にあるとき、そのような闘争を激化させることは、自ら求めて、困難を克服する機会を永久に失うゆえんである。だから、意見の対立も、対立する意見の間の争いも、国民が協同の力を発揮して困難に打ち勝つための討論の範囲を越えてはならない。それが、民主主義の規律である。

日本の前途に幾多の大きな困難が横たわっていることは、だれの目にも明らかである。それに打ち勝つためにどうすればよいかについて、国民が真剣に討論しようとするのは、当然のことである。けれども、近代国家としての歴史が短く、民主主義の社会生活の経験に乏しい日本国民にとっては、討論が机の上の討論としてからまわりをしてしまう場合が少なくない。たとえば、人々はよく資本主義の弊害を論ずるが、今日の先進資本主義の国々は、資本主義の制度の根本は変えないで、経済の民主化をはかるために、さまざまなくふうをしている。またある国々では、急激な変革を避けつつ、資本主義と社会主義のそれぞれの長所を採った政策が実行されている。大資本に対する中小商工業の立場を守るために、きわめてよく組織された協同組合を発達させたり、大規模な消費組合を作って、消費者の利益をはかったりすることも、行われている。日本では、まだ、そういう経験があまりない。だから、今日の日本としては、いたずらに議論をたたかわせているよりも、それらの諸外国の実例や経験をよく研究して、それを日本に適合するようなしかたで実行してみる方が早道であるといえる。議論もたいせつだが、実行してみたうえでの議論の方がもっと効果がある。日本国民のうえに、大きな苦難がのしかかっていることはたしかだが、その苦難は、それらの建設的な試みを実行してみることを許さぬほどの、絶対にどうすることもできぬ苦難ではない。

かくて、日本の将来の希望は、かかって、今まで人類の経てきたいろいろな経験を生かして、討論しつつ実行し、実行しつつ討論する、国民すべての自主的な意志と努力とのうえに輝いている。議論するのもよい。が、まず働こう。やってみよう。日本人が日本を見捨てないかぎり、世界は日本を見捨てはしない。民主主義の理想は遠い。

しかし、そこへいたるための道が開かれうるか否かは、われわれが一致協力してその道を切り開くか否かにかかっている。意志のあるところには、道がある。国民みんなの意志でその道を求め、国民みんなの力でその道を開き、民主主義の約束する国民みんなの安全と幸福と繁栄とを築き上げていこうではないか。

# 解説

内田樹

戦後、憲法が施行されて間もなく文部省が「民主主義の教科書」を編んだことがあった。一九四八年に出て、五三年まで中学高校で用いられた。それがたいへんにすぐれたものであったという話は以前から時おり耳にしていた。とはいえ、今の文科省の実情を知っている者としては「昔は今とはずいぶん違って開明的な組織だったのだな」という冷笑的な感想以上のものを抱くことができなかった。

その本が復刻されるので解説を書いて欲しいという依頼を受けた。ネットの書誌情報を見ると、これまでに復刻版が一九九五年に径書房から、短縮版が二〇一六年に幻冬舎から出されている。いずれもまだ流通中であり、そこにさらに復刻版を出すことは「屋上屋を重ねる」ことになりはしないかと心配したが、それは私の与《あずか》り知らないことである。良書が複数の版元から異なるヴァージョンで提供されるのは間違いなくよいことである。

中学高校生向けの「民主主義の教科書」というのだから、きっと薄手のパンフレットのようなものだろうと思って引き受けたのだが、送られてきたゲラを見たら四四三頁もあった。最初に出たときは上下二巻だったそうである。とても中高生向けの教科書ではない。ほとんど学術書である。けれども、構成が端正で、論理の筋道が確かで、文章がよく練れていて、何より「民主主義とは何か」を十代の少年少女に理解してもらおうと情理を尽くして書かれている文章の熱に打たれた。

そして、読み終えて、天を仰いで嘆息することになった。それは今から七十年前に書かれたこの「教科書」が今でも十分にリーダブルであり、かつ批評的に機能していたからである。

ここに説かれている「民主主義とはどういうものか」という説明は、今読んでも胸を衝《つ》かれるように本質的な洞察に満ちている。「そうか、民主主義とは本来そういうものだったのか」と今さらのように腑《ふ》に落ちた。リーダブルというのはそのことである。

同時に、この本が熱情をこめて訴えて、今後の課題として高く掲げていた「その民主主義をどうやって実現してゆくのか」について言えば、その課題はそれから七十年を閲《けみ》してもほとんど実現されることがなかった。批評的というのはそのことである。

この本はきわめて論理的に、構成的に書かれている。だから、この種の書物としては例外的にわかりやすい。いささか観念的な議論に流れそうだと執筆者が判断したところでは、具体的な事例を挙げたり、歴史的経緯を遡《さかのぼ》ったりして、中学生にでもわかるように実に懇切丁寧に嚙《か》み砕《くだ》いた説明がしてある。だから、たいへんわかりやすい。けれども、この「わかりやすさ」に私は微妙な違和感を覚えもしたのである。それはこの書物の成立事情に「検閲」がかかわっていたからである。

本書は一九四八年に、GHQ（連合国軍最高司令官総司令部）の指示に基づいて、日本国憲法の理念を擁護顕彰し、民主主義的な社会を創出してゆくという遂行的課題を達するために、敗戦国の役所が、子どもたちを教化するために出版した。

この歴史的条件は、執筆者たちに、いくつかのことについては「書かなければならない」という実定的なしばりを課した。そして、それと同時に、仮に執筆者たちが心の中で思っていたとしても「書くことを禁じられていたこと」もあったはずである。

私は以前フランスの思想史を研究していた頃、ナチスドイツの占領下でフランスの知識人たちがドイツの検閲官の眼を逃れるために、どのようにして彼らの「ほんとうに言いたいこと」を暗号で書き記したかについて調べたことがある。その時に私が得た読解上の経験則は「ほんとうに伝えたい隠されたメッセージは、文章の表層に、あたかもごく日常的な普通名詞のように、無防備に露出しており、そのせいでかえって検閲官の関心を惹《ひ》くことがない」というものであった。この経験則がこの本についても適用できるかどうか、わからない。けれども、この本を検閲という歴史的条件抜きに読むべきではないだろうと思う。それによって文章はある種の「屈曲」を強いられていたはずである。その屈曲を補正することで、私たちはこの教科書を書いた人たちが敗戦国の少年少女たちにほんとうは何を伝えたかったのかについて推理することができるのではないかと思う。この本の魅力は、コンテンツの整合性や「政治的正しさ」よりむしろ、書き手のこの屈託と葛藤《かっとう》が生み出したものではないのか。その仮説をしばらく追ってみることで本書の解説に代えたいと思う。

これは第二次世界大戦が連合国の勝利に終わった直後に、連合軍の占領下にある敗戦国で出版された教科書である。だから、本書がイギリス、フランスなかんずくアメリカに現存している民主主義的な統治システムが人類の進歩のみごとな達成であるという評価を不可疑の前提とするのは当然のことである。大日本帝国の軍国主義とドイツのナチズムとイタリアのファシズムとは許し難い「独裁主義」として繰り返し、きびしく批判される。そればかりではなく、東西冷戦の前夜の緊張感が背景にある以上、枢軸国を切り捨てた返す刀で、スターリンのソ連におけるプロレタリア独裁もまた民主主義の本義に反する政体として懐疑的なまなざしを向けられる。政体の良否についての判断はほとんど先験的に明らかである。

しかし、それにもかかわらず、ここには検閲者であるGHQを慮《おもんぱか》った、強者に理ありとするタイプの事大主義的な文言は見ることができない。私はこの抑制に驚かされる。この節度ある文体を保つために、どれほどの知的緊張を執筆者たちは強いられたのだろうか。

もちろん全篇を通じて、アメリカの統治システムは高く評価されている。けれども、その評価は客観的である。たしかな歴史的な裏付けと、執筆者自身の信念に基づいて、その評価は下されている。アメリカ独立の経緯から説き起こし、その内部矛盾や金権政治の弊を指摘し、大統領・議会・最高裁判所が拮抗《きっこう》するアメリカの制度の「大きな妙味」を記した章の執筆者は、はっきりとウッドロー・ウィルソンとフランクリン・ルーズベルトの政治理念への支持を明らかにしている。ルーズベルトのニューディール政策の白眉《はくび》であったTVAの事業の卓越性をたたえることにかなりの紙数を割いており（四三二頁）、資本主義の暴走を政策的介入によって抑止し、「完全雇傭《こよう》」（二〇八頁）を実現しなければならないというケインズ主義への共感も隠されていない。また女性の参政権や社会進出について書かれた章では、独立宣言の起草者のひとりジョン・アダムズの妻が女性の権利拡大を夫に訴えた手紙を採録し、あまり知られていないアメリカにおける女性の権利拡大の歴史についても深い共感をもって記述している。（三六六頁）

つまり、この「教科書」の執筆者たちは「アメリカはどうして最強国になったのか、アメリカから学びうるものがあるとすれば何か」についてはかなりはっきりとした個人的な信念に基づいて執筆しているということである。おそらく彼らはGHQの検閲官たちよりも自分たちの方がアメリカの歴史や統治システムについて精通しているという知的な自負に支えられていた。そのようなすぐれた執筆者を集めることができたという点ひとつをとっても、この「教科書」は異質なものと言える。

共産主義についての評価もきわめて精密で周到な筆致でなされている。先ほど触れたように、ソ連のスターリン主義（という言葉はまだなかったが）と国際共産主義運動については何か所かで手厳しい批判が記されているけれども、これもあくまでソ連の統治システムが十分に民主主義的でないという点について、「手続きに問題あり」として批判されているのであって、共産主義は原理的に間違っているとか、私有財産の廃絶など狂人の妄説であるというような一刀両断的断罪ではない。

だから、この本の共産主義にかかわる部分が検閲に供された過程で、GHQ内部でこの採否をめぐって対立があったとしても私は怪しまない。これが（多少の改変はあったかも知れないけれど）このかたちで通ったのは、GHQ内部の「ニューディーラーたち」がこの記述に一定の共感を抱いたからだろう。

本書にはこうある。「各国の共産党にしても、もしもそれが議会政治の紀律と秩序とを重んじ、ひとたび議会での多数を獲得すればその経綸《けいりん》を行い、少数党となれば、多数に従うという態度ですすもうとしているのであるならば、それは、レーニンなどによってひよりみ主義として痛烈に非難されたマルクス主義陣営中での穏健派の立場に帰っているのである。」（二七八頁）つまり、この教科書はマルクス主義政党が民主的な手続きで議会内の多数派を制したならば「その経綸を行う」ことを当然の権利として認めているのである。

この政治的寛容は、この教科書を読む中学生や高校生のうちに、マルクスをすでに読んで共感したものや、いずれ読んでマルクス主義者になるものが必ず一定数いることを予測しているがゆえに採用されたのだと私は思う。それゆえ、なぜマルクスの社会理論が十九世紀のヨーロッパに生まれたのか、その歴史的必然性を明らかにした上で、これは日本がとるべき途ではないと諄々《じゅんじゅん》と「諭す」という文体を執筆者は採用している。そして、日本が民主主義的な政体である限り、マルクス主義者たちとの対話は可能であり、双方が情理を尽くして話し合えば、合意形成は可能であるという希望を暗黙のうちに語っている。これは読者の知性を信頼する書き手にしか採用できない書き方である。

今述べたような点は検閲を念頭に置いて読むことで、テクストがむしろ深みを増す箇所だと言ってよいだろう。執筆者たちを扼《やく》していた「一九四八年・敗戦国」という歴史的条件がいわばメタ・メッセージとしてこれらの言説の「読み方」を指示してくれる。

私がとりわけ興味深く読んだのは、第十二章の「日本における民主主義の歴史」である。それは、ここで執筆者はどうして日本には民主主義が健全に育つことがなく、軍国主義に屈したのかについて自己摘抉《てっけつ》を試みているからである。

この章は「天は人の上に人を作らず、人の下に人を作らず」という福沢諭吉の言葉から始まる。そして、「明治初年の日本人の中には、このように民主主義の本質を深くつかんだ人々があった。そうして、それらの人々が先頭に立って、民主主義の制度をうちたてようとする真剣な努力が続けられた」として、それ以後の近代日本における民主主義の発展と深化の歴史がたどられる（二八一頁）。

議会の草創期における政党の離合集散についての詳細な記述から、読者は明治の人々が文字通り試行錯誤のうちで日本の議会制民主主義を手作りしようとしていた悪戦の歴程を学ぶことができる。たしかに、この時期に日本人は輸入品ではなく、自分たちの手で、日本固有の民主主義を創り出そうとしていたのである。

近代日本のうちに民主主義の萌芽《ほうが》を見出そうとする執筆者たちの努力はとりわけ明治憲法制定についての記述で際立つ。そこにはこう書かれている。

「この憲法は、『天皇の政治』というたてまえをくずさないかぎりで、なるべく国民の意志を政治の中に取り入れうるようにくふうしてある。立法も行政も司法も、形のうえでは『天皇の政治』の一部分なのであるが、その実際の筋道は、やり方しだいでは、民主的に運用することができるようになっていたのである。」（二九二頁）

苦しい言い方だけれど、「やり方しだいでは、民主的に運用することができるようになっていた」というのは、ＧＨＱの検閲下で明治憲法について書かれた言葉としては許容限度ぎりぎりの評価と言うべきであろう。

明治憲法の「近代性・民主性」を強調する文言はほかにも見られる。

「『帝国議会』は、貴族院と衆議院とから成り、衆議院の議員はすべて国民の中から選挙された。（…）かくて、議会の賛成なしには国の政治を行うことは原則としてできないことになった。そのかぎりでは、国民の意志が政治のうえに反映するような制度になっていたといってよい。」（二九二頁）

「天皇も、国務大臣の意見に基づかないでは政治を行うことはできないようになっていたし、行政についての責任は国務大臣が負うべきものと定められていた。これは、政治の責任が天皇に及ぶことを避ける意味であったと同時に、天皇の専断によって専制的な政治が行われることを防ぐための同意でもあった。」（二九二頁）

限定的ではあったけれど、言論の自由、信教の自由も明治憲法では認められていたと執筆者は繰り返し主張する。「そういう点では、明治憲法の中にも相当に民主主義の精神が盛られていたということができる」とまで書いている（二九三頁）。その「民主主義の精神」が日本社会に定着しなかったのは明治憲法には「民主主義の発達をおさえるようなところ」もかなり含まれており、「そういう方面を強めていけば、民主主義とはまったく反対の独裁政治を行うことも不可能ではないようなすきがあった」からである（二九三頁）。

運用次第では明治憲法下でも日本は民主主義的な国家となることができたとここには書かれている。その先例はイギリスの王制に見出すことができる。イギリスは立憲君主制であり、国王には議会で決めた法律案に同意することを拒む権利が賦与されているが、その権利は一七〇七年以来一度も行使されたことがない（七三頁）。天皇制もそのように運用することは法理的には可能だったはずである。しかし、そうならなかった。独裁政治の侵入を許すような憲法の「すき」が存在したからである。一つは「独立命令」「緊急勅令」という、法律によらず、議会の承認を経ずに法律と同じ効力をもった政令を発令する権限を天皇に賦与したことである。

もう一つは「統帥権の独立」である。憲法十一条に定めた「天皇は陸海軍を統帥す」に基づき、戦略の決定、軍事作戦の立案、陸海軍の組織や人事にかかわるすべての権限が政府・議会の埒外《らちがい》で決定された。そして、統帥権の拡大解釈によって、軍縮条約締結や軍事予算編成への干渉、さらには産業統制、言論統制、思想統制までもが

「統帥権」の名の下に軍によって専管されたのである。その結果、浜口雄幸《はまぐちおさち》はテロリストによって、犬養毅《いぬかいつよし》は海軍将校によって、ともに軍縮に手をつけようとして殺害された。「武器を持って戦うことを職分とする軍人が、その武器をみだりに振るって、要路の政治家をつぎつぎに殺すことを始めるにいたっては、もはや民主政治もおしまいである」（三〇六頁）。昭和六年の十月事件、三月事件、血盟団事件、五・一五事件から昭和十一年の二・二六事件に至る一連のテロによって、日本の民主主義はその命脈を断たれた。

「かくて、軍閥は、この機に乗じて日本の政治を動かす力を完全に獲得し、これに従う官僚中の指導的勢力は、ますます独裁的な制度を確立していった。政党はまったく無力となり、民意を代表するはずの議会も、有名無実の存在となった。そうして、勢いのきわまるところ、日華事変はついに太平洋戦争にまで拡大され、日本はまさに滅亡のふちまでかりたてられていった。」（三〇八頁）

この帝国戦争指導部に対する怒りと恨みには実感がこもっている。軍国主義に対する怒りはGHQに使嗾《しそう》されなくても、本書の執筆者全員に共有されていたはずである。それゆえ、この教科書は「軍国主義」を近代日本が進むべきだった道筋からの「逸脱」ととらえるのである。そして、それを「のけて」、明治初期の福沢諭吉や中江兆民のひろびろとした開明的な民主主義思想と、今始まろうとしている戦後民主主義を直接に繋《つな》げようとするのである。そうすることによって、戦後の日本を、実はもともと民主主義的な素地のあった大日本帝国の正嫡として顕彰するという戦略をひそかに採択したのだと私は思う。

　これはすでに気づいた人がいるだろうけれど、司馬《しば》遼太郎《りょうたろう》の「司馬史観」と同型のものである。司馬遼太郎は明治維新から日露戦争までの四十年、敗戦までの四十年、戦後の四十年に近代日本を三分割して、第二期に当たる昭和一桁《ひとけた》から敗戦までの十数年を「のけて」、前後をつなぐという歴史観を披歴したことがある。

「その二〇年をのけて、たとえば、兼好法師や宗祇が生きた時代とこんにちとは、十分に日本史的な連続がある。また芭蕉や荻生徂徠が生きた江戸中期をこんにちとは文化意識の点でつなぐことができる。」(『この国のかたち』)

「異胎・鬼胎」としての軍国主義を歴史から切除しさえすれば日本文化の連続性は回復できるという司馬遼太郎の歴史戦略は、多くの戦後日本人に歓迎された。それが歴史的なものの観方としてどれほど学術的検証に耐えうるものかは定かではないが、戦後の日本人たちがこの「物語」を愛したのは事実である。

　立場は異なるけれど、本書を執筆した人々の心の中にも、「古き良き日本」と戦後日本を繋《つな》いで、そこに連続性を見出そうとする志向は、控えめな仕方ではあったにせよ、存在していたように思われる。その心情は掬《きく》すべきだと思う。

しかし、その作業をほんとうに誠実に履行しようとしたら、どうして日本人はある時点で民主主義を自力で育てることを止めて、軍国主義に魅入られるに任せたのかという重苦しく、つらい思想的・歴史的な問いを引き受けなければならない。残念ながら、敗戦直後の日本人にはそのようなつらく不毛な作業を最優先するだけの余力はなかった。現に、「日本の前途に幾多の大きな困難が横たわっている」のである（四四一頁）。「この狭い国土にこれだけの人口をかかえて、これからさき日本がはたして自活していけるかどうか」（四一七頁）さえおぼつかない時代だったのである。ここでいう「自活していけるかどうか」は、文字通り「統治機構が崩壊しない」「飢え死にしない」という切迫した意味で使われている言葉だということを忘れてはいけない。食管法を遵守して、配給食糧のみを食べていた山口判事が餓死したのは四七年の十月のことである。

とりあえず「これからの日本にとっては、民主主義になりきる以外に、国として立ってゆく道はない。これからの日本人としては、民主主義をわがものとする以外に、人間として生きてゆく道はない。それは、ポツダム宣言を受諾したとき以来の堅い約束である。」（四頁）

民主主義国になるということは、この時点では、ポツダム宣言の「日本国民を欺いて世界征服に乗り出す過ちを犯させた勢力を永久に除去する」という厳格な条項を履行するということである。とはいえ、日本人には権利上も事実上も、「除去」を履行する実力はない。だから、「日本国民を欺いて世界征服に乗り出す過ちを犯させた勢力」たる軍国主義者は「永久に除去」されるものと決まったけれど、誰が除去され、誰が除去されないのか、それはいかなる基準によって判定されるのかは占領軍の専管事項に委ねられた。そうである以上、日本人にとって「なぜ私たちの社会は軍国主義者とそれに賛同する圧倒的多数の国民を生み出したのか？」という問いは喫緊のものではありえなかったのである。考えても仕方がないし、そもそも考える権利を与えられていないのである。だから、日本人はそれについて考えるのを止めた。

なぜ日本人は民主主義を育てるのを止めて、軍国主義に走ったのか。ほんとうは「民主主義の教科書」はそれを柱にして書かれるべきだった。そのことは執筆者たちにもわかっていたと思う。けれども、上のような理由によって、その法制史的・思想史的主題は忌避された。そしてその代わりに、明治大正までの日本と、戦後日本は「心」で繋がっているという不思議なレトリックが採用されることになった。戦後民主主義を讃《たた》えながら、本書では、それは制度の問題ではなく、心の問題だということが強調されているのである。

「では、民主主義とはいったいなんだろう。多くの人々は、民主主義というのは政治のやり方であって、自分たちを代表して政治をする人をみんなで選挙することだと答えるであろう。それも、民主主義の一つの表われであるには相違ない。しかし、民主主義を単なる政治のやり方だと思うのは、まちがいである。民主主義の根本は、もっと深いところにある。それは、みんなの心の中にある。」（三頁）

　さらっと読み飛ばしてしまいそうだけれど、まさにこの命題からこの本は書き始められているのである。民主主義は制度ではない、それは心だ、と。いや、そういう考え方も民主主義についての一つの考え方かも知れないけれど、それはあくまで一つの考え方に過ぎない。デモクラシーは心の問題であると断定したら、「それは違う」と言い出す人がいくらもいるだろう。カントなら「違う」と言うだろうし、プラトンも「違う」と言うだろう。でも、この本はそういうかなり偏った定義から話を始めているのである。民主主義は制度にではなく、心に宿る。そうだとすると、まったく統治モデルが違う国でも、どちらも心においては民主主義であるということがありうる。

　国ごとに統治のかたちがどれほど変わっても、「その根本をなしている精神は、いつになっても、どこへ行っても変わることはない。国によって民主主義が違うように思うのは、その外形だけを見ているからである。（…）民主主義の本質は、常に変わることのない根本精神なのである。したがって、民主主義の本質について、中心的な問題となるのは、その外形がどの種類かということではなくて、そこにどの程度の精

神が含まれているかということなのである。」（一九〜二〇頁）

これは黙って読み通すことのできない文言である。「いつになっても、どこへ行っても」とはどういうことか。おそらくここで執筆者は「明治大正期の大日本帝国」にも、制度的には不備であったとしても、民主主義の「根本精神」は存在したと言いたいのだ。

しかし、過去の日本に存在した萌芽的な民主主義「精神」の正系として戦後日本の民主主義「精神」を位置づけるというような文言をGHQが許可するはずがないことは分かっていた。だから、執筆者たちは「いつになっても、どこへ行っても」民主主義の精神のあるところは民主主義的な社会なのだと書く他なかったのである。

その三年前まで人々が喧《やかま》しく呼号していた「國體《こくたい》の護持」という空語を忌避しつつなお日本社会と文化の連続性を顕彰し、敗戦国民の矜持《きょうじ》を高めようとすれば、このような言葉づかいを選ぶしかなかったのだ。

誤解して欲しくないけれど、私はこの「屈曲」を批判しているわけではない。この本を書いた人たちはすばらしい仕事をしたと思う。おそらくは「一億総懺悔《ざんげ》」と称して過去の日本のすべての制度文物を「歴史のごみ箱」に放り込んで、新しい政治体制とイデオロギーに適応しようとしている世渡り上手の同時代人を苦々しくみつめながら、敗戦の瓦礫《がれき》の中から、明治以降の先人たちの業績のうち残すべきものを掘り出して、それを守ろうとしたのである。敗戦の苦しみの中で、占領軍の査定的なまなざしの下で、本書の執筆者たちは戦前の日本と戦後の日本を架橋して、戦争で切断された国民的アイデンティティーを再生しようとして「細い一筋の理性の綱」を求めたのである。このような先人を持ったことを私は誇りに思う。

本書は文部省著作教科書として、昭和二十三年十月および昭和二十四年八月に上下巻で刊行されたものを一冊にまとめたものです。文庫化にあたり本文を新漢字・新仮名遣いに改め、明らかに誤植と思われる箇所については一部修正いたしました。

本文中には不具者・めくら・かたわ・文盲といった、今日の人権意識に照らして不適切と思われる語句や表現がありますが、本書の記述および刊行当時の社会的状況を正しく理解するため、原文通りといたしました。

# 民《みん》主《しゅ》主《しゅ》義《ぎ》

文《もん》部《ぶ》省《しよう》＝著

平成30年 10月25日　初版発行
平成30年 12月15日　3版発行

発行者●郡司 聡

発行●株式会社KADOKAWA
〒102-8177　東京都千代田区富士見2-13-3
電話　0570-002-301（ナビダイヤル）

角川文庫 21252

印刷所●旭印刷株式会社
製本所●本間製本株式会社

表紙画●和田三造



Printed in Japan
ISBN 978-4-04-400434-7　C0136

◇◇◇

# 角川文庫発刊に際して

角川源義

第二次世界大戦の敗北は、軍事力の敗北であった以上に、私たちの若い文化力の敗退であった。私たちの文化が戦争に対して如何に無力であり、単なるあだ花に過ぎなかったかを、私たちは身を以て体験し痛感した。西洋近代文化の摂取にとって、明治以後八十年の歳月は決して短かすぎたとは言えない。にもかかわらず、近代文化の伝統を確立し、自由な批判と柔軟な良識に富む文化層として自らを形成することに私たちは失敗して来た。そしてこれは、各層への文化の普及滲透を任務とする出版人の責任でもあった。

一九四五年以来、私たちは再び振出しに戻り、第一歩から踏み出すことを余儀なくされた。これは大きな不幸ではあるが、反面、これまでの混沌・未熟・歪曲の中にあった我が国の文化に秩序と確たる基礎を齎らすためには絶好の機会でもある。角川書店は、このような祖国の文化的危機にあたり、微力をも顧みず再建の礎石たるべき抱負と決意とをもって出発したが、ここに創立以来の念願を果すべく角川文庫を発刊する。これまで刊行されたあらゆる全集叢書文庫類の長所と短所とを検討し、古今東西の不朽の典籍を、良心的編集のもとに、廉価に、そして書架にふさわしい美本として、多くのひとびとに提供しようとする。しかし私たちは徒らに百科全書的な知識のジレッタントを作ることを目的とせず、あくまで祖国の文化に秩序と再建への道を示し、この文庫を角川書店の栄ある事業として、今後永久に継続発展せしめ、学芸と教養との殿堂として大成せんことを期したい。多くの読書子の愛情ある忠言と支持とによって、この希望と抱負とを完遂せしめられんことを願う。

一九四九年五月三日